중년이여
자신의 이름을 찾아라!

중년이여
자신의 이름을 찾아라!

초판 1쇄 인쇄일 2015년 6월 15일
초판 1쇄 발행일 2015년 6월 18일

지은이 김해원
펴낸이 양옥매
디자인 최원용
교　정 조준경

펴낸곳 도서출판 책과나무
출판등록 제2012-000376
주소 서울특별시 마포구 월드컵북로 44길 37 천지빌딩 3층
대표전화 02.372.1537　**팩스** 02.372.1538
이메일 booknamu2007@naver.com
홈페이지 www.booknamu.com
ISBN 979-11-5776-054-1(03320)

이 도서의 국립중앙도서관 출판시도서목록(CIP)은 서지정보유통지원 시스템 홈페이지(http://seoji.nl.go.kr)와 국가자료공동목록시스템(http://www.nl.go.kr/kolisnet)에서 이용하실 수 있습니다.
(CIP제어번호 : CIP2015016099)

김해원 지음

중 년 의
직 장 인 들 을
위 한
희 망 서

중년이여 자신의 이름을 찾아라!

책과나무

CONTENTS

프롤로그
중년에는 직장 생활 방식도 바꾸어야 한다 • 14

Chapter 01
자기 이름을 잊고 사는
중년 직장인

1. 스스로의 실력을 의심하는 직장인 • 25
2. 자기 착각 속에 갇힌 삶 • 27
3. 더 이상 아쉬울 것이 없다? • 28
4. 도전 않는 것이 당연하다는 생각 • 29
5. 앞서 가기보다는 뒤따르는 삶 • 32
6. 미래를 준비할 여유가 없다? • 34
7. 가보지 않은 길은 무작정 없다는 생각 • 37
8. 현실에 취하고 호칭에 빠져 안분지족하는 삶 • 43
9. 중년은 이미 늦은 나이? • 48
10. 순탄한 삶≠좋은 미래 • 51
11. 알고 보면 무서운 조직의 생리 • 53
12. 수주대토 하는 농부와 같은 삶 • 55
13. 설마 할 일이 없으랴? • 56
14. 딴생각을 못하게 하는 직장, 잃어 가는 야성 • 58

15. 다음을 기약하는 고질병 • 62
16. 게으름과 나태함을 이기기 위해서는 • 63
17. 지금과 같은 삶이 과연 최선인가 • 64
18. 불필요한 경쟁에 중독된 직장 생활 • 65
19. 내게만 특별히 막중한 업무? • 66
20. 자기 개발을 하면, 조직의 이단자? • 68
21. 이제는 정년 이후를 생각해야 할 때 • 69

Chapter 02

자기 이름을 찾으려는 중년 직장인

1. 소인배들의 굴에서 벗어나자 • 77
2. 정년이 즐거워야 인생이 행복하다 • 79
3. 전반전과 후반전은 판이 다르다 • 82
4. 중년의 직장은 자기가 자기를 고용하는 과정 • 84
5. 직장인의 재능? 딸랑 하나! • 86
6. 자신이 기댈 가장 큰 언덕 • 87
7. 자기 이름으로 살아야 하는 가장 큰 이유 • 89
8. 중년, 행복을 위해 달려야 할 때 • 90
9. 스스로를 후회 없는 인생으로 이끄는 길 • 93

10. 상사의 그릇 크기를 가늠하라 · 94
11. 기다림의 미학(美學) · 95
12. 인생의 도박판에서 지켜야 할 규칙 · 96
13. 샛길로 새지 말고 새 길을 내라 · 97
14. 자기 인생을 여는 첫 걸음 · 98
15. 지금은 자기 브랜드 시대 · 100
16. 직장에서 연장을 챙겨야 하는 이유 · 101
17. 언젠가는 떠나야 하는 곳 · 102
18. 자기 이름으로 살자 · 104
19. 자기다움을 찾기 위한 자신과의 경쟁 · 106
20. 한 사람의 평가가 나를 좌우하는 곳, 직장 · 107
21. 직장은 계급 사회다 · 109
22. 출근을 두려워 말라 · 110
23. 나는 회사형 인간인가? · 111
24. 동료들과 적정 거리를 유지해야 하는 이유 · 113
25. 매너리즘으로부터의 탈출 · 114
26. 쉴 땐 푹 쉬어도 된다 · 116
27. 자신의 그물을 던져라 · 118
28. SNS를 통한 개인 사업을 노려라 · 120
29. 성과를 가로채는 리더들 · 121
30. 성장을 부르는 고통 · 124

Chapter 03

자기 이름을 다시 찾은 중년 직장인

1. 직장은 봉이다 • 129
2. 삶의 의미를 알아 가는 과정 • 131
3. 즉시 실천하는 습관 • 133
4. Stop, Think, Choice • 134
5. 두려움을 극복하기 위한 방안 • 135
6. 눈물과 땀은 반비례한다 • 136
7. 가장 중요한 기본의 실천 • 137
8. 중년에 들어 새롭게 쓰는 자신만의 역사 • 139
9. 사회인으로 발돋움하기 위한 영점 조정 • 143
10. 긍정적인 에너지 파장을 찾아서 • 144
11. 경쟁력을 키우는 원천, 앎 • 145
12. 방향, 속도, 리듬의 3박자 • 146
13. 돈을 주지 않아도 하고 싶은 일 • 147
14. 하루가 모여 평생이 된다 • 148
15. 각자의 영역을 인정하는 삶 • 149
16. 다른 분야까지 내다볼 수 있는 촉 • 150
17. 회사 일은 '껌' • 151
18. 일을 객관적으로 바라보는 안목 • 154

19. 승진에 목매지 말자 · 157
20. 자신만의 텃밭을 경작하라 · 159
21. 자기 한계를 넘어서는 순간 · 161
22. 행복한 가정을 보장받는 길 · 164
23. 수신제가치국평천하(修身齊家治國平天下) · 167
24. 자기 생활에 우선순위를 두는 사람 · 169
25. 정승같이 벌어 정승같이 써라 · 172
26. 생각하는 삶 · 174
27. 자기 안에서 행복을 찾는 사람 · 176
28. 직장에서 자신의 브랜드 가치를 키우는 방법 · 179

Chapter 04
자기 이름을 찾아 가는 **중년 직장인**

1. 회사 정책의 의도와 본질을 보는 눈 · 185
2. 일을 잘하면 안 된다? · 187
3. 오늘이 자신이 원하는 과거여야 한다 · 189
4. 손자병법의 전략으로 · 191
5. 10배 더 노력하는 독종이 되자 · 194
6. 숨어서 칼을 갈아라 · 196

7. 싸움에서 이기는 법, 고전 읽기 • 197
8. 몸과 마음이 항상 콩밭에 가 있는 삶 • 199
9. 돈이 되는 생각, 돈이 되는 움직임 • 201
10. 줄을 잘 서자 • 203
11. 하고 싶을 때 많이 한다 • 206
12. 사내에서 낮추고 사외에서 높여라 • 208
13. 최대한 회사를 이용하라 • 212
14. 직장에서 스스로 배우는 경영 • 214
15. 대기업의 이점만 쏙쏙 • 217
16. 생각은 통제 불가능! • 218
17. 아부의 힘 • 220
18. 거짓 정보로 자신의 이익을 도모하라 • 221
19. '열정'이라는 무기 • 222
20. 세렌디피티(Serendipity)의 법칙 • 223
21. 이왕이면 다홍치마 • 225
22. 휴일은 후일을 도모하는 날 • 227
23. 관점을 바꿔 바라보는 직장 생활 • 229
24. 자기 업무량을 줄이자 • 232
25. 주인처럼 행동하라 • 233
26. 내 편 만들기 • 234
27. '적당히' 알아야 하는 이유 • 236
28. 현재가 제일 좋은 기회 • 238
29. 하루하루 자신을 변화시키는 삶 • 240

30. 변화를 위해 필요한 두 가지 • 241
31. 규칙적이고 반복적으로 하는 습관 • 242
32. 좋은 이미지를 풍겨라 • 244
33. 때로는 악인을 자처하라 • 245
34. 자기 시간을 확보하는 길 • 247
35. 업무도, 삶도 간결하게 • 248
36. 일찍 출근해야 하는 이유 • 249
37. 오래 살아남는 자가 강한 사람 • 251
38. 그때만 잘 넘기면 된다 • 252
39. 의미를 찾아 가는 여정 • 254
40. 기득권을 내려놓는 지혜 • 256
41. 자신의 일을 포장할 줄 아는 사람 • 258
42. 시간 도둑을 멀리하라 • 260
43. 가장 이상적인 직장 생활 • 263
44. 전문가의 대열에서 • 264
45. 일을 쉽게 처리하는 법 • 266
46. 레임덕을 이용하라 • 268
47. 실수, 성공의 퍼즐을 맞추는 조각 • 270
48. 장사는 사람을 남긴다 • 272
49. 겉으론 같고 속으론 다르다? • 274
50. 주변에서 가치를 찾자 • 276
51. 상황마다 방법을 달리하라 • 278
52. 동료의 스케줄을 알아야 한다 • 280

53. 조직이 움직이는 패턴에 따라 • 282
54. 명품은 혼자 만든다 • 284
55. 그럼에도 불구하고 최우선은 직장이다 • 286
56. 코끼리를 냉장고에 넣는 방법 • 288
57. 자기에게 보내는 편지 • 289
58. 주머니 속 현금의 필요성 • 292
59. 건강한 스트레스 • 293
60. 디테일 하게 쪼개라 • 294
61. 성공한 사람처럼 행동하는 힘 • 295
62. 의미를 담는다는 것 • 295
63. 반전 끝에 기적 • 296
64. 배울 때는 창피함을 무릅써라 • 298
65. 목적이 있는 배움 • 299
66. 목표를 시각화하라 • 300
67. 후래삼배(後來三杯)의 진정한 의미 • 301
68. 건강, 가장 큰 자산 • 303
69. 돈보다 재미다 • 305
70. 속전속결, 주도권 선점 • 306
71. 인스턴트식 사업 • 309
72. 놀아야 롱런한다? • 310
73. 초심, 열심, 뒷심 • 311
74. 내부를 먼저 단속하라 • 312
75. 사람을 제대로 볼 줄 아는 안목 • 313

76. 안팎으로 태도를 달리하라 • 317
77. 차별화된 자신만의 브랜드를 위해 • 318
78. 다양한 경험을 통해 느끼는 소중함 • 320
79. 당근과 채찍을 이용하라 • 322

Chapter 05

자기 이름을 고수하는 중년 직장인

1. 부끄러움 없는 삶을 살아라 • 327
2. 마땅히 감사하는 마음으로 • 328
3. 놓을 줄 아는 중년 • 330
4. 공과 사를 분명히 하라 • 332
5. 홀로 서기, 아름다운 말년 직장인의 모습 • 334
6. 자기 자랑을 하지 말라 • 336
7. 감언이설에 속지 말라 • 338
8. 항상 내일이 정년인 것처럼 • 340
9. 가까운 사람을 조심해야 하는 이유 • 342
10. 롱런하는 직장인의 특징 • 347
11. 장기 같은 우리네 인생 • 348
12. 최고의 소통을 이루는 단초, 베풂 • 351

13. 남의 눈치를 보지 않는 삶 · 352
14. 말 많은 사람을 경계하라 · 354
15. 익숙한 환경을 고수하기 위한 기다림 · 355
16. 기본을 지키는 습관의 중요성 · 357

에필로그
당신 인생을 살아라 · 361

프롤로그

중년에는 직장 생활 방식도 바꾸어야 한다

직장 생활은 유리 온실에서 자라는 화초와 같다. 야생에서 자라는 화초들이 모진 풍파에 시달리며 크는 데 반해 온실에서 자라는 화초는 따스한 온실에서 주인의 갖은 보살핌을 받으면서 자란다. 직장인은 온실에서 자라는 화초와 다를 바 없다. 모든 것을 혼자 해야 하고 볼펜 한 자루도 자기 돈으로 구입해야 하는 사회인에 비해 직장인은 비교적 풍요로운 생활을 한다.

많은 직장인들이 직장 생활이 힘들고 어렵다고는 하지만, 사업을 하는 사람에 비하면 그다지 어려운 것이 아니다. 왜냐하면 출퇴근만 잘해도 월급이 나오기 때문이다. 또 일을 잘못해도, 중대 사고를 내지 않는 이상 쫓겨나지는 않기 때문이다. 휴가를 가도 월급이 나오고, 근속이 늘어나면 월급도 올라간다. 또 돈이 떨어졌다고 생각하는 순간, 마법처럼 보너스도 나온다. 국경일은 국경일대로 쉬고, 주 5일 근무로 인해 5일을 일하면 이틀의 휴무도 주어진다. 여기에 어떤 회사는 자녀 대학 등록금도 지원해 준다. 결혼식과 경조사 때에도 회사에서 아낌없이 지원해 준다. 그야말로 직장인들에게 있어 직장은 천국과도 같다.

사실 회사 밖에서는 월 200만 원을 벌기도 힘든데, 근속이 30년이 넘으면 연봉이 일억 원에 육박한다. 한 달에 평균 833만 원을 넘게 받는 셈이다. 그래서 직장이라는 곳은 화초가 잘 자랄 수 있는 유리 온실과도 같고, 그야말로 황금어장이 아닐 수 없다.

특히 그다지 큰 꿈이 없는 직장인에게 직장은 더할 나위 없이 좋은 곳이다. 굳이 머리를 쓰지 않고 그냥 시키는 일만 해도 꼬박꼬박 월급이 나온다. 그저 자신에게 주어진 일만 하면 된다. 그것도 하루 8시간만 하면 된다. 때가 되면 호봉이 오르고, 승진해서 월급이 오른다. 자신이 직접 행정 처리를 하지 않아도 회사에서 알아서 모든 것을 챙겨 준다. 경영에 신경 쓸 필요가 없다. 경영자들이 다 알아서 하기 때문이다.

천국의 맛에 취해서 지내는 당신

그러다 보니 그 속에서 안주하는 직장인들이 많다. 20년 넘게 안일한 생활을 이어 나가는 것이다. 그러다 보니 앞으로도 그런 생활이 지속될 거라고 착각한다. 그래서 정년이 임박해도 크게 걱정하지 않는다. 아직은 그리 급하지 않고, 아직은 먹고 살 만하기 때문이다.

위기의식이 필요한 때

하지만 이제는 위기의식을 가져야 한다. 더 이상 직장에 목매지 말아야 한다. 특히 중년에 이르면 직장에서는 당신을 예전처럼 예우해 주거나 그만큼 보상해 주지 않을 것이다. 더 이상 회사가 당신에게 투자할 것이라는 기대를 해서는 안 된다. 그냥 아무 일 없이 회사에서 자리를 지키다가 잡음 없이 정년퇴임을 하면 된다.

착각은 절대 금물

그런데 많은 중년 직장인들이 회사에서 간섭하지 않으니, 마치 자신이 무엇이나 된 것처럼 착각한다. 또 정년을 해도 크게 어려움이 없을 것이라는 착각에 빠져있다. 언제 어디서든 지금처럼 일만 한다면 먹고 사는 데 지장이 없을 것이라는 생각 때문이다. 그런 사람들은 정년 이후 일자리를 찾지 못해 힘들어하는 사람을 보면, 도저히 이해할 수 없다고 말한다. 자신을 낮추면 얼마든지 지천에 널려 있는 것이 일이라고 생각하기 때문이다. 더불어 자신에게는 결코 그런 일이 생기지 않을 것이라고 착각한다.

하지만 막상 직장을 떠나면, 그런 생각이 얼마나 옹졸하고 자신이 얼마나 많은 착각 속에서 생활했는지를 알게 된다. 회사를 나가는 순간, 은행에서 대출금을 갚으라는 연락이 오고, 그동안 교류했던 많은 사람들이 맥없이 연락 두절되는 상황이 발생한다는 사실을 알아야 한다. 정년을 해도 현재 상황이 그대로 유지될 것이라는 생각은 큰 착각이다.

빠르면 빠를수록 좋다!

일반적으로, 정년을 5년 남짓한 상황에서 정년 이후의 삶을 준비해야 한다고 말한다. 그런데 그때는 이미 늦다. 정년 이후의 삶은 회사에 입사하는 순간부터 준비해야 한다. 또 회사를 다니면서, 언제든 준비가 되면 벗어날 생각을 하면서 절치부심(切齒腐心) 노력해야 한다. 하지만 그런 직장인은 드물다. 왜냐하면 직원이 그런 생각을 갖도록 회사가 가만 놔두지 않기 때문이다.

대개 직장인들은 입사할 때 몇 년간 회사를 다니면서 종자돈을 모으고 그것을 마중물 삼아 사회에 나가 더 나은 인생을 살겠다는 결심을 한다. 그런 결심을 하는 사람들 중 대부분이 30년 넘게 직장 생활을 하고 있다는 사실을 알아야 한다. 아니, 30년간 직장 생활을 해서 이제는 뼛속까지 직장인이 되어 버린 것이다. 이는 다름 아닌 회사가 그렇게 만든 것이다.

회사를 만만하게 봐서는 안 된다. 회사는 어떤 경우든 직원들이 다른 생각 없이 회사 일만 생각하며 생활하도록 당신을 30년 넘게 훈련을 시켰다는 점을 알아야 한다. 그런데 이러한 사실을 알았다고 해도 쉽게 고칠 수 없다. 30년 넘게 생활을 해 왔기 때문에 일시에 고치지 못하는 것이다.

하지만 이제는 아주 독하게 마음먹어야 한다. 그래서 직장에서 30년 넘게 잊고 지낸 본연의 자기 자신을 찾아야 한다. 그동안 직장에서는 마치 동물을 사육하듯 당신을 회사형 인간으로 교육하고 성장시켜 왔다. 극단적으로 말하자면, 교도소에서 죄수를 교화시키듯 당신이 가진 야생력을 순화시켜 회사에 맞는 사람으로 만든 것이다. 야생동물이 동물원에서 생활하는 순간 야생력을 잃듯, 당신은 회사라는 울타리 안에 갇혀 30년 넘게 회사에 의해 훈련받는 동안 당신 본연의 야생력을 잃은 것이다.

하지만 이제라도 늦지 않았다. 이제라도 준비해야 한다. 그간에는 우리 밖으로 나가려고 해도 나가지 못하게 막던 회사가 이제는 당신 스스로 나가라고 회사 문을 활짝 열어 놓은 상태다. 그것도 '정년'과 '명퇴'라는 명분을 들이대며 나가라고 한다. 당신은 그것을 의식하는 순간, 회사에 배신감을 느낄 것이다.

그런데도 그런 회사를 냉정하게 뿌리치지 못한다. 아직도 회사에 미련이 남아 있기 때문이다. 그래서 정년 이후에도 재취업을 통해 회사에 열정을 다하는 사람도 있다. 하지만 이는 다 부질없는 짓이다. 이제는 자신을 위한 인생을 살아야 한다.

이제는 직장 생활 방식을 바꿔야 할 때

그러기 위해서는 직장 생활 방식을 바꿔야 한다. 나이가 들면 모든 생활 방식을 그 나이에 걸맞게 바꿔야 한다. 그동안 해 오던 습관대로 직장 생활을 하지 말고, 정년 이후를 준비하는 직장인으로 거듭나야 한다는 것이다. 일에 집중하던 것을 사람에 집중하는 것으로, 건강을 돌보지 않고 물불 가리지 않고 일하던 것을 이제는 건강을 챙기며 여유롭게 일하는 방식으로 바꿔야 한다. 또, 그간 우선순위를 회사 일에 두었다면, 이제는 자신과 가정에 두어야 한다. 이제는 시나브로 회사 작업복을 벗어야 한다. 여름이 되면 겨울에 입었던 옷을 벗어야 하듯, 나이에 맞는 직장 생활을 해야 한다.

그런데 직장인으로서 주변을 둘러보면, 회사가 삶의 전부고 영원히 직장 생활을 하려는 사람처럼 생활하는 사람들이 의외로 많다는 것을 알 수 있다. 이 책은 그렇게 안일하게 생활하는 직장인들에게 경종을 울리기 위해 쓴 책이다. 또, 매너리즘에 빠져 있는 직장인들에게 내일이 정년일 수 있다는 위기감을 알려 주기 위한 책이다. 특히 중년의 직장인으로서 사회에 나갈 준비를 하기 위해서는 어떻게 직장 생활을 하는 것이 좋은지에 대한 힌트를 제공하고 있다.

이 책은 직장에서 미리 사회에 나갈 준비를 본격적으로 해야 한다는 내용에 초점을 맞췄다. 아울러 그간 직장이라는 온실에서 곱게 자라 온 자신의 생활 습관을 과감히 버리고, 새로운 습관을 갖도록 하려는 데 중점을 뒀다.

이 책은 내가 실제 직장 생활을 하는 직장인으로서 직장인들의 입장에서 집필했다. 그러므로 회사 경영을 하는 경영자의 입장에서 쓴 책이 아니라는 시각으로 읽어 주었으면 한다.

모쪼록 이 책을 통해 직장에 중독되어 자기 자신을 잃고 살아가는 직장인들이 본연의 자신을 찾아 가는 직장 생활을 했으면 한다. 아울러 이제는 사회를 위하여 공헌하고 희생하는 큰 사회인으로 거듭나기 위한 직장인이 될 수 있기를 희망한다.

황금빛 쇳물이 용트림 하는 광양만에서
열정과 창의를 사랑하는 열창강사 김해원 작가

Huimangseo for middle-aged workers

Chapter 01

자기 이름을 잊고 사는 중년 직장인

세상에는 공짜가 없기에 시련과 역경을 극복하기 위해서는 그에 상응하는 노력과 인내를 지불해야 한다.

01
스스로의 실력을 의심하는 직장인

사람들이 자기 본연의 이름으로 직장 생활을 하지 않는 이유는 자신이 더 이상 역부족이라고 생각하기 때문이다. 이제까지 뭔가를 해 보려고 갖은 노력을 기울여 왔고 숱한 도전을 해 왔다. 그런데 자기 뜻대로 되지 않는 일이 더 많았고, 새로운 것에 도전해서 본전도 챙기지 못한 경우가 더 많았다. 가만히 있었으면 본전이라도 했을 텐데 오히려 더 손해를 본 것이다.

그래서 이제는 주어진 현실에서 목전에 드리워진 문제라도 해결하면서 큰 근심걱정 없이 편하게 살려고 한다. 너무 많은 아픔과 시련이 있었기에, 이제는 더 이상 그런 아픔과 시련을 겪고 싶지 않은 것이다.

새로운 도전에 대한 두려움

계속되는 실패로 인해 이제는 그것이 트라우마가 되어, 새로운 도전 자체를 꿈꾸지 않는 것인지도 모른다. 또 이제는 나이 들어 더 이상 모험을 하고 싶지 않은 것이다. 젊은 시절에 숱하게 많은 도전을 거듭하면서 알게 된 것이 있다면, 인생이라는 것이 녹록치 않다는 것과 자기 뜻대로 되는 일이 그리 많지 않다는 사실이다.

또한 인생은 고통 그 자체요, 세상에 공짜가 없다는 사실이다.

세상에는 공짜가 없기에 시련과 역경을 극복하기 위해서는 그에 상응하는 노력과 인내를 지불해야 한다. 그런데 이를 잘 알면서도 선불리 도전하지 않는다. 아니, 도전하기 전에 이미 자신의 실력으로는 그런 일을 할 수 없다며 스스로를 의심한다. 평생에 걸쳐 이루고 싶은 꿈이 건강과 행복이니, 이렇게 건강하고 행복하면 그만이라고 생각한다. 현재가 편안하니 더욱 그러하다.

굳이 애써 힘을 들이지 않아도 이런 상태로 건강하고 행복하게 산다면, 더 이상 바랄 것이 없지 않는가? 많은 사람들이 이런 마음으로 생활한다. 특히 직장인의 경우에는 더더욱 그러하다. 직장에서 안정을 찾았고 이제는 남부럽지 않는 자리에 있으니, 아무 걱정이 없다고 생각한다. 회사에서 자녀 대학 등록금도 지원하고, 때가 되면 꼬박꼬박 월급에 보너스에 휴가비까지 나오니, 무엇이 부럽고 무슨 걱정이 있으랴.

한편으로는 회사에서 회사 일 이외에는 다른 생각을 할 짬을 주지 않기에 더더욱 그런지도 모른다. 그런 천국과 같은 직장에서 벗어나 새로운 지옥을 맛보려 하는 것은 참으로 어렵고 힘든 자신과의 싸움이 아닐 수 없다. 그래서 항상 자신과의 싸움에서 지는 것이다.

02

자기 착각 속에 갇힌 삶

많은 직장인들이 현실에 안주하는 또 다른 이유는 애써 노력하지 않아도 된다는 생각 때문이다. 가뜩이나 바쁜 현실에서 굳이 미래를 위해 힘들게 준비할 필요성을 느끼지 않기 때문이다. 현실에 충실하고 주어진 일에 최선을 다하는 것이 결국은 미래를 준비하는 최선의 비결이라고 생각한다. 이에 덧붙여 현재 자신에게 크게 부족한 것이 없고 잘나가고 있는데, 굳이 기득권을 내려놓고 새로운 것에 도전할 필요성을 느끼지 않는 것이다.

현재 상태가 지속될 것이라는 착각, 이렇게만 산다면 크게 아쉬울 것이 없다는 착각, 이제껏 열심히 살았기 때문에 이제는 한 템포 쉬어 가겠다는 생각 등으로 인해 섣불리 행동에 나서지 않는다. 하지만 이제 됐다고 방심하는 순간이 내리막길이라는 사실을 알아야 한다. 물론 휴식을 취하고 가끔은 자신을 돌아보는 것도 미래를 향해 나아가는 과정에서 꼭 필요하다. 그러한 생각의 기회를 가지면 가질수록, 맑은 영성을 갖추고 심기일전할 수 있다.

충분히 성공했다고 믿는 착각

하지만 그것이 전부가 아니다. 이제는 현재 자신이 몸담고 있는 세계에서 한쪽 발을 떼어 새로운 도전을 향한 곳에 들여놓아야 한다.

과거의 익숙한 것에서 결별하여 새롭고 낯선 곳, 새 터전에 발을 옮겨 놓아야 한다. 양쪽 발을 모두 현재에 놓고는 결코 미래로 나아갈 수 없다.

'이제 됐다.', '이 정도면 충분히 성공했다.', '더 이상 바랄 것이 없다.'와 같은 생각을 버려야 한다. 오히려 잘나갈 때 그것을 기반으로 삼아, 위기 시 언제든 대처할 수 있는 방안을 마련해 두어야 한다. 그것이 자기 인생을 좀 더 찬란하게 이끄는 길이다. 잠시 쉬어 갈 수는 있어도, 오래도록 머물 수 없는 곳이 정상이라는 점을 알아야 한다.

03

더 이상 아쉬울 것이 없다?

중년이 되면 여러 부문에서 여유가 생기기 마련이다. 그래서 중년을 가리켜 '인생의 황금기'라고 한다. 특히 직장인과 같이 크게 무리해서 실패한 경우가 아니거나 도박에 빠져 재산을 탕진한 중년이 아니라면, 어느 정도 유무형의 자산이 남부럽지 않을 만큼 튼실하게 갖춰져 있을 것이다. 그러다 보니, 별로 아쉬울 것이 없다.

사회적인 위치도 이 정도면 충분하고, 젊을 때 고생했던 것에 대해 응당히 받는 보상이라고 생각한다. 그리고 이제는 어느 정도 생활이 안정됐고, 다방면에 걸쳐 성공도 했다고 생각한다. 그러다 보니, 크게 욕심을 부리지 않는다. 그리 아쉬울 것이 없기 때문이다.

다른 사람에게 손 벌릴 일도 없고, 풍족하지는 않지만 그럭저럭 먹고사는 데 걱정이 없다. 현재의 삶이 너무도 안온하다. 또 주변 사람들에 비해 크게 뒤지는 것도 없고, 회사 복리후생도 잘되어 있던 터라 그리 큰 걱정이 없다. 이제 바라는 것은 그저 자녀들이 건강하게 공부 잘하고, 부모님이 장수하는 것뿐이다. 그래서 현재 상태만을 잘 유지해도 크게 손해 보는 삶이 아니다. 그러면서 현상 유지하는 것도 대단하다고 생각한다.

04

도전 않는 것이 당연하다는 생각

직장에서 승진하지 않으면 실망하지만, 자기보다 잘난 사람도 똑같이 승진하지 않으면 나름 위안이 된다. 승진하지 않는 서운함을 같이 공감하는 같은 편이 있다는 점에서 오는 위로다. 못 먹어도 함께 못 먹으니 괜찮다는 심정일 수도 있다.

만약 자기보다 못한 사람이 상대적으로 자신을 추월해서 승진했다면, 서운하고 분한 마음을 감출 수가 없을 것이다. 그러다 시간이 지나면, '나보다 못하지만, 어떤 면에서는 나보다 특출했어.', '그래, 아마도 그가 잘하는 점에 역점을 두고 평가해서 그 사람이 승진했을 거야.'라고 자기를 합리화하기에 이른다.

더불어 그간에 내가 잘못해서 어쩔 수 없이 승진에서 밀렸다고 생각한다. 나름 자기 합리화를 하면서 스스로 서운함을 달래는 것이다. 사실 승진에서 밀렸다는 사실은 화낼 일도 아니고 분노할 대상도 아니다. 그냥 다음을 기약하고 순순히 받아들이면 된다.

시간이 해결할 것이다?

더욱 중요한 사실은 시간이 지나면, 언제 승진 못해서 서운했으며 언제 그런 감정을 느꼈는지조차 잊어버린다는 것이다. 그냥 그렇게 된 것이 당연한 것이라며 체념하는 경우가 많다. 그 이유는 주변 사람들도 마치 아무 일도 없던 것처럼 지내고, 그렇게 큰 노력을 기울이지 않아도 때가 되면 승진 차례가 올 거라고 생각하기 때문이다.

특히 현장 직원들은 서열을 뛰어넘는 승진 케이스가 없다 보니, 모두가 승진을 크게 기대하지 않고 생활한다. 시기가 되어 자기 차례가 되면 자신도 승진을 하게 될 것이라고 생각하기 때문이다. 그렇다. 자기만 당하는 일이 아니고 남들도 함께 당하는 일이니 다행이라고 생각한다.

회사만 다니면 그만이라는 안일한 생각

특히 중년의 직장인이 되면, 승진이다 뭐다 큰 것을 바라지 않는다. 그저 아무 일 없이 무사하게 하루를 보내면 된다고 생각하기 때문이다. 그렇다면 직장 생활을 평안하게 하면서 남는 에너지는 대체 어디에 쏟는 걸까?

대부분의 중년 직장인들이 일과 후 골프를 치거나 여행을 하면서 인생을 즐기기에 급급하다. 물론 그것이 행복이다. 주어진 시간을 최대한 여유롭게 지내는 것이 행복이기 때문이다. 하지만 정년 이후에 먹고살 것을 준비하면서 생활하면 금상첨화일 텐데, 적잖은 사람들이 크게 새로운 것에 도전할 필요성을 느끼지 않는다.

자기가 회사만 열심히 다니면, 적어도 10년은 무사태평이라고 생각한다. 굳이 애써 노력하지 않아도 연금과 퇴직금이 있고, 정년 이후에 귀농을 하거나 작은 점포라도 하나 얻어서 노년을 보내면 된다고 생각한다. 또, 필요하다면 그때 가서 바싹 피치를 올리면 될 거라고 생각한다. 그래서 그냥 안일하게 지내는 것이다.

또, 주변 사람들도 그렇게 지내고 있기 때문에 새삼 걱정스러울 게 없다. 추락해도 같이 추락하고, 경기가 좋지 않아서 힘들면 같이 힘들고, 놀아도 같이 놀고 일을 해도 같이 일을 하니, 크게 신경 쓰지 않는 것이다. 그렇게 20년 넘게 그런 생활을 해 왔고, 그렇게 생활을 했어도 이제껏 아무 일도 발생하지 않았기에 이처럼 인일힐 생활이 지극히 정상이라고 생각하는 직장인들이 많다.

05

앞서 가기보다는 뒤따르는 삶

앞서 가는 사람은 항상 긴장한다. 추격자가 언제 자신을 따라잡을지 모르기 때문이다. 그래서 1등은 달리면서도 2등과 어느 정도 간격이 벌어졌는지를 항상 궁금해 한다. 하지만 뒤에서 따라오는 사람은 앞에서 달리는 사람과 자신의 간격이 어느 정도 떨어져 있고, 그 사람을 따라잡기 위해서는 자신이 얼마나 노력해야 할지를 눈으로 보면서 달린다. 그러기에 2등은 마음이 편하다. 2등에게는 1등의 긴장하는 마음이 없다. 그저 1등이 스스로 제풀에 꺾여서 지치고 힘들어 뒤쳐지기를 기다리면서, 끈기 있게 뒤쫓아 가는 것이 훨씬 마음 편하다. 또, 남보다 앞서가는 사람은 뒤에서 시기하고 질투하는 사람들의 온갖 악담을 참아 내야 한다. 모난 돌이 정 맞는다고, 앞서 가는 만큼 상대적으로 그 뒤편에는 그에 상응하는 만큼의 적들이 포진되어 있다. 그래서 많은 사람들이 앞서 가기보다는 남과 동질감을 가지고 같이 가는 것이 더 맘이 편하다고 생각한다.

그저 마음 편하게, 안정적으로

또, 굳이 앞서 가면서 주변의 욕설과 따가운 시선을 받으며 살기보다는 그저 마음 편하고 평범하게 사는 것이 좋다고 생각한다. 사실 뒤에서 따라가는 것이 마음 편하다. 앞서 가다 보면 사람들에게 욕을 먹기 마련이다. 욕을 먹지 않고 마음 편하고 안정적으로 살아가기에는 뒤에 가는 것만큼 좋은 것은 없다.

그래서 대부분의 직장인들이 튀는 것보다는 평균적인 삶을 선호한다. 하지만 이 세상이 거듭 진화하는 것은 그럼에도 불구하고 주변 시선에 아랑곳하지 않고 고군분투하면서 땀 흘린 사람들의 노력 덕분이라는 점을 알아야 한다.

물론 앞서 가면서도 마치 뒤에 가는 이미지를 풍기면서 주변 사람들의 시선을 피하는 사람도 있다. 그런 사람들이야말로 처세를 잘하는 사람이다. 그런 사람들은 자신이 앞서 가고 있다는 것을 다른 사람들이 느끼지 못하게 움직인다. 그리고 자신이 앞서 가는 공로를 모두 주변 사람들 덕으로 돌린다. 그러면서 자신은 무늬만 앞서 있을 뿐, 결코 당신들을 앞선 것이 아니라고 말한다.

06
미래를 준비할 여유가 없다?

자기 개발의 필요성을 알면서도 하지 않는 이유는 대부분의 사람들이 입에 "바쁘다"는 말을 달고 살기 때문이다. 뭐가 그리도 바쁜지, 항상 무언가에 쫓겨 바쁜 나날을 보낸다. 현재를 그렇게 바쁘게 지내다 보니, 막상 미래를 위해 준비할 시간이 없다는 것이다.

물론 정신적인 건강을 위해 독서하는 것이 중요하고, 육체적인 건강을 위해 산책이나 운동을 하는 것이 좋은 것이라는 사실은 충분히 안다. 불필요한 일에 시간을 낭비하지 말고 소중한 것을 해야 한다는 것도 안다. 그런데 알면서도 하지 않는다. 그것을 실천할 만한 시간적인 여유가 없기 때문이다.

모든 직장인들이 이처럼 바쁜 직장 생활 속에서 눈코 뜰 새 없이 지낸다. 그러다 보니 현실에 살아남기 위해 안간힘을 쓰고 있을 뿐, 미래 자기 인생을 준비해야 한다는 사실 자체를 인지하지 못하고 있는 것이다. 그러면서 현재 자신이 맡은 역할과 책임을 다하면, 만사가 형통할 것이라고 착각한다.

하지만 그것은 정답이 아니다. 인생에 정답은 없다고 하지만, 어느 정도 상식에 준하는 정답이 있기 마련이다. 성공하는 사람들이 성공하는 이유는 현실에 열정을 다하면서 미래를 착실히 준비했기 때문이다. 바쁘고 시간이 없음에도 불구하고, 준비에 준비를 거듭

했기 때문이다. 이 세상에 직장 생활을 하면서 바쁘지 않은 사람은 없다.

정답은 '핵심을 보는 눈'

그 가운데 오히려 성공한 사람들이 더 바빠 보인다. 그런 사람들은 미래를 위해 더 준비한다. 주경야독과 형설지공의 노력으로 말이다. 그렇다. 현재 자신이 바쁘다고 말하는 것은 미래를 위해 준비하지 않고 있다는 뜻이다. 성공한 사람들이 바쁜 가운데에서도 미래를 위해 준비하는 것은 불필요한 일을 하지 않기 때문이다. 그들에게는 일의 핵심을 보는 눈이 있다. 그 핵심을 보는 눈 덕분에 시간을 낭비하지 않는 것이다.

그렇다. 미래를 준비하는 과정은 '핵심을 보는 눈'을 기르는 과정이다. 배우고 익히는 과정은 급소를 보는 눈을 기르는 과정이다. 배우고 익히는 시간이 많으면 많을수록 바쁘지 않다. 그러기에 바빠서 미래를 준비할 시간이 없다면, 그때야말로 미래를 준비해야 할 적절한 시점이라고 생각해야 한다.

시간적인 여유? 마음의 여유!

직장인의 시간은 회사의 시간이다. 그래서 시간적 여유가 없는 중년 직장인들은 정년 이후의 삶을 준비하지 못한다. 직원들에게 여유 있게 미래를 준비하라고 시간을 주는 회사는 안타깝게도 존재하지 않는다. 회사는 직원들이 나가는 순간까지 그 사람이 가지고 있는 단 한 방울의 힘마저도 조직을 위해 쓰게 하려고 애를 쓴다. 회사를 나가는 순간, 자기 회사 직원이 아니라는 사실을 알기 때문이다.

또 조직 관리를 하는 사람들은 그 사람이 조직의 자원이라고 생각한다. 겉으로는 사람이 소중하다고는 하지만, 결국 목적은 회사 이익을 올리는 데 있다. 그러다 보니, 직장인들이 딴생각 할 겨를이 없을 정도로 일을 시킨다. 휴일에도 계속해서 직장을 생각할 수밖에 없는 상황으로 내몬다.

제3자의 위치에서 보면 별달리 바쁜 것도 아닌 것처럼 보이지만, 그 속에 있으면 그것을 느끼지 못한다. 회사에서 직원들의 마음을 바쁘게 만들기 때문이다. 실제로 해 보면 별것 아닌데, 마치 일이 많은 것 같은 분위기를 조장한다. 그래서 많은 직장인들이 바빠서 자기 개발을 하지 못하는 것이다. 그것은 결국 시간적인 여유가 없어서가 아니라, 마음의 여유가 없기 때문이다.

근심 걱정이 시간을 잡아먹는다

자기 개발을 하려 해도 주변 사람들 눈치를 보느라 하지 못하고, 자신의 개인적인 시간을 가지려 해도 조직에서 소외되는 것 같은 불안감에서 못한다. 그런 마음은 이제 쓰레기통에 버려야 한다. 조직이 무슨 일을 하든 그냥 동참하면서 마음의 여유를 가져야 한다. 그러면 어느 순간, 바쁜 일이 바쁜 것이 아니라는 중요한 사실을 발견하게 된다.

'목숨 걸면 못할 일도 없다.'는 생각, '더 이상 잃을 것이 없다.'는 생각으로 일에 임하면, 두려움과 근심 걱정은 자연히 사라지게 마련이다. 상사에게 밉보이면 좋은 평가를 받을 수 없다는 걱정과 회사에서 쫓겨나면 갈 곳이 없다는 불안한 생각을 가지고 회사 생활을 하지 말아야 한다. 그저 회사 일은 회사 일대로 하고, 그 여유 시간을 이용해서 자기 일을 한다는 위풍당당한 마음을 가지고 직장 생활을 하는 것이 자기 이름으로 사는 직장인의 길이다.

07

가보지 않은 길은 무작정 없다는 생각

직장 생활을 하다 보면 보직 이동으로 새로운 일을 접하게 되는 경우가 있다. 그간에 해 오던 일들을 접고, 처음부터 다시 시작해야 하는 것이다. 눈앞이 캄캄하지 않을 수 없다. 어디서 어떻게 시작해야 할지 마땅히 좋은 방법이 떠오르지 않는다. 그야말로 '멘붕' 상태가 된다.

그래도 과거에 이뤄 놓은 업적이 있기에 다른 사람들로부터 어느 정도 전관예우를 받기는 하지만, 내심 불안하고 불편한 마음을 감출 수 없다. 더욱이 종전의 보직보다 수준이 떨어진 곳에서 일을 해야 하는 경우에는 억장이 무너지는 감정을 느끼기도 한다. 그것도 자의에 의한 이동이라면 마음의 평정을 찾을 수 있지만, 타의에 의한 이동이라면 분노가 치밀기 마련이다.

길이 있다고 생각하면 길이 보인다

하지만 어디에나 길이 있기 마련이다. 처음부터 길이었던 곳은 없다. 터널을 뚫고 다리를 놓고 포장을 해서 길을 내는 노력을 기울였기에 길이 된 것이다. 그렇다. 길이 아니어도 계속해서 사람들이 다니다 보면, 그것이 바로 길이 된다.

우리네 삶도 마찬가지다. 그냥 주어진 삶에 묻혀 있으면 감옥에 갇힌 죄수의 삶을 사는 것과 같다. 그러므로 현재의 삶에서 벗어나기 위해 안간힘을 써야 한다. 비록 마땅한 방법이 없더라도, 자신이 가고자 하는 방향으로 계속해서 가다 보면 자신이 원하는 곳에 다다르게 될 것이다. 얼핏 생각하면 길이 없을 것 같아도, 잘 찾아보면 길이 있기 마련이다.

특히 자신이 위기에 빠졌다면 더더욱 그래야 한다. 위기에는 기회가 숨어 있기 때문이다. 그래서 많은 성공학자들은 “위기는 혼자 오지 않고 기회를 동반한다.”고 말한다. 사실 위기에 처하면, 몸이 아파 봐야 건강의 소중함을 알게 되듯 그동안 보지 못했던 것을 보게 된다. 그러므로 자신이 위기에 빠졌다면, 포기하지 말고 그간 일상에 안주해서 숨죽이고 있던 감각이 깨어나기 시작한 시점이라고 생각해야 한다.

어찌해야 할지 막막할 때는 그냥 하자. 하다 보면 하게 되고, 가다 보면 길이 나오게 마련이다. 시작도 하지 않고 지레짐작으로 안 될 것이라는 생각을 하지 말라는 뜻이다. 어쩌면 처음에 갔던 길은 자신의 길이 아니었을지도 모른다. 그러므로 직장에서 새로운 보직을 부여받았다면, 이제는 자신이 원하는 인생길에 제대로 접어든 것이라고 생각해야 한다. 걱정과 불안감에 휩싸일 것이 아니라, 행복하다고 생각해야 한다. '고생 끝 행복 시작'이라고 생각하자. 이제부터 다시 시작하면 된다.

변명의 달인, 중년

나이가 먹어서, 시간이 없어서, 기력이 약해서, 아직은 시기가 아니어서……. 미래를 준비하지 않는 대부분의 중년 직장인들이 입버릇처럼 하는 변명이다. "이유 없는 죽음 없고 사연 없는 사람 없다."는 말이 있듯, 누구나 그럴 수밖에 없는 자신만의 특별한 이유가 있기 마련이다. 그런데 이러한 변명 속에서 살고 있다면, 이미 새로운 인생은 물 건너 간 것이다.

주인은 문제가 발생되면 해결책을 찾으려고 학습하는 반면, 머슴은 불평만 한다는 말이 있다. 그렇다. 자신의 인생을 자신이 개척하고자 하는 사람은 자기 인생에 적극성을 보이면서 학습하는 반면, 그렇지 않는 사람들은 현실에 최선을 다하는 것이 바로 좋은 미래를 여는 초석이라고 말한다. 물론, 그 말도 일리는 있다. 하지만 한 차원 더 높게 생각한다면, 그러한 마음에 더하여 무엇을 위해 최선을 다하고 어디를 향해 최선을 다하는지 꼼꼼히 따져 봐야 한다.

막연히 현재에 최선을 다하는 것은 아무 의미가 없다. 이 때문에 많은 직장인들이 현실에서 뾰족한 해답을 찾지 못하고 방황하는 경우가 많다. 아무리 애를 써도 더 이상 나아지는 기색도 보이지 않고, 이미 최선의 노력을 했음에도 불구하고 이 모양 이 꼴이라고 생각한다. 이제는 더 이상 노력해도 큰 발전이 없을 거라고 스스로 성급하게 결단을 내리는 경우가 많다. 자신은 이미 나이가 들어 여기까지가 한계라며 스스로 금을 긋는 것이다.

사실 직장 생활을 하면서 미래를 준비하는 여정은 어렵고 힘들다. 그러한 상황을 극복하기 위해서는 어렵고 힘든 장애물을 넘으려는 강인한 힘이 필요하다. 직장 생활을 하면서 미래를 준비하는 여정은 해도 해도 끝이 없고, 가도 가도 끝이 보이지 않는 여정이기에 더욱 그러하다. 때로는 자신의 목표를 달성했음에도 삶의 질이 더 나빠지는 경우도 많다. 그러기에 많은 직장인들이 새로운 도전을 할 엄두를 내지 못하고 쉽게 포기한다.

인생은 마라톤이다

이처럼 미래를 준비하다 보면 끝이 보이지 않고 막막할 때가 있다. 무엇을 해야 하고, 어디서부터 시작해야 할지, 과연 지금 하고 있는 일이 미래에 얼마나 실효성이 있으며, 얼마나 큰 수확을 올릴 수 있을지에 대해 반신반의하면서 의심을 품게 된다. 미래를 준비하는 것은 끝이 보이지 않는 장기적인 프로젝트이기에 그러한 마음이 드는 것이다.

그런 마음이 들면, 오늘 계획한 부문을 백 퍼센트 완료하면 된다고 생각해야 한다. 장거리 마라토너는 목표 지점이 보이지 않는 상태에서 달려야 한다. 반면에 단거리 스프린터는 목표지점을 보면서 달린다. 그래서 스프린터는 그 목표를 향해 전력 질주를 하면 되지만, 42.195킬로미터를 달려야 하는 마라토너는 목표 지점이 보이지 않는 상태에서 달려야 한다.

그렇다. 목표 지점이 보이지 않는 상태에서 계속해서 달리기 위해서는 자신과의 싸움이 필수다. 목표와의 싸움은 2할이 결승점이 가까운 지점에서 사투를 벌여야 하는 경우고, 8할은 자신과의 싸움이다. 마라톤 풀코스 완주의 비결은 자신의 페이스를 유지하면서 자신과의 싸움에서 이기는 것이다.

결과적으로 목표에 너무 집착을 하거나 조바심을 내는 것은 자신의 페이스를 흐트러뜨리고 포기하는 원인이 되기도 한다. 따라서 장기적인 관점에서 미래를 준비하는 태도가 필요하다. 목전에 있는 목표가 아니다. 10년 후에 어떤 일이 벌어질지 혹은 3년 이내에 무슨 일이 일어날지는 아무도 모른다. 그렇다고 현 시점에서 아무 일도 하지 않고 손을 놓고 있는 것은, 미래에 더 큰 고통이 될 수도 있다는 점을 명심해야 한다.

준비하고 준비하라.

장기적인 관점에서 미래를 준비하다 보면, 서서히 안개가 걷히듯이 시나브로 미래가 보이기 시작을 할 것이다. 준비하고 계획하고 실행하는 것은 어둠 속에서 여명이 오기를 기다라는 여정과도 같다. 준비하고 준비하다 보면 까마득하고 아득했던 정상이 서서히 모습을 드러낼 것이다. 정상에 오르기 위해 한발 한발 산에 오르듯 오늘도 자신이 추구하고자 하는 바를 향해 꾸준히 가면 된다.

그러면서 '재미있게 가는 방법은 없을까?', '신나게 하는 방법은 없을까?', ' 효율적이고 효과적으로 하는 방법은 없을까?'를 고민하면서 꾸준히 가다 보면 자신도 모르게 좋은 방안이 생길 것이다. 그리고 그로 인해 좀 더 좋은 성과를 낼 수 있을 것이다. 마라톤 하듯 등산 하듯 꾸준히 가다 보면, 그동안 몰랐던 것을 알게 되어 좀 더 새로운 길을 모색하게 되는 행운의 기회를 맞이할 수 있다는 점을 잊지 말자.

08

현실에 취하고 호칭에 빠져 안분지족하는 삶

일반적으로 사람들은 타인의 칭찬을 들으면, 인정의 나르시시즘에 의해서 자아도취에 빠지게 된다. 매슬로우의 욕구 5단계에서 보듯이 인간에게는 기본적으로 인정받으려는 욕구가 있다. 그래서 칭찬을 받으면 기분 좋아하고, 자기를 인정해 주면 간과 쓸개까지도 내놓으려는 호의를 보이기도 한다.

그렇다. 인간은 누구나 칭찬받기를 좋아한다. 특히 중년에 이르면 자기가 하고 있는 일과 자기가 맡은 위치와 역할로 좋은 평가를 받으려는 욕구가 강하다. 그래서 이 시점에 이르면, 남이 추켜세워 불러 주는 호칭에 의해 감각이 마비되는 현상이 극명하게 나타난다. 선생님, 사장님, 대표님, 원장님, 위원님 등 호칭에 중독되고 타인이 불러 주는 별칭에 의해서 나르시시즘을 유별나게 강하게 느끼는 세대가 바로 중년이다.

감각을 마비시키는 호칭

그래서 직장 말년에 이른 직장인들에게는 선배님, 주임님, 반장님, 조장님, 교수님, 선생님 등의 호칭이 그림자처럼 따라다닌다.

그러다 보니 자칫 타인이 불러 주는 호칭에 버금가는 자리에 있는 것과 같은 심각한 착각 상태에 빠지게 된다. 자신이 교수도 아니면서 남들이 교수라고 불러 주니 진짜 교수가 된 것 같은 착각에 빠지고, 박사 자격이 없어도 남들이 박사라고 부르면 자가당착에 빠지는 경우가 있다. 그런 착각 속에서 생활하는 시기가 바로 중년의 시기다. 그래서 이런 사람의 심리를 이용해서 영업하는 사람들은 나르시시즘 마케팅을 한다. 고객을 왕으로 대접하는 것이다. 고객이 아무리 못난 사람이라도 자신에게 돈이 되고 이익이 된다면, 기꺼이 그 사람의 하인이 되려고 하는 사람이 마케터다. 그것이 그들이 수익을 올리는 비결이다. 호칭이 주는 인정의 나르시시즘을 이용하여 그 사람을 자신의 편으로 만드는 것이다.

흔히 직장에서도 말년의 직장인에게서 이러한 현상이 두드러지게 나타난다. 고(高) 근속으로 경험이 많고 하는 일에 대해서 이제는 명실상부 최고 실력을 지녔으니, 직위에 상관없이 다른 사람들로부터 인정과 칭찬의 우상이 되고 우러름의 위치에 오르게 된다. 그러다 보니, 주변에서 불러 주는 무자격 호칭에 의해 자아도취에 빠지는 사람들이 많다. 마치 자기가 진짜 그런 사람이라도 된 양 착각을 하는 것이다. 그래서 다른 곳에 가더라도, 응당 그런 예우를 받을 것이라고 착각한다. 그래서 더 이상 자기 개발을 하지 않는다.

호칭의 감투를 벗자

회사를 나가도 다른 후배들이 자신을 함부로 업신여기지 않을 것이라는 착각 속에 빠져 있다. 아울러 자신이 가진 경험이 많고 현장 기술에 대한 노하우가 많기에, 회사도 자신을 함부로 하지 못할 것이라고 생각한다. 하지만 그것은 큰 착각이다. 회사는 언제든 정년에 이르면 피도 눈물도 없이 아주 냉정하게 당신을 칼로 무를 자르듯이 자를 것이기 때문이다.

그동안 자신을 존중해 주던 사람들도 언제 그랬냐는 식으로 안면몰수 한다는 것을 알아야 한다. 현재 자신이 주변 사람들로부터 말갈이 호칭에 의해 나르시시즘을 느끼고 있다면, 정상에서 내려와야 하는 시점이라고 생각해야 한다. 아무 짝에도 쓸모가 없는 직장 내에서의 호칭은 사회생활에 아무런 이익을 주지 않는다는 점을 알아야 한다. 오히려 그러한 호칭 속에 숨어 있는 미끼에 의해 자신의 노하우가 시나브로 빠져나가고 있다는 사실을 빨리 눈치 채야 한다. 영업사원들이 고객을 왕처럼 예우해서 고객의 지갑을 열게 하듯, 당신의 주변 사람들은 호칭으로 당신의 기분을 들뜨게 하고 그것을 기반으로 이익을 얻으려는 속셈이라는 점을 알아야 한다.

결과적으로 말갈이 호칭 속에서 살고 있다면, 언제든 그 시점이 당신이 자기 개발을 꾀해야 하는 시점이라고 생각해야 한다. 백제의 전성시대를 이끌던 의자왕이 간신배들의 농락에 의해서 성충과 같은 충신을 죽이고 궁녀들과 환락에 빠져 망국의 길을 걸었듯이,

당신도 그러한 호칭의 사탕발림에 의해 당신 인생을 망치게 될지도 모른다는 위기감을 느끼고 항시 긴장을 늦춰서는 안 된다.

아무짝에도 쓸모없는 호칭의 감투에서 어서 빨리 벗어나야 한다. 그렇지 않으면 당신은 현재 받은 호칭에 따른 나르시시즘에 상응하는 이상의 치욕을 느끼게 될 것이다. 그러므로 추운 겨울이 오기 전에 장작을 준비하듯 정년 이후의 삶을 준비해야 한다.

나를 함정으로 내모는 여유

중년이 되면 모든 것이 안정된다. 굳이 새로운 것을 하지 않아도 당장은 먹고 사는 데 전혀 부족함이 없다는 것이다. 모든 면에서 거의 정상적인 활동을 할 수 있는 시점이고, 다방면에 큰 두각을 나타내지는 않지만 어느 정도 다른 사람을 이끌고 교화시킬 정도의 수준에 오르게 된다. 그래서 굳이 새로운 도전을 할 필요성을 느끼지 못하는 세대가 중년이다.

특히 회사 근속이 평균 25년에 육박한 경험이 있다면, '척하면 척' 알아맞히는 경지에 오른다. 공장에서 이상한 소리만 들어도 무슨 일이 벌어지고 있는지를 정확하게 꼭 집어내는 정도의 실력을 지니게 되는 것이다.

더불어 인맥도 넓어지고, 가만히 있어도 물어 오는 사람이 많을 정도의 전문가가 된다. 아는 것도 많고 일에 대한 통밥이 있어서, 항상 여유 있게 지내는 직장인이 바로 중년 직장인이다. 하지만 그러한 여유가 자신을 함정으로 내몰고 있다는 사실을 하루 빨리 깨달아야 한다.

어디서든 통할 것이라는 착각

직장을 나가면 어느 한 군데 쓸모없는 실력인데도 마치 자신이 가진 경험과 실력이면 무소불위 권력을 휘두를 수 있다고 착각하는 사람이 바로 중년이다. 회사 안에서의 힘이 회사 밖에서도 통할 것이라고 착각하는 것이다. 하지만 막상 퇴사하면 정신이 번쩍 들 것이다. 그러므로 회사가 든든한 버팀목이 되어 주고 있을 때, 미래를 위해 자기 나름대로 준비를 해야 한다. 회사에서 승진하기 위한 준비가 아니라 회사 밖에서 무엇을 해서 먹고 살 것인지, 인생 이모작을 준비해야 한다.

간혹 중년이 되어서 노욕을 부리는 것과 같이 회사에서 더욱 권력을 잡아 보겠다고 안간힘을 쓰는 사람도 있다. 그러나 그것은 모두 부질없는 짓이다. 말년의 직장인이 되면, 군대 말년 병장과 같은 마음으로 모든 것을 후배들에게 물려주고 자신의 안위를 돌봐야 한다. 자기가 몸담은 직장이 더욱 빛을 발휘할 수 있도록 명예롭게 뒤로 물러나야 한다. 그래서 사회에 나가 자신이 해야 할 일을 준비하는 시간적 여유를 확보해야 한다. 자기 이름으로 살아갈 준비를 해야 한다는 것이다.

09

중년은 이미 늦은 나이?

'늦었다고 생각하는 시점이 가장 빠른 시기'라는 말이 있다. 그런데 많은 말년 직장인들이 그런 생각을 하기보다는 이미 늦었다고 생각하는 사람들이 더 많다. 이제는 나이 때문에 새로 무엇을 시작하기에는 무리라며 스스로 마음의 브레이크를 밟고 생활한다. 현재도 벅찬데 미래까지 생활 속에 끼워 넣어야 한다는 사실에 스스로 거부감을 느끼는 것이다.

나이가 발목 잡는다?

중년에 이르러 가장 많이 하는 말은 자신이 나이를 먹었다는 것이다. 말끝마다 "나이를 먹어서 이제 더 이상은 안 된다."는 말이 입버릇이 되어 지낸다. 또 이제는 자기 인생보다 자식들 인생에 관심을 가져야 한다고 생각한다. 자신은 이제 무엇인가를 새롭게 시작해야 하는 시점을 지났고, 온전히 자녀들 뒷바라지를 하면서 여생을 보내면 된다고 생각하는 것이다.

하지만 그것이 현실의 안정을 가져올 수는 있어도, 나날이 후퇴하는 삶을 사는 것이라고 볼 수 있다. 현실 감각에 맞는 속도로 달리다가는 미래의 속도를 따라잡을 수 없을 만큼 세상이 급변하고 있다. 그러므로 현실 감각에 미래 감각을 더해야 한다. 그래서 미래로 가는 여정에 자신이 갖추어야 하는 것은 무엇이고, 미래에 자신이 살아남기 위해서는 어떻게 하는 것이 바람직한 것인가에 대해 심혈을 기울여야 한다.

그것이 바로 자신의 성장세를 이어 가는 활력소이자, 자신의 미래를 찬연하게 이끄는 단초가 된다는 점을 알아야 한다.

늦었다고 생각하는 시점이 가장 빠른 시점

"인생은 50부터" 혹은 "인생은 60부터"라는 말을 하는 세대가 중년의 세대다. 하지만 입으로만 그렇게 말할 뿐, 실제로 다시금 인생을 새롭게 시작하기 위해서 무언가를 하는 것은 아니다. 자신이 나이로 인해서 난처한 경우에만 그런 말을 할 뿐 실제로 현실에서 살아남기 위해 새로운 일에 도전하지 않는다.

하지만 이제는 과감히 나이라는 브레이크에서 발을 떼야 한다. 나이 들어 새로운 일에 도전하는 것은 위험하다고 생각할 수도 있다. 또 그간에 해오던 익숙한 것들을 저버리고 새로운 것을 한다는 것에 대해 인생의 내리막길을 선택한 것이라고 생각할 수도 있다. 하지만 그 내리막길에서 속력을 내야 내리막길이 끝나는 막다른 지점에 있는 또 다른 언덕을 넘을 수 있다고 생각한다면, 속력을 늦추지 않는 것이 다음 장애물을 넘는 데 유리하다는 점을 알아야 한다.

이제는 '늦었다고 생각하는 시점이 가장 빠른 시점'이라고 생각하자. 여기서 다시 시작하지 않으면, 영영 시작할 수 없다는 위기감을 가져야 한다. 다소 힘들고 어렵더라도 다시 시작해야 한다. 다시 시작할 때는 나이를 먹었다는 것이 가장 큰 경험이 되고 장점이 될 수 있는 일을 찾아서 해야 한다. 나이가 장점이 되고 강점이 되는 삶을 살아야 한다. 그래서 나이가 나를 일어서게 하는 이유가 되고, 나를 일으키게 하는 이익이 되게 해야 한다.

나이 먹은 것은 흉이 아니야

정년 이후를 준비하지 않는 중년 직장인들은 대부분 해 보지도 않고 자신은 이미 틀렸다고 생각한다. 아니, 뭔가를 시도하지도 않고 자신에게는 새로운 것을 할 재능이 없다고 지레 짐작해서 포기하는 경우가 많다.

뭐라도 하긴 해야 하는데 아무리 생각해도 뾰족한 수가 없고, 자신의 힘으로는 더 이상 별다른 방법이 없다고 생각하기 때문이다. 이미 틀렸고, 이제는 늦었다고 생각한다. 이제 새파랗게 젊은 후배들을 보면, 자신이 가진 재능이 보잘것없고 자신은 이제 나이를 먹었기에 퇴물이라는 생각도 서슴지 않는다. 그런 사람들이 의외로 많다.

그러나 이러한 생각을 버리고, 젊은 사람들이 할 수 있는 일이 따로 있고, 자신만이 할 수 있는 일이 따로 있다고 생각해야 한다. 세상에는 수만 가지 직업이 있고, 돈 버는 방법도 수없이 많다. 자신에게도 뭐든 한두 가지는 남보다 잘하는 능력이 있다고 생각해야 한다.

위기에 봉착할수록 자신감과 자기 효능감을 가지고 접근한다면, 좀 더 큰 사람으로 성장하게 될 것이다.

10
순탄한 삶≠좋은 미래

직장인들이 회사 밖에 나갈 준비를 하지 않는 이유는 아직까지는 처절한 꼴을 당해 보지 않았기 때문이다. 항우가 시정잡배의 바짓가랑이 사이를 기어가는 것과 같은 치욕을 당해 보지 않아서다. 대체로 대인관계가 원만한 사람들이 그런 삶을 사는 경우가 많다.

이에 반해 모나서 다른 사람들에게 핍박받고 을의 위치에서 갑의 횡포로 인해 인격적인 모욕을 당하거나 정신적인 충격을 받는다면 독기가 생기게 된다. 처절한 꼴을 당해 본 경험이 있는 사람은 현재 자신의 위치가 얼마나 보잘것없으며, 미래를 위해 준비하지 않으면 얼마나 더 큰 치욕을 받을지 알게 된다.

잔병치레하는 사람이 장수한다

성공한 사람들의 이면에는 성공한 높이에 빈하는 정도로 크게 바닥을 친 경험이 있다. 산이 높으면 골이 깊고 골이 깊어야 산이 높듯이, 추락과 비상은 동전의 양면과도 같다.

어떻게 보면 미래를 준비하지 않는 사람들은 완만하게 인생을 잘 살아온 사람이라고 볼 수 있다. 마치 살아오면서 한 번도 아픈 적이 없을 정도로 건강하게 잘 살아온 사람처럼 인생을 큰 굴곡 없이 순탄하게 살아온 사람이라고 볼 수 있다. 하지만 그런 사람들도 언젠가는 큰 병에 걸릴 확률이 높다고 봐야 한다. 그간에 건강에 아무 이상이 없었다고 해서 앞으로도 건강에 이상이 없을 것이라고 생각하는 것은 과도한 낙관적 사고라는 것이다.

오히려 잔병을 치루면서 병원에 많이 다닌 사람이 장수할 수 있다는 생각을 해야 한다. 잔병을 치르지 않는 사람은 자신의 건강을 과시하다가 의외로 생각지도 못한 불치병에 걸려 아쉽게 세상을 먼저 떠나는 경우도 있다. 바로 그런 사람이 되지 않으려고 노력해야 한다.

수난과 핍박은 자신을 단련시켜 주는 스승이라고 생각해야 한다. 그 고통의 역사는 현실에 안주하는 것이 얼마나 큰 고통이며, 노력하지 않는 것이 얼마로 큰 불행을 예고하는 것인지를 직감으로 알게 하는 통찰력을 길러 준다. 그러므로 현재 자신이 핍박과 억압을 받고 있다면, 이를 악물고 정신 바싹 차려야 한다. 자기를 죽이지 못한 것이 오히려 자신을 더 강하게 한다는 생각으로, 긴장의 끈을 놓지 않아야 한다. 그런 사람이 되어야 한다. 그런 직장인이 바로 '자기 이름으로 사는 직장인'이다.

11
알고 보면 무서운 조직의 생리

조직은 매정하다. 이익이 되면 포용하지만, 손해가 되면 언제든 토사구팽을 시키는 곳이 조직이다. 그런데 많은 직장인들이 조직에 목숨을 걸 정도로 헌신한다. 그것은 조직의 생리를 잘 모르기 때문이다. 회사는 이익을 꾀하는 곳이다. 이익이 아니라고 생각하면, 언제든 타이어를 바꿀 준비를 한다는 사실을 알아야 한다.

'자신의 젊음을 불태우고 반평생에 걸쳐 헌신적으로 일궈 온 직장인데 설마 푸대접 하랴.' '회사 발전과 성장을 위해 얼마나 많은 노력을 했는데 설마 푸대접 하랴.' 이 같은 생각은 모두 자기 착각이다. 사실 직장인치고 자신이 몸담고 있는 직장에 헌신하지 않은 사람은 없다. 직장인은 어떤 형태로든 자신의 직장에 헌신하고 희생한다. 그럼에도 불구하고, 직장은 쓸모없는 사람이라고 생각하면 언제든 내칠 준비를 한다는 점을 알아야 한다.

그러므로 직장 말년에 이르면, 모든 것을 후배들에게 물려주고 사수가 아닌 부사수의 역할을 하면서 지원하는 정도의 위치에 머물려야 한다. 너무 나서지 말고 조용히 직장 생활을 하라는 것이다. 너무 튀려고 애쓸 필요도 없고, 사생활까시 버려 가면서 회사 일을 할 필요가 없다.

토사구팽 당하지 않으려면

직장에서의 조직은 엄연히 개인의 것이 아니다. 아무리 노력하고 날고 뛰는 능력과 역량을 가졌다고 해도, 직장의 조직을 자신의 사조직으로 만들 수는 없다. 설령 자신이 파워를 길러 어느 정도 권력을 잡았다 해도 조직에서의 권력과 파워는 조직을 떠나는 순간 일순간에 사라진다는 점을 알아야 한다.

조직은 참으로 매정하고 무서운 곳이다. 그러므로 조직에서 살아남기 위해서는 자신에게 주어진 일을 그럭저럭 원만하고 안전하게 하는 것이 중요하다. 너무 튀려고 하지 말고, 너무 과하게 노력할 필요가 없는 곳이 조직이다. 소중한 인생의 귀한 시간을 오로지 조직에 투자하는 어리석은 삶을 살지 말라는 것이다.

이제라도 늦지 않았다. 언젠가는 조직으로부터 토사구팽을 당한다는 사실을 알고, 차근차근 준비를 해나가야 한다. 이제라도 자신을 위해 직장 생활을 해야 한다. 만약에 중년이 되어서도 젊은 날처럼 조직을 위해 몸 바쳐 일한다면, 당신의 미래는 없다고 봐야 한다. 왜냐하면 회사는 이미 당신의 자리를 당신보다 더 힘 있고 열정이 넘치는 직원으로 대신할 생각을, 당신보다 먼저 하고 있기 때문이다.

12

수주대토 하는 농부와 같은 삶

대부분의 중년 직장인들은 과거에 자신이 쌓아 온 영광스런 실적이 있기 때문에 자신이 정년을 하면 회사에서 충분히 유무형의 보상을 해 줄 것이라는 착각 속에서 생활을 한다. 또 자신이 해 온 업무에서는 자신이 최고이기 때문에 자기가 없으면 그 일을 해낼 수 없다고 생각한다. 하지만 회사 일은 아무나 할 수 있는 일이라는 점을 알아야 한다.

'수주대토(守株待兎)'라는 고사성어가 있다. 어느 이른 새벽, 농부가 밭에 나갔는데, 안개가 자욱해서 그런지 토끼가 쏜살같이 달려가더니 나무 그루터기에 부딪쳐서 죽더라는 것이다. 다음 날이 되자, 전날 가만히 앉아서 토끼를 잡은 농부는 아예 일할 생각은 하지 않고 그루터기에 부딪히는 토끼를 하염없이 기다리더라는 것이다.

여기에서 중년이 되어 미래를 준비하지 않은 직장인이 바로 위의 이야기에서 등장하는 농부인 셈이다. 직장인이라면 결코 회사를 믿어서는 안 된다. '회사에서 알아서 해 주겠지?', '과거의 영광을 재현하기 위해 다시 불러 주겠지?'라는 생각은 허상이다. 그 허황된 생각을 버리고 자신의 인생을 스스로 개척해야 한다.

과거의 영광은 과거의 영광일 뿐이다. 과거를 회상하면서 회사에서 또다시 재기할 것이라는 생각은 아예 버려야 한다. 결코 회사를 믿지 말라. 회사는 생명력도 기억력도 없다. 회사는 오늘 현재 무엇을 하고 있는가를 생각할 뿐, 과거에 무슨 일을 했는가를 중요하게 생각하지 않는다. 결코 수주대토 하는 우를 범하지 말아야 한다.

믿을 것은 오로지 자기 자신밖에 없다. 한번 떠난 버스는 더 이상 돌아오지 않는다는 점을 명심해야 한다. 또, 버스가 갔다면 자가용으로 가든지 아니면 뛰어가든지, 그 어떤 방법이로든 이제는 자신의 힘으로 자신의 목적지를 향해 나아가야 한다.

13

설마 할 일이 없으랴?

많은 직장인들이 정년 이후를 막연하게 긍정적으로 생각한다. 이렇게 정년까지 건강하게 회사를 다니다가 퇴직하면, 퇴직금과 연금을 가지고 노후를 즐겁게 지낼 수 있다고 생각하는 것이다. 자신이 건강하고 자녀들만 결혼시키면 아무 근심 걱정이 없을 거라고 생각한다.

자기 정도면 사회에 나아가 충분히 경쟁력이 있다고 생각한다.

퇴직 후 할 일이 없으면 하다못해 허드렛일이라도 하면서 인생을 즐기면서 살 수 있다고 생각한다. 또 정 안되면 귀농해서 산천초목이 우거진 경치 좋은 곳에서 노후를 편하게 보낼 수 있을 것이라고 생각한다. 그러니 직장을 다니면서 무엇이 아쉬워서 힘들게 미래를 준비할 것인가?

정년 이후를 바라보는 허황된 시선

그냥 현재 직장에서 아무 일 없이 정년까지 그저 잘 지내면 된다고 생각한다. 그래서 직장에서의 일차적인 목표가 '정년'이다. 정년까지만 하면, 그때 가서 2차적인 목표를 세워도 크게 걱정 없을 거라고 생각한다. 그렇게 낙관적으로 생각하는 직장인들이 의외로 많다. 99세까지 자기 발로 걸어 다닐 정도로 건강하면 만사형통이라고 생각하는 경우도 있다. 또, 이제까지 직장 생활을 하면서 고생했으니 정년 이후 3~4년 정도는 좀 쉬어야겠다고 생각을 한다. 그러다 보니 직장 생활을 하면서 당장 바쁠 것이 없는 것이다.

그저 이렇게 직장 생활을 하다 보면, 무슨 수가 생길 것이라고 막연하게 생각한다. 분명 자신에게는 정년 이후에 일이 없어 노는 그런 불행한 일은 결코 생기지 않을 것이라고 생각한다. 자기가 자존심만 내려놓으면 그다지 어려움이 없을 것이라는 생각을 덧붙여서 말이다.

그런 마음을 빨리 버려야 한다. 만약 그런 생각을 가지고 있다면, 당신 주변에서 먼저 정년을 한 선배를 찾아가서 조언을 구하라. 그러면 당신의 그런 착각이 얼마나 한심한 생각인지를 그들이 일깨워 줄 것이다.

14
딴생각을 못하게 하는 직장, 잃어 가는 야성

입대해서 훈련소에서 훈련을 받다 보면, 암기해야 할 사항이 참으로 많다. 또 조석(朝夕)으로 점호를 해야 하고, 잠자다 일어나서 보초를 서야 하는 등 그야말로 정신없이 시간이 지나간다. 거기에다 낮에는 힘들고 고된 훈련을 소화해야 한다. 그렇게 훈련을 받다 보면 긴장과 긴장이 연속되고, 군기에 사로잡혀 딴생각을 할 겨를이 없다. 군기가 문란하면 조직력이 약해지고, 적정하게 긴장하지 않으면 훈련 중 사고가 날 수도 있기에 항상 긴장하게 한다.

하지만 그 이면에는 심리적으로 딴생각을 하지 못하도록 하는 데 있다. 오로지 군에서 훈련을 받아야 하고 규율을 지켜야 한다는 긴장감과 함께 위기감을 심어 줌으로써 딴생각을 할 겨를이 없게 만드는 것이다. 그런 생활이 반복되다 보면, 걸음걸이와 말투가 모두

군인답게 변한다. 계속해서 수없이 반복하는 과정에서 이제는 굳이 딴생각을 하려 해도, 자신도 모르게 무의식적이고 습관적으로 행하는 것이다.

이러한 행태가 비단 군에만 해당되는 것은 아니다. 회사와 단체 등 모든 조직이 그러하다. 그렇게 해야 조직이 유지되고, 조직원들이 조직에 충성을 다하기 때문이다. 직장도 마찬가지다. 가만히 직장 생활을 하는 것을 들여다보면, 정말로 딴생각을 할 겨를이 없이 하루 일과가 바쁘게 진행된다는 것을 알 수 있다.

리더들이 경영층의 지침을 받아 업무를 직원들에게 전파하고, 시도 때도 없이 메일과 문자로 많은 규칙과 규약들이 전달된다. 일정 시점에 평가 보상을 하면서 선의의 경쟁을 유도하고, 일에 대한 보람을 얻도록 간간히 당근을 병행한다. 그러다 카오스 상태에 이르면, 강력한 징계와 위기감을 조성해서 조직에 긴장감을 불어 넣는다. 또 딴생각이 나지 않을 정도로 일거리를 맡긴다.

직장이 전부가 아니다

그런 조직에서 다른 생각을 하면서 자기만의 창대한 미래를 개척하기란, 아주 독하게 마음을 먹지 않는 이상 여간 쉬운 일이 아니다. 왜냐하면 자신도 모르게 그런 조직 분위기에 빠져들게 되기 때문이다. 그러다가 어느 순간 정년의 시점에 이르러, '이제는 이렇게 살아서는 안 되겠구나.' 하며 후회를 한다. 후회 막급한 상황에 이르러서야 뒤늦게 후회를 하는 것이다.

마치 모든 만물이 중력의 영향을 받듯 모든 직장인들이 회사에서 추구하는 방향과 그 전략과 전술에 의해 영향을 받는다. 마치 군에서 신병을 훈련하듯 직장에서도 그러한 원리에 의해 직장인들을 단련하는 것이다. 그러기에 직장 생활을 하면서 가끔은 딴짓을 해 봐야 한다. 그래야 그 영향력에서 벗어나 자신이 추구하고자 하는 목적을 향해 달릴 수 있는 마음의 여유가 생긴다. 그저 직장에서 추구하는 방향대로 맡겨진 일을 하다 보면, 그 물살에 휩쓸려 자신의 인생 전부를 직장에 쏟아붓는 악수(惡手)를 두게 된다는 것을 명심해야 한다. 직장이 전부가 아니라 자기의 인생이 전부라는 것을 알아야 한다.

이제 '딴짓'을 하자

자신의 인생을 엮어 가기 위한 미래를 준비하기 위해 딴짓을 하면서 자신이 가고자 하는 길로 나아가려고 노력해야 한다. 다른 것을 해 봐야 그 일이 전부가 아니라는 사실을 알게 되고, 직장에서 원하는 궤도에서 이탈하여 잠시 다른 세계를 경험해봐야 자신이 어떤 힘에 의해 움직이고 있는지를 깨닫게 된다.

문제가 발생하면 그 문제에서 벗어나 객관적으로 문제를 바라봐야 좋은 해결책을 찾을 수 있다는 말이 있다. 그런 측면에서 딴짓을 해 보라는 것이다. 그래서 딴짓을 하는 과정에서 현 상황에 처한 것에 접목하여 새로운 괄목할 만한 결과를 자아낼 수 있는 미래의 자기 인생을 열어 갈 지혜를 일궈 내야 한다.

발등의 불을 끄기에 급급한 중년 직장인

중년 직장인들에게 가장 중요한 일은 우선 자신의 발등에 떨어진 불을 끄는 거다. 직장인들의 대부분은 자신에게 닥친 일이 우선이고, 안정적인 직장 생활을 하는 것이 최고라고 생각한다. 그래서 발등에 떨어진 불을 먼저 끄는 것이 우선이라고 생각한다. 회사에서 주어진 일을 잘하는 것이 제일이라고 생각하기 때문에 회사 일 이외에 다른 생각을 할 엄두가 나지 않는 것이다.

지금 당장은 힘들어도, 서서히 회사 일 이외에 새로운 일을 해야 한다. 그래서 시나브로 자기 생활의 폭을 넓혀 가야 한다. 그것이 먼 훗날 자신에게 이익이 되고 자기 삶을 향상시키는 밑거름이 된다는 점을 명심해야 한다.

물론 발등에 떨어진 불은 먼저 꺼야 한다. 그런다고 온종일 발등에 떨어진 불만을 끄는 것에 시간을 보내는 것은 어리석은 짓이다. 가능한 빨리 발등에 떨어진 불은 끄고, 남은 시간을 활용해 미래를 준비해야 한다. 그것이 자신이 사는 길임을 명심해야 한다.

15

다음을 기약하는 고질병

많은 사람들이 직장에서 자기 개발을 하지 않는 것은 바로 '다음(Next)'을 염두에 두기 때문이다. 일반 직장인뿐 아니라 임원까지 올라간 사람도, 정년 후에는 할 일이 없어 힘들어하는 경우가 많다. 임원도 직장인이다. 퇴직 이후에도 고문으로 2~3년은 편안하게 먹고 살지만, 결국은 자기 일이 없으면 돈과는 상관없이 정신적으로 피폐해지게 마련이다. 그런 사람들의 공통점은 항상 다음으로 미룬다는 것이다.

그런데 '다음'이라는 날짜는 달력에 없다. 다음을 기약하는 것은 우리 인생에 없는 다음 세계에 이루겠다고 공수표를 날리는 것과도 같다. 아직은 직장에서 먹고살 만하고, 퇴직을 하더라도 몇 년은 쉬면서 먹고살 수 있는데 무슨 걱정을 하랴. 그러기에 항상 다음을 생각하라는 것이다.

많은 사람들이 현실에서 이뤄질 수 없는 것이라고 생각하면 '다음'이라는 단어로 합리화를 한다. 그런데 '다음'이라고 말하는 것도 질병이고 습관이다. 다음이라는 병에 감염되지 않도록 무슨 일이든 즉시 실행하는 것을 습관화해야 한다.

16
게으름과 나태함을 이기기 위해서는

자기 개발을 하지 않는 이유는 자신이 게을러서다. 회사 일을 하면서 자기 일도 해야 하는 상황에 놓이려면 생활 방식과 습관을 바꾸어야 하는데, 그렇지 않는 사람들이 많다. 알베르트 아인슈타인은 "기존의 방법을 고수하면서 새로운 결과를 얻으려고 하는 것은 어리석은 짓"이라고 말한다. 결과적으로 게으름과 나태함을 이겨내기 위해서는 자기 생활 습관을 완전히 바꿔야 한다. 회사에서도 가정에서도, 자신의 새로운 목표에 상응하는 정도의 새로운 노력을 병행해야 한다.

『굿바이 게으름』의 저자는 대부분 게으른 사람들은 남 좋은 일은 적극적으로 나서서 하지 않는 수동적인 태도와 일을 항상 다음으로 미루는 태도 그리고 무엇이든 완벽하게 하려는 태도로 인해 게을러진다고 한다. 그런 게으름에서 벗어나, 즉시 실천하는 습관으로 탈바꿈시켜야 한다. 또, 대충대충 일을 하면서도 마무리는 완벽하게 처리하는 '대충 철저'를 추구하는 형태로 자신의 생활 방식을 바꾸어야 한다. 그것이 바로 새로운 습관을 기르는 것이다.

작은 습관의 변화가 커다란 결과를 초래한다는 점을 알아야 한다. 이제 사소한 것이 더 이상 사소한 것이 아님을 깨닫자.

17

지금과 같은 삶이 과연 최선인가

정년에 임박한 사람들에게 미래를 위해 준비해야 한다고 조언을 하면, 현재 하고 있는 것만으로도 충분히 벅차다고 말한다. 사실 심신이 약해지고 일에 대한 의욕이 떨어진 직장 말년을 보내는 것도 어렵고 힘들다. 특히 직장 말년에 이르면, 일이 많아서 힘들기보다 일이 없어서 힘든 경우가 많다. 그래서 시간이 가지 않아 힘이 든다. 일이 있으면 차라리 몰입해서 일하고 편히 쉬면 좋은데, 쉬는 시간인지 일을 하는 시간인지 명확하게 구분이 되지 않아 따분하고 지겨운 것이다.

대부분의 직장인들이 그런 상황에 놓여도, 겉으로는 새로운 것을 해 볼 엄두를 내지 못할 정도로 바쁘다고 말한다. 그러나 보니, 주어진 시간마저도 인터넷 서핑을 하는 등 불필요한 일로 시간을 보낸다. 어쩌면 생활이 힘든 것이 아니라, 새로운 도전을 해야 하는데 마땅히 뭔가를 해 볼 수 없어서 힘든 것인지도 모른다. 또 기존의 생활 방식에서 벗어나지 못하는 자신을 이길 수 없기에 힘든지도 모른다.

한편으로는 그런 생활을 하는 것이 오히려 편하고 익숙하니, 그런 대로 그렇게 사는 것이 최선이라고 생각하는지도 모른다. 이제는 그런 익숙함에서 벗어나야 한다.

18
불필요한 경쟁에 중독된 직장 생활

자신의 삶을 풍요롭게 하기 위해서는 자기 브랜드를 키워야 한다. 자기를 단련해서 자기 가치를 더 올려야 한다. 하지만 생각처럼 잘되지 않는다. 혼자라면 흔들리지 않고 주도적으로 자신이 하고자 하는 바를 향해 열정을 다하겠지만, 다른 사람들과 함께하기에 더욱 어렵다. 더욱이 회사에서 자꾸 선의의 경쟁을 하도록 유도하고, 딴생각 못하도록 미끼를 던져 유혹한다. 누군가에게 지는 것을 싫어한다는 인간의 심리를 이용해서 사람들을 일에 몰입하게 한다.

경쟁의 그늘에 숨어라

대부분의 직장인들은 자기가 지는 것은 어느 정도 감수 하지만, 자신이 속한 조직이 다른 조직보다 뒤떨어지는 것을 알게 된 순간, 어떡하든 이기려고 전의를 불사르는 심리가 있다. 불필요한 경쟁인 줄 알면서도 이기면 상금도 주고 승진 가점을 준다면서 계속해서 경쟁을 유도하는 바람에, 어떻게 해서든 이기려고 안간힘을 쓴다.

경쟁을 하지 않을 수 없도록 회사에서 미끼를 던지는 것이다. 뒤로 꽁무니를 빼려 해도 선택의 여지가 없다는 원칙을 들어 경쟁에 임하도록 한다. 그런 분위기에 휩쓸리다 보면, 자신도 모르게 경쟁에 깊게 관여하게 된다. 불필요한 경쟁인 줄 뻔히 알면서도 말이다.

경쟁에서 이겨 승진하고 인사고과를 잘 맞으면 뭐가 좋은가? 별것 아니다. 그저 그때뿐이다. 그런 것에 욕심을 두어서는 안 된다. 그래야 자기 브랜드를 올리기 위한 자기만의 시간을 확보할 수가 있다. 경쟁하라고 유혹하면, 기본적으로 참여하되 피터지게 경쟁하는 사람들의 그늘에 숨어라. 경쟁을 좋아하는 사람들에게 주도권을 양보하고, 자신은 자기 일을 하면 된다. 당신이 궁극적으로 추구하는 것에 열중하면 된다. 회사라는 열차가 가는 종착역은 사회라는 것을 늘 명심해야 한다. 아울러 회사라는 열차에서 쫓겨나지 않을 정도로 말썽을 부리지 말고, 그냥 조용히 앉아 있다가 종착역에서 사회라는 열차로 갈아타면 된다. 그리고 사회라는 열차에 올라탄 후, 자신의 역량을 맘껏 발휘하면 된다.

19

내게만 특별히 막중한 업무?

때로는 상사가 직접적으로 당신을 유혹하기도 한다. 당신에게는 특별히 아주 중요한 업무를 맡길 거라고 말한다. 그러면서 당신은 참으로 많은 능력을 가졌으므로 당신의 능력을 높이 평가해서 당신에게만 특별한 일을 준다고 말한다. 그런데 여기서 반드시 알고 넘어가야 할 사항이 있다. 그 특별한 업무라는 것이 정말로 당신의 능력을 높이 평가해서 주는 것이라고 착각해서는 안 된다는 점이다.

상사는 그런 말을 이미 다른 사람들에게도 수도 없이 했다는 것을 알아야 한다. "당신은 우리 조직의 보물이고 인재다. 우리 조직에서는 당신 같은 인재가 필요하다. 당신은 우리 조직의 자랑이다."라는 말은 비단 당신에게만 하는 것이 아니라는 것이다. 순진하게도 그런 말에 속아 자신의 모든 것을 걸고 회사 일에 충성하는 사람이 있는데, 참으로 어리석고 안타까운 일이 아닐 수 없다.

감언이설에 속지 말고 절치부심 노력해야

상사의 감언이설(甘言利說)에 속아 상사가 시키는 일을 하다 보면, 자신의 일을 할 수 없다. 조련사가 돌고래 쇼를 성공할 때마다 먹이를 주면서 계속 다른 쇼를 하도록 유도하듯, 상사는 적절한 상황에서 당신에게 당근을 줄 것이다. 그러면서 한편으로는 사소한 실수를 해도 특별히 봐주는 행동을 취할 것이다. 그런 꼬임에 빠져 지내는 직장인들이 의외로 많다.

나 역시 그런 꼬임에 빠져 25년을 회사에 헌신한 직장인 중 하나다. 그런데 그것이 다 부질없는 것이라는 것을 25년이 지난 지금에야 알게 됐다. 회사라는 곳은 그때뿐이다. 토사구팽의 원리가 여지 없이 적용되는 곳이 바로 직장이다. 그런 직장인으로 지낼 수밖에 없는 자신의 신세를 한탄하면서, 항상 기회가 주어진다면 그곳에서 벗어나기 위해 절치부심(切齒腐心) 노력해야 한다. 그것이 바로 자신이 사는 길임을 알아야 한다.

20
자기 개발을 하면, 조직의 이단자?

직장 생활을 하면, 주변에 널린 정보가 온통 회사 관련 정보다. 북한 신문에 자본주의 사상이 실리지 않고 북한의 주체사상을 설파하기 위한 정보로 가득 치듯, 회사 생활을 하면 접하는 모든 정보들이 온통 회사 관련 정보다. 시장에서 호객 행위를 하는 사람처럼 온통 회사를 위한 일과 회사 경영 이익을 증진하는 일에 앞장서는 사람들에 관한 소식이 잔뜩 실려 있다. 그런 상황에서 자기 개발을 하는 것은 마치 조직의 이단자로 몰릴 수 있는 분위기를 자아낸다. 그런 환경에서 살고 있는 사람들이 직장인이다. 그러므로 승진과 인사고과와 상장과 상금 등 모든 것에 초연해야 한다.

달콤한 유혹에 초연해야 한다.

『한비자』에서는 상을 줘도 움직이지 않고 벌을 줘도 움직이지 않는 사람은 추방해야 한다고 말한다. 그런 사람에게서는 결코 충성심을 얻을 수 없으며, 군주가 원하는 방향으로 이끌 수 없기 때문이다. 어쩌면 직장 생활을 하면서 자기 개발을 하기 위해서는 그런 사람이 되어야 한다. 그 정도로 회사의 일에 초연해야 한다는 것이다. 회사에서 성장 하겠다는 욕심을 버리고, 묵묵히 자신에게 주어진 일에 최선을 다하면 그만이다.

그러므로 나서지 말고 조용히 시키는 일만 하면서 틈나는 대로 자기 이름으로 살아갈 준비를 하는 것이 장기적인 관점에서 자신에게 이익이라는 점을 알아야 한다. 세뇌를 위해 회사에서는 당신의 눈과 귀와 입을 회사에 대한 것을 보고 듣고 말을 하도록 당신을 계속해서 훈련시킬 것이다. 그럴수록 당신은 자신의 이름으로 살려는 노력을 게을리해서는 안 된다. 자기 이름으로 산다는 것은 남의 이름일 수 있는 회사라는 이름을 걷어 내야 한다는 말이기 때문이다.

21

이제는 정년 이후를 생각해야 할 때

함께 직장 생활을 하는 정년을 앞둔 선배 50명을 대상으로 설문을 한 결과, 전체 50명 중 40명이 특별히 정년 이후를 준비하지 않는 것으로 나타났다. 20퍼센트에 달하는 10명은 준비를 한다고 말을 했지만, 그중 단 2명만이 정년 이후에 무엇을 할 것인가가 확고하게 세워져 있는 것으로 나타났다.

그래서 이번에는 평소 친하게 지낸 3명의 선배들을 초청해서 인터뷰를 했다. 내가 이런 책을 쓰고 있음을 알리고, 선배님들이 저를 도와준다는 생각과 후배들에게 도움을 준다는 생각으로 진솔하게 대답해 줄 것을 부탁한 후, 인터뷰를 진행했다.

알지만, 뾰족한 수가 없다

첫 번째 선배에게 어째서 직장에 다니면서 정년 이후를 준비하지 않느냐고 물었다. 그 선배는 정년 이후를 준비해야 한다는 것을 알고 몇 년 전부터 준비했는데, 뭔가 뾰족한 수가 있어 그냥 이렇게 직장에 다니고 있다고 한다. 그 선배는 올 상반기에 정년을 해야 하기에 정확히 2개월 정도 남은 상태다. 의무 재취업 1년을 감안하면, 1년 2개월이 남은 상태다.

그래서 지금이라도 하면 되지 않느냐고 묻자, 그래야 하는데 뭘 해야 할지 막막하다고 한다. 날고 기는 선배들도 대안을 못 세우고 퇴직하는 것을 봤던 터라, 자신은 더 어려울 것이라고 생각하는 것 같았다. 그래도 자신은 선배들에 비해 자동으로 1년 연장 근무를 한다고 좋아하는 눈치다. 그러면서 하는 말인즉, 땅 200평만

사서 그곳에서 정착하면서 평안하게 지냈으면 원이 없겠다고 말한다. 나름 회사에서 잘나가는 선배인데, 말년에 안전사고를 내는 바람에 빛을 보지 못한 선배다.

뒤늦게 밀려오는 후회

두 번째 선배에게는 다른 형태로 질문을 했다. 고졸 생산직으로 입사하여 나름 현장에서 성장할 수 있는 최고의 자리에 오른 선배다. 회사에 애착이 강하고 회사 일이라면 철야를 마다하지 않는 선배로, 현장 직원으로서 최고의 반열에 오를 자격이 있는 선배다.

그 선배에게는 가볍게 질문을 던졌다. 평소에 자기 관리를 잘하니, 아마도 정년 이후 인생을 잘 준비했을 것이라고 생각했기 때문이다. 그런데 그 질문을 듣고 한숨을 크게 쉬는 것이 아닌가? 그간에 회사 일에만 열정을 다한 탓에 아무 것도 해 놓은 것이 없다는 것이다. 이제는 현장 직원으로서 올라갈 수 있는 극점에 오르고 보니, 갑자기 정년 이후에 무엇을 할 것인가에 대한 생각이 나더란다. 그러면서 정신이 번쩍 들더라는 것이다.

그간 회사에 헌신하는 것이 최고인 줄을 알았고 회사 일에는 적극 참여하는 것이 최고라고 생각을 했는데, 이제 와 생각하니 자신이 인생을 잘못 살았다고 말한다. 자기관리가 철저해서 당연히 정년 이후의 삶을 준비하고 있을 것이라고 생각했는데, 회사 일을 열심히 하는 사람일수록 오로지 회사 일에 모든 것을 쏟아붓는다는 사실을 알았다.

상전벽해(桑田碧海)

세 번째 선배는 회사에서 특별히 잘나가는 것도 아니고, 그저 중간 정도 하는 선배다. 크게 튀지도 않고 그렇다고 뒤쳐지지도 않는 선배다. 그 선배는 내가 질문을 던지기도 전에 당신은 정년 이후 확고하게 할 일이 있다고 말한다. 벌써 3년 넘게 준비하고 있다고 한다. 지리산 자락에 손수 집을 지으면서 황무지를 개간하고 화초도 심었다고 한다. 그래서 매주 휴일에는 그곳에 내려가 정년 이후를 준비한다고 한다.

'상전벽해(桑田碧海)'라는 말이 있다. 뽕나무 밭이 바다로 바뀌었다는 것이다. 우리나라 속담에 "십 년이면 강산도 변한다."는 말이 있는데, 비로 그러하다. 회사에서 질나가던 사람들이 갑자기 건강 약화로 말년에 병원 신세를 지기도 한다. 또 대부분 잘나가던 사람들이 정년에 임박하자, 무엇을 할지 오히려 걱정을 많이 한다. 남의 일이 아니다. 심사숙고해야 한다.

돈을 버는 재능을 기르자

한편, 그 와중에도 마음이 편한 사람들도 있다. 그간에 직장 생활을 하면서 부동산이나 주식 투자로 재테크를 잘해 온 사람이다.

가진 돈이 있으니, 아무 걱정 없는 것은 지극히 당연하다.

자본주의 시대에는 돈이 제일이다. 하지만 그것도 그 돈을 굴릴 수 있는 지혜가 없으면, 일순간에 날릴 수 있다는 것을 알아야 한다. 돈은 돌고 돌아서 돈이라고 하는데, 돈은 일순간에 주인이 바뀔 수 있다. 돈 줄을 잡기보다는 돈 버는 재능을 기르는 것이 가장 좋은 재테크다. 즉, 돈으로 돈을 벌려고 하지 말고 자신이 가진 재능으로 돈을 버는 것이 가장 이상적이라는 말이다.

그러기 위해서는 직장에서 사회에 나가 써먹을 수 있는 재능을 길러야 한다. 회사와 사회에서 동시에 통하는 재능을 기른다면 더할 나위 없이 금상첨화다. 참고로, 책을 쓰거나 강의를 하는 일에는 정년이 따로 없다. 재능을 기르되, 가능한 나이를 먹으면 더욱 더 실효성이 있는 것을 택해야 한다. 아울러 젊은 신세대들이 할 수 없는 영역, 중년만이 할 수 있는 영역, 그런 분야를 겨냥하는 것이 가장 좋다.

Huimangseo for middle-aged workers

Chapter 02

자기 이름을 찾으려는 중년 직장인

당신을 방해하고 당신에게 문제를 일으키는 사람이 리더라면 가능한 그곳에서 더 빨리 벗어나야 한다.

01
소인배들의 굴에서 벗어나자

함께 일하는 사람 중에는 당신이 성장하는 것을 암암리에 막는 사람이 있기 마련이다. 열심히 땀 흘려서 애써 노력을 하는데도 불구하고 특정 수준의 인사 평가를 받지 못하거나, 당신이 노력을 하는데도 상사로부터 인정을 받지 못하고 있다면, 분명 당신 주변에 당신을 시기하고 끌어 내리려는 보이지 않는 힘이 상존하고 있음을 알아차려야 한다. 그 사람이 바로 구맹주산(狗猛酒酸)에 버금가는 사람이다. 구맹주산은 술을 아무리 맛있게 잘 빚어도 술집 입구에 사나운 개가 있으면 손님이 주막에 들어오지 못하는 것을 뜻하는 말이다.

직장에서도 남이 자기보다 잘되는 꼴을 못 보는 소인배들이 있기 마련이다. 나도 그런 사람과 무려 8년이라는 시간을 같은 공간에서 보낸 적이 있다. 결국에는 이렇게 벗어난 생활을 하고 있지만, 있는 동안에는 참으로 힘들고 고통스러운 순간을 여러 번 마주해야 했다. 당신이 만일 그런 상황에 처해 있다면, 신속하게 그곳을 벗어나야 한다.

까마귀 노는 곳에 백로야 가지 마라

당신을 평가절하 시키고 아무리 열심히 일해도 당신을 폄하하면서 당신의 가치를 떨어뜨리는 사람이 있다면, 빨리 그곳에서 벗어나야 한다. 아마 그런 사람은 항상 당신을 경계하면서 당신이 일정 수준 이상으로 올라가는 것을 막을 것이다. 그런 소인배들과 시시비비를 가리며 갈등으로 일관하다가 아까운 시간을 보내서는 안 된다. 소인배들과 대화하고 아귀다툼을 하다 보면, 당신도 그들과 같은 사람으로 취급되게 마련이다.

공자가 자신의 사상과 정치 철학을 알아주는 사람을 찾아서 주유천하를 했듯이 자신과 뜻을 함께하는 사람이 많은 곳으로 이동해야 한다. 소인배들로부터 아주 과감하게 벗어나, 자신을 원하는 사람들이 있는 곳, 혹은 자신이 나가고자 하는 길에 방해가 되지 않는 사람들이 있는 무리에 속해야 한다. 조선 시대 이직의 시조에 "까마귀 노는 곳에 백로야 가지 마라 겉이 검은 들 속조차 검을소냐 겉 희고 속 검은 이는 너뿐인가 하노라."는 시구를 잘 음미해봐야 한다.

자기 이름으로 사는 힘

삼국지에서 유비가 가인술을 쓰듯이 분명히 함께 생활하다 보면 당신의 면전에서는 마치 자신이 당신을 두둔하는 사람인 척하면서 뒤에서는 갖은 술수를 부리고 교활한 짓을 하는 사람이 있기 마련이다. 그런 사람과 함께 있다면, 빨리 그 조직에서 벗어나야 한다. 그래야 더 큰 인물로 성장할 수 있다. '코이'라는 잉어가 어항의 크기만큼만 자라듯 조직의 크기는 리더의 크기를 결코 넘어설 수 없음을 알아야 한다.

당신을 방해하고 당신에게 문제를 일으키는 사람이 리더라면, 가능한 그곳에서 더 빨리 벗어나야 한다. 아무리 그곳이 꽃자리라고 해도 그런 소인배들과 함께 있으면 머잖아 시간이 지날수록 당신도 그런 소인배를 닮아 간다는 사실을 잊어서는 안 된다. 그러므로 구맹주산에 상응하는 사람이 있다면 그 조직에서 하루 빨리 벗어나야 하고, 당신이 원하는 삶을 개척하기 위해 보이지 않는 곳에서 사나운 개를 내쫓을 수 있는 특별한 힘을 길러야 한다.

그 힘이 바로 '자기 이름으로 사는 힘'이다.

02

정년이 즐거워야 인생이 행복하다

딸랑 졸업장 하나를 보여 주면서 학교를 졸업했다고 자랑하는 사람은 없다. 졸업장을 제외한 다른 상장을 받아야, 그래도 학교생활을 잘한 것이라고 말할 수 있다. 누구나 졸업장을 받듯, 누구나 정년을 한다. 특별한 능력을 가진 사람들이 정년을 하는 것은 아니다. 물론 회사 사정에 의해 조기 명예퇴직을 하는 경우도 있지만, 대체로 큰 사고가 없는 한 누구나 정년을 한다. 단순히 정년을 했다는 것만으로 정년 이후에 그것을 자랑삼아 하지 말라는 것이다.

사실 정년을 한다는 것 자체는 축복이고 대단한 성과가 아닐 수 없다. 하지만 엄밀히 말해 정년이 그리 기쁜 일만은 아니다. 100세 시대를 맞이한 요즘, 정년을 하는 나이는 오히려 한창 일을 해야 하는 나이다.

정년을 하지 않고 일을 해도 10년을 더할 수 있는 시점에서 정년을 한다. 국가적으로 보면 참으로 낭비가 아닐 수 없다. 정년을 60세로 연장하고 있지만, 신체 나이가 40대에 달하는 사람도 많다. 법적으로 규제를 하지 않으면 어지간한 젊은 사람보다는 더 유용하게 활용할 수 있을 즈음에 정년을 한다. '그런 사람들이 계속해서 일을 해야 하는데…….'라는 생각은 누구나 한다. 그래서 정년퇴임식에서 정년하는 사람에게 선뜻 정년을 축하한다는 말이 쉽게 나오지 않는다. 정년을 축하해야 할지 아니면 위로해야 할지, 헷갈릴 때가 많다.

그래도 정년 이후에 명확하게 갈 길이 정해진 사람에게는 거침없이 축하한다는 말을 할 수 있다. 그러나 정년 이후에 거취가 모호한 사람에게는 심심한 위로를 해야 하는 처지다. 앞으로 그런 현상이 계속적으로 심화될 것이다. 이는 비단 남 일이 아니다. 직장 생활을 하는 사람들이라면, 좀 더 심각하게 그것을 고민해 봐야 한다.

설마 하는 생각이 현실로

그런데도 불구하고 머잖아 자신이 그런 절차를 똑같이 밟을 것이라고 생각하는 사람은 거의 없다. '설마' 하면서 자신은 정년에 이르러 저 상태는 아닐 것이라고 생각한다. 자신에게 그런 불행이 미친다는 것을 생각조차 하기 싫어한다. 마치 담배를 피우는 사람들이 자신은 폐암에 걸리지 않을 것이라고 자기 합리화에 빠지듯, 대부분의 사람들이 그렇게 생각을 한다.

하지만 필연적으로 자신에게 머지않아 다가올 일이라는 것을 알아야 한다. 그러기에 지금 직장에 있는 동안 정년 이후를 철저히 준비해야 한다. 그러나 20년 넘게 하지 않는 것을 새롭게 한다는 것이 말처럼 쉽지 않을 것이다. 그럼에도 불구하고 20년 간 몸에 익은 습관을 버리고 과감하게 새로운 생활 습관을 익혀야 한다. 그래야 정년 이후를 기약할 수 있다.

정년은 축복이어야 한다

사실 준비가 된 사람에게는 정년 이후가 즐겁다. 정년이 임박할수록 짜릿한 반전을 꿈꾸기에, 매일 매일이 즐거운 것이다. 하지만 준비가 되어 있지 않는 사람에게는 정년이 고통이 아닐 수 없다. '정년'이라는 단어만 들어도 주눅이 들고, '정년'이라는 소리만 들어도 자신이 마치 폐물이 된 것 같은 착각이 든다.

그렇다. 정년이 즐거워야 인생이 행복하다. 직장인에게 있어 정년은 위로가 아닌 축복이어야 한다. 이 책이 그러한 의욕을 갖게 하고, 정년 이후의 삶을 행복하게 이끄는 가이드가 될 것이다. 모쪼록 이 책을 통해 정년에 임하는 사람들이 정년 걱정 없이 즐겁게 직장 생활을 하기를 희망해 본다.

03
전반전과 후반전은 판이 다르다

평균 직장 생활을 30년으로 잡는다면, 앞의 20년은 전반전에 해당하고 뒤의 10년은 후반전에 해당한다. 직장 생활 전반전은 그야말로 격동의 시간이다. 배워야 하는 것도 많고, 알아야 하는 것도 많다. 변화무쌍한 환경에서 자신의 자리를 잡기 위해 안간힘을 써야 하는 시기다. 자기의 텃밭을 가꾸어야 하고 자기를 따르는 사람을 만들어야 하고 자기만의 견고한 아성을 쌓아야 하는 등 해야 할 일이 태산 같다. 그래도 재미가 있다. 열심히 하는 만큼 결과가 나오기 때문이다.

또, 젊음이 있어서 열정을 다해도 크게 흔들리지 않는다. 땀 흘려 노력해도 회복이 빠르다. 그런 전반전은 그야말로 성장과 열정의 단계가 아닐 수 없다. 그에 반해 직장 후반전에는 전략을 달리해야 한다. 전반전에 했던 것처럼 계속해서 달리다가는 힘이 고갈되어 결국에는 번 아웃(Burn-Out)이 되고 말 것이다.

후반전에는 전략을 달리 한다

젊을 때처럼 열정을 다해서 노력하는 것도 좋지만, 자칫 갑자기 무너지는 불상사를 당할 수도 있다는 점을 알아야 한다. 전반전에 열심히 뛰었다면, 후반전에는 어느 정도 쉬어 가면서 기회를 노려 승부수를 띄우는 전략을 써야 한다. 축구에서 체력 안배를 하듯이 말이다. 그렇지 않으면 평소에 전 · 후반을 쉼 없이 달리기 위한 체력을 미리 길러야 한다. 그런 체력은 쉽게 길러지는 것이 아니다. 자신의 한계상황을 돌파하는 피나는 노력이 수반되어야 한다.

직장 생활에서의 후반전은 중년의 직장 생활을 의미한다. 근속년수에 상관없이 중년의 직장 생활은 인생의 중반을 넘어섰기에, 직장 생활의 후반전에 해당한다. 그러므로 전반전에 했던 직장 생활과는 달라져야 한다. 최우선적으로 건강에 치중해야 한다. 일과 여유의 경계에서 우선순위에 따라 적정하게 안배해야 한다. 아울러 자신의 안위를 먼저 생각해야 한다. 또한 자신의 상태를 진단하여 결코 무리하지 않아야 한다.

후반전에도 전반전처럼 열정을 다하다 보면 과로사를 당할 수도 있다는 위기감을 가지고, 적정하게 자신의 안위를 돌보면서 눈치껏 일을 해야 한다. 아울러 회사 일에 집중하기보다는 자신의 미래에 더욱 심혈을 기울여야 한다. 중요한 것은 회사의 녹을 먹고 있는 이상 회사 일을 등한시할 수는 없다는 점이다. 단, 전반전처럼 과하지 않아야 하고 원만하게 자기 생활의 안정을 꾀하면서 회사 생활을 하는 것이 바람직하다.

04

중년의 직장은 자기가 자기를 고용하는 과정

이력서가 비어 있다고 해서 미래가 비어 있는 것은 아니다. 현장에서 무더위 혹서기에도 땀 흘리며 직장 생활을 하는 직원들이 많다. 바로 고졸 생산직 직원들이다. 그들의 열정으로 회사가 돌아간다. 가방 끈이 긴 사람이 아무리 좋은 제품을 기획해도, 현장에서 생산되지 않으면 의미가 없다. 그래서 많은 기업들이 '현장 제일'을 외친다.

그런데 실제로도 '현장 제일'인가를 생각해 보아야 한다. 그것은 어쩌면 빛깔 좋은 개살구에 불과한 말인지도 모른다. 결국 회사에서는 아무리 노력해도 고졸 생산직은 그냥 고졸 생산직일 뿐이다. 특히 대기업일수록 더 심하다. 입사 후 학벌은 인정해 주지 않는다. 오히려 이제는 현장직원들의 자리마저 대졸 직원이 차지하고 있다. 대기업일수록 이러한 학벌의 격차는 크다.

그런데 학벌이 짧다고 미래가 짧은 것은 아니다. "가난하다고 꿈조차 가난할 수 없다."는 말이 있는데, 바로 그러하다. 현장 직원들 중에도 우수한 인력이 많다. 그런 인재를 잘 키우는 기업이 경쟁력이 있는 기업이다. 그러므로 이제는 기업들도 현장 직원들을 위해 근무조건과 작업환경을 개선해야 한다.

매년 자신의 이력서를 쓰자

대부분의 많은 직장인들이 이력서를 쓰지 않는 인생을 살아왔다. 그래서 정년 이후에 또다시 이력서를 써야 한다는 사실을 망각하고 직장 생활을 한다. 정년 이후 새로운 일에 도전하기 위해서는 그간에 쓰지 않았던 이력서를 다시 쓰게 될 것이다. 아마 30년 만에 다시금 이력서를 쓰는 사람도 있을 것이다.

그런데 이력서에다 회사에 입사한 날짜와 퇴직한 날짜를 쓰면, 더 이상 쓸 것이 없다. 30년의 직장 생활이 이력서에 두 줄로 끝이 난다. 따라서 직장 생활을 하는 동안 사회에 나가 써먹을 수 있는 새로운 이력을 미리 쌓아야 한다.

참고로, 자기가 자기를 고용하는 자기만의 전문가가 된다면 굳이 이력서를 쓸 필요는 없다. 가능한 자신의 재능과 끼로 사업을 하는 것이다. 그것이 바로 자신이 자신을 고용하는 것이라고 볼 수 있다. 그것이야말로 가장 이상적인 미래다. 그런 자기를 만드는 때가 바로 중년의 시기다. 중년의 직장은 자신이 자신의 이력서를 받고 자신을 직원으로 채용하기 위한 준비를 하는 과정이라는 점을 명심해야 한다.

05

직장인의 재능? 딸랑 하나!

직장 생활 딸랑 하나의 경력으로는 아무 짝에도 쓸모가 없다. 몇 년 몇 월에 입사하여 몇 년 몇 월까지 근무한 30년의 경력. 물론 30년간 직장 생활을 했다면, 정말로 대단한 끈기와 인내의 업적이다. 직장에서의 그 많은 스트레스를 다 참아 왔고, 그 많은 고통과 역경을 딛고 일어서 참고 또 참아 온 사람이다. 하지만 얼핏 보면 더 이상 갈 곳이 없어서 그곳에서 뿌리를 내린 것이라고 볼 수도 있다.

〈스타킹〉에 "딸랑 이거"라는 코너가 있다. 다른 사람에게 보여줄 정도로 큰 재능은 아니지만, 약간 특이한 단 하나의 재능을 가진 사람들이 참여하는 코너다. 재능이라고 보기에는 딸랑 한 가지 재능을 가지고 있는 것이다. 직장 생활을 하는 일반인도 마찬가지다. 직장 생활을 잘못하면 기껏 30년 경력을 자랑하는 딸랑 하나의 재능만을 가진 사람으로 전락될 수도 있다는 점을 알아야 한다.

그렇다고 회사 일을 열심히 한 사람을 폄하하는 것은 아니다. 말하자면, 다른 사람에 비해 자기만의 차별화된 재능이 있어야 한다는 것이다. 결국 회사 일에 치중하다 보면 회사를 나가는 순간 딸랑 하나의 재능을 가진 사람이 될 수도 있다는 것이다. 어느 곳에서도 써 먹을 수 없고 오로지 회사에서만 써 먹을 수 있는 그런 재능을 어디에 쓸 것인가? 그것 하나로 정년 이후의 삶을 살아야 한다는 생각을 하면, 등줄기에서 식은땀이 날 것이다. 딸랑 하나 직장 생활 30년 경력, 그것도 경력이라고 떠들어 대는 사람이 되지 말자.

06
자신이 기댈 가장 큰 언덕

"소도 비빌 언덕이 있어야 한다."는 말이 있다. 또 "나이가 들면 등 긁어 줄 효자손과 같은 사람만 있어도 행복하다."는 말이 있다. 이 말은 사람은 살면서 무슨 일이 닥칠지 모르므로 필요한 경우 기댈 곳에 있어야 한다는 말이다. 기대 곳이 있으면 기대감이 생기고, 이로 인해 없던 힘도 샘솟게 된다.

어렵고 힘든 상황에 있을 때 조금이라도 힘이 되고 격려가 되는 사람이 곁에 있으면, 그래도 조금이나마 덜 힘들다. 힘이 되어 주는 사람이 곁에 있다는 것은 지렛대를 이용하여 물건을 드는 것과 같고, 물속에서 돌을 들어 올리는 경우와 같다. 부력이 되고 중력을 이길 수 있는 에너지원이 된다.

뒷배가 든든하면 자신감이 생긴다

직장인은 기댈 곳이 많지 않다. 기껏해야 상사고, 이제까지 쌓아 온 경험과 인맥이 전부다. 결국은 '기댈 곳이라고는 직장뿐'이라는 결론에 이른다. 지금 당장 회사를 그만 두면 갈 곳이 없다는 것이 그 이유다.

기댈 곳은 많을수록 좋다. 이제는 회사가 아닌 다른 곳에 비빌 언덕이 있어야 한다. 그것도 현재 기댈 곳이 아닌, 미래에 기댈 언덕 말이다. 그것이 백이고 든든한 뒷배다. 뒷배가 든든하면, 어느 정도 자신감이 생긴다. 그러므로 자신이 허약하고 힘이 없다면 자신을 강하게 붙들어 줄 기댈 언덕을 찾아야 한다.

그것이 책이 될 수도 있고 좋아하는 취미가 될 수도 있다. 또 돈이 될 수도 있고 부모형제가 될 수도 있다. 자신의 정신적인 어려움과 방황하는 마음을 붙잡아 줄 사람이면 더 좋다. 또 자신이 가고자 하는 방향으로 함께 가는 도반이나 자신이 가고자 하는 길을 먼저 간 선구자도 자신이 기댈 든든한 언덕이 될 수도 있다. 더욱 중요한 사실은 자신이 성공할 수 있다는 불굴의 신념과 강인한 도전정신이야말로 자신이 기댈 가장 큰 언덕이라는 점이다.

07

자기 이름으로 살아야 하는 가장 큰 이유

인간은 사회적 동물이다. 그래서 더불어 함께하는 사회는 아름답다. 나 혼자 살아가기에 이 세상은 너무 어렵고 힘들다. 혼자서 할 수 있는 일이 그리 많지 않기 때문이다. 무슨 일을 하든 함께해야 하는 일이 많다.

그래서 우리는 더불어 함께하는 세상에 어려운 사람을 도와주고 나보다 더 가난하고 불쌍한 사람을 도와주면서 살아야 한다. 독불장군으로 살아서는 사회의 지탄을 받고 공공의 적으로 간주되기 마련이다. 그런 삶은 의미도 없을 뿐더러 다른 사람들에게 해악을 끼치는 사회의 악이다.

다시 말해서, 더불어 함께하는 삶에서 우리는 다른 사람과 좋은 영향을 주고받으며 살아야 한다. 혼자만 즐겁고 행복한 생활을 누리기보다 사람들과 함께 누려야 한다.

진정 가치 있는 삶이란

정년에 임박한 직장인들이 심기일전해서 새로운 비상을 꿈꾸어야 하는 이유는 바로 사랑하는 사람과 더불어 살아야 하기 때문이다. 따라서 돈과 명예가 아닌 사랑하는 사람을 위해서 살아야 한다. 그런 삶이 진정 가치 있는 삶이다.

그러므로 직장 생활을 하면서 한가하게 지낼 것이 아니라, 사랑하는 사람을 생각하면서 자신에게 주어진 시간에 최선을 다해 혼신의 열정을 다해야 한다. 아무 생각 없이 출퇴근을 하는 것이 아니라, 출근해서 무엇을 할 것인가를 생각하고 퇴근을 해서 어떻게 보내는 것이 좀 더 의미 있고 삶의 목적에 부응하는 삶인가를 생각하는 '의미와 목적이 있는 삶'을 살아야 한다는 것이다. 그것이 자기 이름으로 살아야 하는 가장 큰 이유다.

08

중년, 행복을 위해 달려야 할 때

젊을 때 성공을 위해 달려 왔다면, 중년에는 행복을 위해 달려야 한다. 일반적으로 한국인들은 건강, 돈, 권력을 행복의 3요소로 꼽는다. 직장인의 경우에도 행복한 직장 생활을 하기 위해서는 심신이 건강해야 하고, 어느 정도 월급이나 연봉이 높아야 하고, 회사에서 인정을 받는 직위에 올라야 행복한 직장 생활이라고 말한다. 그렇다면 이제 직장을 그만두어야 하는 이 시점에서 과연 무엇이 행복한 직장 생활인가?

바로 직장 생활 이후에 행복한 생활을 준비하는 직장 생활이 진정으로 행복한 직장 생활이라고 볼 수 있다. 행복한 직장 생활을 하는 것과 직장 생활을 행복하게 하는 것에는 차이가 있다. 행복한 직장 생활을 하기 위해서는 직장 생활을 행복하게 하기 위해 노력해야 한다. 즉, 직장 생활을 행복하게 하려고 해야 행복한 직장 생활이 된다는 것이다. 성공해서 웃는 것이 아니라, 웃어야 성공을 한다는 논리와 같다.

행복의 3요소를 갖추기 위한 방법

행복한 직장 생활을 하기 위해서는 앞서 언급한 행복의 3요소, 즉 건강, 돈, 권력에 부합한 생활을 해야 한다. 건강은 심신과 영혼의 건강을 의미한다. 따라서 자신의 건강뿐 아니라 가족들 건강에도 힘써야 한다. 자신이 사랑하는 사람들의 건강이 바로 자신의 건강과 직결되기 때문이다.

이에 더하여 어느 정도 경제적인 부를 확보해야 한다. 투잡(two job)을 하든 부동산이나 주식 투자를 하든 간에 부(富)가 확보가 되어야 한다. 직장 말년에 이르면, 적금이나 보험이 어느 정도 결실을 보는 시기이다. 이 시점에 경제적 부를 축적하기 위한 포트폴리오를 짜야 한다. 아울러 경제 상식에 대한 지식을 익혀야 한다.

우리는 자본주의 시대를 사는 경제 동물이므로 경제에 대한 공부를 게을리해서는 안 된다. 복잡한 회계 원리를 배우라는 것이 아니다. 최소한 경제 뉴스를 보면 돈의 흐름이 어떻게 흘러가고 국가 경제가 어떤 상태인지 이해하는 정도의 경제적인 실력을 갖추고 있어야 한다는 의미다. 아울러 그간에 전혀 신경을 쓰지 않았던 부동산 시세에 대해서도 알고 있어야 한다.

또, 외국어 하나 정도는 배워야 한다. 해외 체험을 위해서다. 자신이 가고 싶은 외국에 가서 외국인과 의사소통을 하는 데 불편이 없을 정도의 외국어 실력을 길러야 한다.

정년 이후를 위한 인맥 쌓기

이외에도 권력이 있어야 한다. 정년 이후 권력에 준하는 것은 바로 자신의 인맥이다. 사실 회사의 인맥은 대부분 회사를 나서는 순간 모두 사라지는 인맥이라고 보아야 한다. 회사를 그만두면 그간의 경조사 인맥도 없다고 봐야 한다. 아무리 높은 직책에 있었어도, 일단 회사를 그만두는 순간에 회사 인맥은 모두 반납했다고 생각해야 한다. 회사 인맥을 믿지 말라는 것이다.

그러므로 이 시기에는 지역사회 인맥, 신앙생활 인맥 등 회사 생활과 관련 없는 새로운 인맥을 형성해야 한다. 특히 지역의 라이온스 클럽, 상공인 클럽 그리고 각종 취미 단체에 가입하여 인맥의 폭을 넓혀야 한다. 봉사활동을 하면서 사람들과 친분을 형성하는 것도 좋다. 또 정년 이후 자신이 살게 될 지역 사회에 대해 학습하고, 그곳 사람들과 상호 교류할 수 있는 장을 마련하는 것이 좋다.

이것 이외에도 해야 하는 일은 셀 수 없이 많다. 중요한 것은 현재 직장에서 보내는 시간이 단순 직장 생활을 하는 차원에서 보낼 게 아니라, 정년 이후의 행복한 미래를 준비하기 위해 보내야 한다는 것이다.

09
스스로를 후회 없는 인생으로 이끄는 길

직장에서 자기 개발을 해야 하는 이유는 정년 이후 새로운 일을 하게 되었을 때 후회 없는 삶을 살기 위해서다. 먼 훗날 직장에 나가 사회인으로서 과거를 떠올렸을 때, 과거의 직장 생활에 후회가 없어야 한다. 대부분의 사람들이 죽을 때 후회하는 세 가지가 있다고 한다. 그 세 가 지 후회는 바로 '더 사랑할 걸', '더 나눌 걸', '더 배울 걸'이라고 한다. 그런 상황이 도래하지 않도록 하기 위해서는 미리미리 준비해야 한다.

직장인에게 있어서 후회 없는 인생은 후회 없는 직장 생활이 먼저라는 점을 알아야 한다. 이제라도 늦지 않았다. 자신이 속한 직장에서 자신이 원하는 인생을 살기 위해서 자신은 어떤 일을 할 것인지에 대해 꿈의 리스트와 보물지도를 만들어 자신의 인생을 착실하게 엮어 나아가야 한다. 그것이 자신의 인생을 후회 없는 인생으로 이끄는 길이다.

10
상사의 그릇 크기를 가늠하라

조직의 크기는 리더의 크기를 넘어설 수 없다는 말이 있다. 그러므로 직장인은 자기 상사의 그릇이 얼마나 되는지를 가늠해 보아야 한다. 상사가 큰 그릇인지 혹은 자신의 이익만을 추구하는 작은 그릇인지를 유심히 관찰하는 것이다. 그래서 상사가 큰 그릇이라면 상사를 롤 모델로 삼아 자신을 단련하고, 상사를 통해 자신의 미래를 개척하는 것이 좋다.

그런데 만일 상사가 학습을 하지도 않으면서 무지하게 업무 지시를 하는 사람이라면, 당신의 미래는 그다지 밝지 않다고 봐야 한다. 직장인은 어떤 상사를 만나느냐에 따라 자신의 직장 생활에 큰 영향을 받는다. 그러므로 상사가 무지한 사람이라면, 자신의 등불을 가지고 길을 가야 한다. 언제까지 남의 불빛에 의존해서 자기 인생이라는 자동차를 운전할 수는 없지 않는가?

이제는 자기 차의 불빛은 자신이 자유자재로 컨트롤할 수 있는 힘을 길러야 한다. 그런 힘을 가지고 있어야 암흑에서 자기 인생의 방향을 찾아 거침없이 나아갈 수 있기 때문이다.

11

기다림의 미학(美學)

교토삼굴(狡兔三窟)을 준비하면서 너무 성급하게 생각하지 말고 여유를 가져야 한다. 『맹자(孟子)』에 '발묘조장(拔苗助長)'이라는 말이 있다. 모가 크지 않는다고 모를 뽑아 놓으면, 뿌리를 내리지 못하고 말라 죽게 된다는 말이다. 서두르지 말고 순리대로 해야 한다는 뜻이다.

사람이 성장하는 것도 마찬가지다. 일을 하다 보면 일정한 단계에 이르기까지는 성과가 나오지 않을 때가 있다. 아무리 노력해도 실력이 늘지 않고, 오히려 퇴보하는 것과 같은 슬럼프의 상태에 이를 때가 있기 마련이다. 그래도 서두르지 말아야 한다. 실체가 드러나지 않는다고 성급하게 먼저 일을 벌이지 말라는 것이다. 기다려야 한다. 차차 잘될 것이라는 생각을 하면서 기회가 올 때까지 최대한 기다려야 한다.

그렇게 기다리는 마음이 바로 성과를 내는 기간이다. 고통의 시간을 견뎌 내는 인성은 평생을 살아가는 데 귀중한 재원이 된다. 모든 일은 조급함에서 그르치는 경우가 많다는 점을 알아야 한다. 특히 잘나갈 때는 더욱 조심해야 한다. 자신이 잘나간다고 물불 가리지 않고 성급하게 일을 벌이다가, 결국 일을 망치는 경우가 많다.

때로는 지나친 불안감이 문제가 되기도 한다. 정년이 얼마 남지 않았고 자신은 더 이상 물러날 곳이 없다는 마음이 조급한 마음을 불러오게 된다. 그럴수록 성급하게 굴지 말고, 시간을 두고 차분하게 전후좌우를 잘 살펴야 한다. 그간 직장이라는 토양에서 자란 나무를 사회라는 토양으로 옮겨 심기 위해서는 먼저 사회라는 토양이 어떤 토양인지를 알아야 한다.

그래서 직장에서 옮겨 심는 나무가 그 토양에 맞지 않다면 다른 나무를 심어야 하고, 굳이 직장에서 가져온 나무를 심어야 한다면 사회라는 토양의 성질을 바꾸어야 한다. 어느 것이 더 자신에게 유리한 것인지도 꼼꼼히 따져 봐야 하는 것은 두말할 나위 없다.

12
인생의 도박판에서 지켜야 할 규칙

어차피 인생은 도박이다. 한 번 사는 일생(一生)이지, 두 번 사는 이생(二生)이 아니다. 어차피 새로운 도전을 하기 위해서는 위험을 감수해야 한다. 이때 위험은 크면 클수록 좋다고 생각해야 한다. 도박에서도 위험이 크면 클수록 얻는 금액이 많다.

중요한 것은 인생의 도박판에서 도박을 하기 위해서는 자기 자신이 자기 인생의 패를 가지고 도박을 해야 한다는 것이다. 남이 자기 인생의 패를 가지고 도박을 하도록 해서는 안 된다는 것이다.

특히 직장인의 경우에는 더욱 그러해야 한다. 자기 인생을 회사에 의탁하여 회사에서 자기 인생을 책임져 줄 것이라는 생각을 하지 말아야 한다. 정년 이후를 스스로 준비해야 한다는 말이다. 회사에서 정년 이후에 직원들이 잘살 수 있도록 긴 시간 준비 기간을 주어야 한다는 약한 모습을 보이지 말아야 한다.

마치 은행에 돈을 신탁하듯 자신의 인생을 남에게 맡기는 우를 범하지 말아야 한다. 즉, 자기 인생의 주인은 자기라는 점과 자기 인생의 책임은 자신에게 있다는 점을 항상 명심해야 한다.

13

샛길로 새지 말고 새 길을 내라

직장 생활 말년에 자신의 인생이 샛길로 새는가, 아니면 새 길을 내는가를 생각해야 한다. 중년임에도 불구하고 오로지 빨대 부장 같은 대우를 받으면서 회사 일에 연연하고 있다면, 당신 인생은 샛길로 새고 있는 것이다. 그렇지 않고 자신이 하는 일이 정년 이후의 삶과 연계되는 일이라면, 새 길을 열고 있다고 봐야 한다.

정년 이후 무엇을 해야 할지 갈팡질팡하면서 길을 헤매고 있다면, 그 시점에 새로운 길을 열려는 마음을 가져야 한다. 샛길로 새지 말고, 새 길을 내야 한다는 것이다. 정년에 이르는 시점에는 주변의 유혹에 휘말려서 샛길로 빠지는 것을 경계해야 한다. 특히, 고액을 벌 수 있다는 사기꾼들의 달콤한 유혹에 흔들려 샛길로 빠지지 말아야 하고, 교태를 부리면서 접근하는 꽃뱀들의 섹시한 유혹에 흔들려 샛길로 빠지는 것을 경계해야 한다.

가장 이상적인 것은 무(無)에서 유(有)를 창조한다는 생각에서 밑바닥에서 다시 시작한다는 마음으로, 자신의 새로운 인생을 여는 새 길을 개척해야 한다. 무엇인가 생활의 돌파구를 찾을 요량으로 이곳저곳을 누비며 정보를 구하고, 자신에게 맞는 새로운 일을 찾으려고 하는 마음이 바로 정년 이후의 새 길을 여는 과정이다.

14

자기 인생을 여는 첫 걸음

그간 20년이 넘도록 회사를 위해 일했다면, 이제는 자신을 위해 일해야 한다. 오랜 기간 자신을 잊고 사랑하는 가족을 위해 직장생활을 했다면, 이제는 자신의 인생을 위해 살아야 한다.

그러기 위해서는 자신이 계속 현재처럼 생활한다면, 정년 이후 자신이 어떻게 될 것인가에 대해 깊이 있게 생각해야 한다. 그래야 자기 성장을 도모할 수 있다. 자신이 어떤 방향으로 전환해서 어떤 삶을 사는 것이 자기를 위한 인생인가에 대한 개념이 명확하게 정리되어 있어야 한다.

자신이 추구해야 하는 것이 무엇인지, 자신이 향후 어떤 삶을 살아야 할 것인가에 대해 심사숙고하는 여정이 바로 자기 인생을 여는 첫걸음이다. 건강을 돌보지 않고 무리해서, 심신이 병약한데도 출근해서 일하는 억지 인생은 더 이상 용납해서는 안 된다. 이제라도 늦지 않았다. 관점을 회사에서 자신으로 바꿔야 한다.

그동안 회사 이름으로 생활했다면, 이제는 자신의 이름으로 생활해야 한다. 회사의 브랜드 가치 증진을 위해 사는 것이 아니라, 자신의 네임 브랜드를 올리고 자신의 명성을 쌓고 자기의 가치를 올리는 데 힘써야 한다. 그러기 위해서는 자신이 행해야 하는 일은 무엇이고, 자신이 진정으로 해야 하는 일이 무엇인지에 대한 깊이 있는 성찰이 필요하다. 또 자기가 앞으로 어떤 가치에 중점을 두고 살 것인지에 대해 명확하고 확실하게 삶의 운영방침을 정의해 두어야 한다.

회사를 위해 생활할 때는 회사 일을 가정에서 해야 했고, 휴일도 반납하면서 오로지 회사만을 생각하면서 생활을 했다면, 이제는 가정사를 회사로 가져와 회사에서 가정도 걱정하고 자아를 실현하는 생활을 해야 한다.

15

지금은 자기 브랜드 시대

개인 브랜드의 시대이므로, 이제는 각자 개인에게도 브랜드가 있어야 한다. 즉, 개인의 파워가 있어야 한다는 것이다. 사실 개인의 파워는 조직의 파워가 되지만, 조직의 파워가 개인의 파워가 되는 것은 아니다.

대기업에 다녀서 자기 개인의 브랜드 파워가 클 것이라고 생각하면 큰 오산이다. 그 브랜드 파워는 회사를 나오는 순간 사라진다. 그 조직에서 나오는 순간, 자신이 가지고 있었던 조직의 브랜드 파워를 모두 잃게 된다. 직장에 있을 때는 '그 파워가 오래 갈 것이고, 설마 정년을 해도 크게 문제될 것이 없다.'고 생각할 것이다. 하지만 그것은 조직의 브랜드일 뿐이다. 물론 그것이 사회에서도 계속해서 통하지 않을 것이라는 것을 모든 직장인들은 이미 알고 있다. 그런데도 마치 그것이 사회에서도 통할 것이라고 착각을 하면서 생활한다. 정년 이후는 그때 가서 생각하면 된다는 심보다. 회사 브랜드를 마치 자기 브랜드인 양 착각하는 것이다.

회사 브랜드는 빨리 떼어 버리는 것이 자기 미래 인생을 위해 유리하다. 엄밀히 말해서, 진짜 애사심이 투철한 직장인이라면 자신으로 인해서 회사 브랜드 가치가 높아져야 한다. 혹시 내가 조직의 브랜드에 빌붙어서 거머리가 피를 빨아 먹듯 조직의 브랜드를 야금

야금 먹어치우는 직장인은 아닌지, 성찰해 보자.

16

직장에서 연장을 챙겨야 하는 이유

자신이 가지고 있는 능력에 따라 문제를 해결하는 방식이 달라진다. 자신이 가진 것이 망치밖에 없으면, 모든 것이 못으로 보이기 마련이다. 그래서 세상 밖 물정 모르는 사람들은 함부로 세상 밖에서 일을 벌이지 못한다. 모르기 때문이기도 하지만, 뭐를 해야 할지 보이지 않기 때문이다. 마땅히 무엇을 해야 할 것이라고 생각하는 것 자체가 불가능한 것이다. 보유한 지식이 미천하고 자본도 없는 경우라면 더더욱 그러하다.

그래서 일단은 자신이 쓸 수 있는 패가 많아야 한다. 선택의 여지가 많아야 한다는 것이다. 그러기 위해서는 지식과 자본이 남달라야 한다. 이를 위해서는 직장에 있을 때 지식과 자본을 충분히 준비해야 한다. 마중물에 해당하는 종잣돈이 있어야 하고, 자기 사업의 원천이자 원동력이 되는 재원이 있어야 한다.

그것을 갖추고 준비하는 시기가 바로 직장에 있을 때다. 직장에 있을 때, 그것을 준비해야 한다. 그것이 바로 자기 이름으로 사는 단초가 된다.

17

언젠가는 떠나야 하는 곳

나이가 먹어서 기가 약해지고 정년에 즈음하여 레임덕 현상이 발생하는 것을 너무 서운해하거나 슬프게 생각하지 말아야 한다. 주도권을 놓쳤고 기득권을 잃었다고 해서 너무 기죽지 말라는 뜻이다. 그간에 얼마나 많은 권력을 누려 왔는가? 그동안 남모르게 조직에서 얼마나 많은 자기 이익을 도모했던가? 마치 조직을 위한다는 명목으로 얼마나 자신의 안위를 돌보고 살았던가? 그 누구도 모르는 것이지만, 자기 자신은 알고 있다.

자신이 얼마나 회사를 위해서 일한다는 가면을 쓰고 자기 이익을 챙기고, 자신이 유리한 고지를 차지하기 위해 얼마나 많은 사람들에게 위해를 가했는지를, 다른 사람은 몰라도 자신은 알고 있다. 마치 회사가 자기 것인 양 모든 것을 자기 뜻대로 했다. 조직을 위한다는 명목으로 타인을 이용하여 자기 편리를 도모했고, 리더라는 이유로 조직원들의 성과를 자신의 것으로 포장하는 비열함을 내보였던 적도 있을 것이다.

그런 생활을 오랜 기간 해왔는데, 기껏 5년 남짓한 기간 동안 과거 영광을 누리지 못하는 것을 그리 슬퍼하지 말라는 뜻이다. 결국 직장이라는 곳은 언젠가는 떠나야 하는 곳이다.

달도 차면 기운다

회사는 정년에 임박한 사람에게 더 이상 투자하지 않는다. 후배를 위해 용감하게 직책을 내놓아야 한다는 용퇴 제도를 만들어, 조직에 새로운 피를 수혈하여 활력을 얻으려고 하는 것도 조직이다. 모두가 자기 이익을 위해 움직인다. 구조조정을 기획했던 사람도 결국 때가 되면 나가야 한다. 조직은 그만큼 무서운 곳이다.

자신이 개인적으로 선택해서 자리를 연명하는 경우는 없다. 달도 차면 기울기 마련이다. 서운해 하지 말고 순리에 따라야 한다. 그나마 회사에서 조기 퇴직을 권유하지 않고 정년까지 직장 생활을 할 수 있도록 자리를 펴 준 것에 감사해야 한다. 그러니 너무 서운해 하거나 슬퍼하지 말자.

과거는 과거일 뿐

묵묵히 자신에게 주어진 일을 하면서 그동안 회사 이름을 빛내기 위해 노력했던 전략과 수고를, 이제는 개인 이름을 빛내기 위해 써야 한다. 죽은 자식 고추 만지는 격으로 회사 일에 얽매이고 과거의 영광에 연연하다 보면, 상처 입는 것은 본인뿐이다.

조직은 두 번 다시 당신에게 기회를 가져다주지 않는다. 조직은 그저 당신의 달이 기우는 시점을 잡아서 용퇴나 명퇴를 권유할 기회를 호시탐탐 노리고 있을 뿐이다. 그런 무서운 조직과 굳이 실랑이를 벌일 필요가 없다. 조용히 조직의 처마 밑에 숨어서 차라리 자기 개발을 하는 것이 자기 인생을 위해 바람직한 처사다.

18
자기 이름으로 살자

이제껏 회사를 위한 마음으로 생활했고 이제껏 사랑하는 사람을 위해 살아왔다면, 이제는 자기 이름으로 세상을 살아야 한다. 여성의 경우에는 결혼 전에는 자기 이름으로 생활하다 결혼 이후부터는 '누구의 엄마' 혹은 '누구의 아내'로 일생을 살아간다. 경우에 따라 다르지만, 평범한 주부로 살아간다면 자신의 이름을 거의 잊고 지낸다. 역할과 지위와 계급이 없는 순수한 자신의 이름으로 살아야 한다. 특히 말년의 직장인은 더욱 그러해야 한다.

아울러 자기 브랜드 가치를 널리 알려야 한다. 다른 사람이 자신의 이름을 들으면 '아하! 그 사람은 바로 이런 사람!'이라는 명확한 콘셉트를 가진 사람이 되어야 한다. 그것이 바로 자기 이름으로 사는 사람이다. 어디에 소속된 자신이 아니라, 이제는 자신이 소속을 품어야 한다. 마치 연예인이 자신의 이름을 내건 방송 프로그램을 진행하고 스포츠 선수가 자신의 이름으로 소속을 빛내듯, 자기 이름이 제품이 되고 자신의 이름이 소속의 가치를 올리는 프로가 되어야 한다. 그것이 자기 이름으로 인생을 사는 것이다.

직장과 사회는 엄연히 다르다

회사 경기가 나쁘면 월급에 지장을 받게 되고, 가정 경제에 영향을 미치게 된다. 또 회사 일이 잘 풀리지 않으면 그로 인해 스트레스를 받는다. 그래서 건강이 악화되고 회사 밖의 생활이 점점 불안해진다. 그런 점에 비춰 볼 때, 직장 생활을 하는 동안 정년에 이를 때까지 계속해서 그런 삶을 살 것인가에 대해 깊이 있게 생각해 봐야 한다. 왜냐하면 굳이 그렇게 직장 생활을 하지 않아도 되기 때문이다.

중요한 것은 직장에서만 자신의 이름을 잊고 살면 좋은데, 그런 삶이 곧바로 정년을 한 이후의 사회생활에 영향을 미친다는 점이다. 일례로 회사에서 부장으로 생활하다 정년을 하면 일반인으로 돌아온다. 그 순간에 일반인의 삶을 살아야 하는데, 마치 자신이 사회에서도 부장인 양 행동하는 경향이 있다. 그러다 보니 어지간한 일에는 구미가 당기지 않게 마련이다. 최소한 직장에서 예우를 받은 정도에 상응하는 대우를 받는 직업만을 찾으려고 한다. 직장에서 통하던 것이 마치 사회에서도 통할 것이라고 착각하는 것이다.

그것은 자기 착각이다. 직장에서의 권위는 직장을 나서는 순간 아무짝에도 쓸모없는 것이라는 점을 알아야 한다. 그러므로 직장에 있을 때 자신을 사회인으로 담금질해야 한다. 그것이 바로 직장에서의 자기 개발이고, 자신의 브랜드 가치를 올리는 길이다.

일하면서 공부하라

회사에 다니면서 자기 브랜드 가치를 올리는 것은 자기 미래 가치를 위해서 자기 자신과 끊임없이 싸움을 하는 것이다. 일하면서 공부하고, 자기 공부를 하면서 회사 일을 하는 것이 바로 직장인으로서 자기 이름으로 살기 위한 준비를 하는 과정이다. 회사의 이름이 아니라, 자기 이름이 적히고 자기 이름으로 모든 것이 증거가 되는 삶을 살아야 한다.

19

자기다움을 찾기 위한 자신과의 경쟁

경쟁을 힘에 있어 가장 강한 경쟁자는 자기 자신이다. 남과 경쟁하면 적이 생기게 마련이다. 중요한 것은 남과 경쟁하기보다는 과거의 자기와 경쟁해야 한다. 하기 싫어하는 마음, 나태하고 게으른 마음, 포기하고 싶어 하는 마음과 경쟁하는 것이다. 세상에서 가장 강한 자는 자기 자신을 이기는 사람이다. 자기 자신을 이기는 자야말로 가장 강한 자다.

자신과 경쟁하면, 자기가 처한 현재 위치를 객관적으로 바라볼 수 있는 혜안이 생기기도 한다. 그런 점에 비춰볼 때, 자신과 경쟁한다는 것은 자신을 알아 가는 과정이기도 하다. 자신의 안에 있는 게으름과 싸우고, 현실에 안주하고 싶은 자기 자신과 경쟁해야 한다. 그것이 자신을 승리로 이끄는 길이다. 극기하는 자기, 편안함보다 고통을 즐기는 자기, 남에게 잘 보이기보다 스스로 만족하는 자기, 그런 '자기다움'을 찾아야 한다. 그런 자기다운 삶을 살기 위해 노력하는 과정이 자기를 이기는 과정이며, 수신(修身)이고 셀프 리더십(Self-Leadership)이다. 자신의 역량을 총집결해서 자신이 가고자 하는 길을 가는 직장인이 되자.

20

한 사람의 평가가 나를 좌우하는 곳, 직장

직장 생활을 하면서 가장 기분 나쁠 때가 좋은 평가를 받지 못한 경우다. 자신은 최선을 다해 조직의 성과를 위해 불철주야 일을 했건만, 보상은 해 주지 못할망정 오히려 간사한 사람들의 권모술수에 의해 상대적으로 억울한 평가를 받은 경우는 더더욱 그러하다.

그나마 중소기업에서는 그런 불리함이 없는 편이지만, 대기업의 경우에는 그런 경우가 많다. 또, 인사 평가자가 사익을 추구하는 소인배고 자기 아집이 강한 경우에는 더욱 그러하다.

직장에서 빨리 벗어나야 하는 결정적 이유

사실 누군가를 객관적으로 올바르게 평가하기란 힘들다. 인간이니 만큼 평가자 개인의 감정이 평가에 중요한 변수로 작용하기도 한다. 직장에서 평가에 회의를 느끼는 경우는 우수한 직원이 어리석고 우둔한 상사에게서 평가받는 경우다. 사명의식이 투철한 직원을 자신의 정치적인 권력을 확보하기 위해 사적으로 정의롭지 못한 평가를 하는 상사도 있기 때문이다. 참으로 안타까운 현실이다.

이처럼 일의 결과와 성과보다는 직장 정치의 당리당략에 의해 평가를 하는 리더도 있다. 평가를 받는 사람의 입장에서는 그야말로 분통 터질 일이다. 그러기에 그 꼴을 보기 싫다면, 자기 이름으로 살아갈 준비를 해야 한다. 어디든지 그런 악한 리더들이 있기 마련이다. 그런 소인배 같은 리더에게 평가받는 곳이 바로 직장이다. 리더수업을 제대로 받지 못한 리더들이 지천에 널려 있는 것이다.

마치 가정에서 자녀를 대하듯 권위적으로 직원을 대하는 리더도 있다. 그런 리더가 자기를 평가하고, 이러한 평가가 승진에 결정적인 영향을 미친다는 것은 생각만으로도 분노가 치민다. 물론 평가를 정당하게 하는 리더도 있다. 중요한 것은 한 사람의 평가자로 인해 자신의 역량과 성품이 평가가 되는 곳이 직장이라는 것이다.

따라서 그런 험한 꼴을 보기 싫다면, 자기 이름으로 브랜드 가치를 창출하기 위해 애써야 한다. 그래서 그런 리더들이 우글거리는 직장에서 하루 빨리 벗어날 궁리를 해야 한다. 그것이 자기 브랜드를 찾고 자기 이름으로 사는 것이다.

21

직장은 계급 사회다

직장인에게는 회사 조직에서의 직책과 계급이 그 사람의 가치와 등급이다. 직책이 높으면 훌륭한 사람이고, 낮으면 그렇지 않는 사람으로 평가된다. 또 아무리 일을 잘해도 직책이 없으면 그다지 예우를 받지 못하는 곳이 직장이다. 아무리 능력이 뛰어나고 재능이 출중해도, 계급이 없으면 인정받지 못하는 것이다.

그래서 공장장이나 부장을 보면 모두 훌륭하게 보이고 임원이 되면 장성처럼 느껴진다. 그런 곳이 직장이다. "왕후 장사의 씨가 따로 있느냐?"는 말이 있듯 자리가 사람을 만드는 곳이 바로 직장인 셈이다. 참고로, 조직에서는 상급자의 마음에 드는 사람이 아니면 직책 보임을 맡기지 않는다. 고양이에게 생선을 맡길 수 없기 때문이다.

자본주의는 양반과 노비가 없는 사회라고 하지만, 엄밀히 따져 보면 직장은 아직도 리더와 일반직원, 상사와 부하 등 계급이 명확하게 존재하는 계급사회다. 그런 직장에서 뒷배가 없고 학벌이 없고 인맥이 없다면, 자기 이름으로 자기 브랜드를 올리기 위해서 독자 노선을 걷는 것을 마다하지 않아야 한다. 어떤 경우에도 흔들림 없이 자신의 힘을 기르기 위해 안간힘을 써야 한다.

똑똑한 당신이 리더가 아니라는 사실 하나만으로, 30년의 경험을 가진 출중한 재능을 가진 당신이 대졸 엔지니어가 아니라 고졸 생산직이라는 사실 하나로, 자식 같은 리더에게 인생의 조언까지 받아야 하는 수모를 겪어야 하는 곳이 직장이다. 그런 참담하고 비참한 꼴을 더 이상 보기 싫다면, 자기 브랜드 가치를 창출하는 데 힘써야 한다. 그래서 자식들이 그런 치욕을 답습하지 않도록 가족들의 수준도 한 차원 높게 끌어올려야 한다.

22

출근을 두려워 말라

직장 생활을 하다 보면, 출퇴근하기도 바쁜 게 사실이다. 마음 놓고 쉬고 싶어도 다음 날 출근해야 하기에 마음 편할 리 없다. 회사 출근 시간만 아니면 밤늦게까지 하고 싶은 일이 있어도, 다음 날 출근하려면 충분한 수면을 취해야 한다는 부담 때문에 밤늦도록 하고 싶은 것을 못할 때가 많다. 그야말로 직장 생활은 바쁜 나날의 연속이다. 그런데 거기에 자기 브랜드 가치를 증진하기 위해 무엇인가를 해야 한다는 것은 어렵고도 힘든 여정이다. 그래서 마음먹고 결심하지만, 삼일이 지나면 본래 위치로 돌아가 버리고 만다.

출퇴근에 대해 심적인 압박을 가지고 있는 사람들이 직장인이다. 가볍고 밝은 마음으로 출근해야 하기에 밤에 무리를 하지 않는다.

또 자신이 하고 싶은 일을 하고 싶은데 마음먹은 대로 되지 않으니 스스로 스트레스를 많이 받는다. 그러다 보니 마음의 여유가 없는 것이다.

하지만 관점을 달리 하면, 출근은 별것 아니다. 그냥 회사에 하이킹을 간다고 생각하면 된다. 출근을 건강을 위한 운동이라고 생각하는 것이다. 출근에 대해서 스트레스를 받는 사람이 있는 반면, 출근 시간에 자전거 출근을 하면서 운동하고 통근 버스에서 영어 회화나 독서하는 직장인들도 있다는 점을 알아야 한다. 출근 시간이 기다려지는 직장 생활을 해야 한다. 그러기 위해서는 출근 시간에 해야 할 일을 정해서, 그것을 하는 시간으로 삼으면 된다.

또 출근 시간이 두려운 것은 퇴근 후 절제하는 생활을 하지 않고, 과음이나 과로를 했기 때문이다. 오늘만 살고 죽을 것은 아니다. 내일이 있다. 내일을 위해 오늘을 잘 준비해야 한다. '오늘은 내일을 준비하는 날'이라는 생각으로 오늘을 준비한다면, 내일의 출근 시간은 더 이상 마음의 부담이 아니라, 기대 가득한 시간이 될 것이다.

23
나는 회사형 인간인가?

벼룩을 유리컵에 넣고 뚜껑을 덮어 놓으면, 높이 뛰는 벼룩도 뚜

껑 높이까지만 뛴다. 그런데 신기한 것은 뚜껑을 치워도 벼룩이 뛰는 높이는 똑같다는 것이다. 그것이 바로 훈련이 주는 무서움이다. 알면서도 당하는 경우가 많은데, 바로 우리 직장인들이 그러하다. 자기가 회사로부터 훈련되고 있다는 것을 알면서도 뻔히 눈뜨고 당하는 경우 많다.

교육학 용어에 '학습된 무기력'이라는 말이 있다. 아는 것이 오히려 독이 되는 경우다. 직장인들이 바로 그러하다. 회사에 몸담고 있는 동안은 출근과 동시에 모든 말과 생각과 행동이 회사 모드로 변환된다. 그때부터 학습된 무기력에 빠지는 것이다. 그러다 보니 자기 개발을 할 엄두도 내지 못한다. 말과 생각과 행동이 회사모드로 전환되어, 언제 자기 이름으로 살아야 한다고 생각했나 싶을 정도로 본연의 회사원이 된다.

대부분의 직장인들이 그러하다. 특히 타의 모범이 될 만큼 회사 생활을 하는 직장인일수록 그런 현상이 더욱 뚜렷하게 나타난다. 자신의 인생을 잊어버리고 오직 회사 일에 목숨을 거는 것이다. 물론 경영자 입장에서는 그런 직원이 진정 회사가 원하는 인재다. 하지만 직원 입장에서는 자신의 이름으로 살아야 하는 정년 이후를 생각한다면 큰 손해가 아닐 수 없다.

이 순간, 정년이 얼마 남지 않는 상태에서도 자신의 미래 인생보다 회사를 먼저 생각하고 있다면, 당신은 회사 생활을 하는 동안 회사형 인간으로 잘 훈련된 사람이라는 생각을 가져야 한다.

24

동료들과 적정 거리를 유지해야 하는 이유

대부분 직장인들은 일이 힘들기보다 사람이 힘들어서 회사를 그만두는 경우가 많다. 직장은 여럿이 함께하여 성과를 내기 위해 집단지성이나 시너지를 필요로 한다. 그러다 보니, 상호 소통이 무척 중요하게 작용한다. 혼자서 하기보다 둘 이상이 힘을 모으면 더 많은 성과를 낼 수 있기에, 신뢰와 소통을 중요시한다.

그런데 어떤 경우에는 역 시너지가 발생하기도 한다. 링겔만 효과가 말해 주듯이 오히려 힘이 더 약화되는 것이다. 대부분의 직장인들이 자기 이름으로 살지 못하는 이유는 갈수록 주변 사람들과의 갈등이 심화되기 때문이다. 함께 일하는 동료들과의 갈등이 심화되다 보니, 자기 브랜드를 가꾸어야 한다는 사실을 잊는 경우가 많다. 갈등으로 인해 정서적으로 불안하게 되고, 그로 인해 자기 개발을 할 심리적인 여유를 갖지 못하는 것이다.

마음이 불안하니 마음을 한곳으로 모을 여유가 없고, 정신이 산만해서 딴생각을 하지 못한다. "사람이 많은 것이 오히려 사람과 사람간의 갈등으로 인해 오히려 일에 방해를 받는다."는 피터 드러커의 말이 이 같은 사실을 방증한다.

그러므로 일을 할 때는 가능한 동료들과 적정한 거리를 유지하는 것이 좋다. 너무 가깝지도 않고, 멀지도 않는 거리를 유지해야 한다. 이울러 일에 앞서 사람과의 관계를 원만하게 유지하는 것이 매우 중요하다. 결국 일이 갈등을 불러일으키는 것이 아니라, 사람이 갈등을 몰고 온다는 점을 알아야 한다.

25
매너리즘으로부터의 탈출

직장 생활을 하면서 자기 변화를 추구하는 사람은 그리 많지 않다. 평생 동안 직장 생활을 하기 위해 태어난 사람처럼 오로지 회사 일이 전부라고 생각하는 사람들이 많은 곳이 직장이다. 어쩌면 일에 미친 것이 아니라, 직장에서 매너리즘에 빠져 지내는 것 자체에 자기도 모르게 습관이 된 것일지도 모른다.

사실 직장 생활은 상사가 스트레스를 주지만 않으면, 이보다 편하게 돈을 벌 수 있는 방법도 없다. 그리 신경 쓸 것들이 많지 않기 때문이다. 때가 되면 월급이 나오고, 시간이 지나 퇴근하면 그만이다. 또 피곤하면 적당히 눈치를 봐서 쉬면 된다. 그런 곳이 직장이다. 그런 직장을 벗어나 생활한다는 것 자체가 곤욕이라고 생각한다. 먹고 노는 것을 좋아하는 사람에게는 천혜의 요새가 직장이다.

거기다가 오래 근무하면 회사에서 완장을 채워 준다. 미관말직

(微官末職)이지만, 그것도 권력이라고 그 맛에 취해 직장 생활을 하는 사람들이 많다. '좋은 것이 좋은 것'이라고 직장에서 편하게 지내는 것이 습관이 되어서 이제는 다른 생각을 하지 않는다. 그저 그대로가 좋은 것이다.

독자노선을 걸어라

게다가 자기 브랜드를 키우기 위해 노력하는 사람보다 허송세월하면서 안일하게 보내는 사람들이 많기 때문에 자기 브랜드를 키우는 것이 그리 절실하거나 간절하다고 생각하지 않는다. 어떤 경우에든 자신이 노력해서 더 나은 자기를 만들려고 하기보다는 현재 주어진 곳에서 다른 사람들과 잘 지내는 것이 더 중요하다고 생각한다.

또, 남들이 하지 않는데 자기만 유별나게 자기 개발을 하면서 다른 사람과 다른 색깔을 내려고 하지 않는다. 그냥 주변 사람들과 좋은 관계 속에서 웃고 떠들면서 즐겁게 지내는 것이 좋다고 생각한다. 그러다 보니 어느새 자신도 모르게 자기를 잊고 사는 것이 만성이 된 것이다. 그야말로 전형적인 회사형 인간이 되어 가는 것이다.

회사에서는 내심 그런 직장인을 애사심이 투철한 직장인으로 긍정적인 평가를 한다. 그러면서도 한편으로는 언제든 쓸모가 다하면 다른 사람으로 대처할 기회를 엿본다. 그러므로 일을 열심히 하면서도 주변에서 자기 개발을 하지 않는 사람들 무리에서 빠져나와 독자 노선을 가기 위해 노력해야 한다. 자기 혁신을 피하지 않고 매너리즘에 빠져 있는 사람을 보면 반면교사(反面教師)의 지혜로 삼아야 한다. 저렇게 살다가는 자기 미래 인생이 암울하게 될 거라는 생각을 가져야 한다.

26

쉴 땐 푹 쉬어도 된다

직장 상사들은 대개 금요일에 직원들에게 업무 지시를 하는 경향이 있다. 금요일은 불금이고 다음 날이 쉬는 날인데도 하필 그때 더 많은 업무 지시를 내린다. 그것은 집에 있을 때도 일을 생각하라는 것이다. 머리에 할 일이 산적해 있는데 집에서 편하게 쉬는 직장인은 없다. 심지어는 쉬는 날도 출근해서 일을 하는 직장인들도 있다.

그것이 바로 상사의 노림수다. 그런 꼼수에 걸려들지 않아야 한다. 적당히 기회를 봐서 적정한 시점에 처리하면 된다. 별것 아니다. 그냥 조용히 있으면, 일을 했는지 추궁도 하지 않는 경우도 있다. 그런데 많은 직장인들이 상사의 지침에 대해서는 즉시 완전무결하게 일을 처리해야 한다고 생각한다. 그것은 기우(杞憂)다. 당신이 상사의 눈에 자주 띄지 않고 그 일을 앞으로 들먹이지 않으면, 소리 없이 시간 속에 묻힐 확률이 높다.

앵커링 효과

직장인들이 딴 생각을 하지 못하도록 막는 역할을 하는 사람이 리더다. 그래서 "일을 줄이기 위해서는 리더를 피하라."는 말이 있다. 리더를 피하면 자신이 하는 일의 분량이 줄어들기 마련이다. 그 시간에 자신이 원하는 일을 하면 된다. 중요한 것은 휴일에는 자기 생각 속에서 회사 일을 지워 내는 것이다.

회사에서만 회사 일을 생각하고 휴일이나 근무 외 시간에는 회사 일을 가급적 생각하지 않아야 한다. 그래야 자기 브랜드를 키울 수 있다. 배를 정박할 때, 닻을 내리게 된다. 이것이 '앵커링(anchoring)'이다. 우리의 생각 속에도 생각을 속박하고 정박하게 하는 앵커링이 있다. 직장인에게 있어서 앵커링은 회사 일이다.

그런 직장인의 심리를 잘 활용하는 곳이 회사다. 조금이라도 딴 생각을 하면 여지없이 일을 준다. 좀 쉬려고 하는 순간, 새로운 일이 주어진다. 직원 입장에서는 하나의 업무를 마치고 좀 쉬어 가면서 일을 하고 싶은데, 그 순간 여지없이 새로운 업무가 날아든다. 그런 곳이 회사다. 그러니 독하게 마음을 먹지 않으면, 직장 생활에 허덕이다가 자기 미래 인생을 놓치게 되는 것이다.

27

자신의 그물을 던져라

중년의 직장은 그야말로 황금어장과 같다. 황금어장은 난류와 한류가 만나는 지점으로, 다른 곳보다 고기가 많다. 중년의 직장도 마찬가지로 이러한 황금어장과 같다. 직장인에서 사회인으로 나아가는 경계가 되고, 직장의 전반전과 후반전이 만나는 지점이기도 하다.

바로 이때가 기회다. 고기가 많은 황금어장에 그물을 던지듯이 이때 자신이 원하는 것을 잡기 위해 자신의 그물을 던져야 한다. 비록 황금어장일지라도 자신의 그물이 아닌 남의 그물을 던지는 것은 남을 좋게 하는 것이다. 특히 직장인의 경우에는 회사의 그물이 아닌 자신의 그물을 던져야 한다. 이제껏 직장 전반전에 오로지 회사의 그물로 고기를 잡았다면, 회사를 위해 충분히 도리를 다한 것이다.

이제 중년의 직장 생활은 방법을 달리해야 한다. 회사의 그물이 아닌 자신의 그물로 고기를 잡아야 하는 것이다. 자칫 망설이다가는 황금어장에서 고기가 도망가거나 다른 사람이 고기를 다 잡아갈 수도 있다는 점을 알아야 한다. 기다리다가 때를 놓칠 수도 있다. 이때가 기회다. 이 기회를 놓치지 말아야 한다. 자칫 잘못하다가는 자신의 차례에 그물을 던질 수 있는 호기를 놓칠 수 있다.

중년의 직장은 황금어장이다

중년의 직장 생활이 황금어장인 이유는 중년이 되면 회사 돌아가는 상황에 대해서 전문가가 되기 때문이다. 또 판세를 읽는 눈이 생기기 때문에 처세를 눈치껏 적절하게 할 수 있다. 그뿐만 아니라, 자신이 나서야 할 때와 숨어 지낼 때를 아는 혜안이 있기 때문에 자신이 하고자 하는 바를 할 수 있는 시간이기도 하다. 그래서 중년의 직장이 황금어장이라는 것이다.

자신이 얻고 싶은 것이 있다면 전화 몇 통화로 모든 것을 이룰 수 있고, 굳이 자신이 나서지 않아도 후배들을 시킬 수 있다. 위치도 상위권에 랭크되므로 언제든 자신이 원하는 대로 직장의 분위기를 이끌 수 있다. 그래서 황금어장이다. 그런데 그런 기간이 그리 길지 않다는 것이 문제다. 적으면 3년, 길어도 고작 10년 이하라는 점을 알아야 한다. 중요한 것은 늘 황금어장이 아니라는 사실이다.

이제는 회사 그물을 잡고 있는 손을 놓고 자신이 원하는 그물을 짜야 한다. 중년이 되어서도 회사 그물을 잡고 있다면, 당신의 인생은 머잖아 후회로 가득할 거라는 점을 알아야 한다. 비록 회사의 그물을 잡고 있더라도 한 손으로는 자기 그물을 손질하면서 기회를 틈타 자신의 그물을 던질 준비를 해야 한다. 이 시점에 당신이 어떻게 하는가에 따라 당신의 인생 후반이 결정된다는 점을 잊지 말자.

28
SNS를 통한 개인 사업을 노려라

스마트 폰이 보편화되고, 많은 사람들이 카카오톡, 페이스북, 트위터, 인스타그램 등 SNS를 이용하고 있다. 이제는 SNS를 통해 개인사업도 가능한 시대가 도래한 것이다.

인터넷 블로그나 쇼핑몰을 통해 가정에서 개인사업을 하는 주부도 늘고 있다. 이제는 전문 광고 업체를 통하지 않고 SNS를 통해 개인이 광고할 수 있는 시대다. 굳이 전문 광고업체에 고액의 돈을 주고 홍보하지 않아도, 자그마한 홍보지만 개인광고가 가능하다. 비용을 따로 들이지 않고 스스로의 노력만으로 홍보와 판매가 가능해졌다.

회사를 다니면서 사업할 수 있는 시대

회사를 그만두고 사업을 하지 않아도, 스마트 폰을 통해서 충분히 사업이 가능한 시대다. 사이버 공간에서 친구를 맺은 사람들과 좋은 관계를 맺으면, 이로 인해 자기 운신의 폭을 넓힐 수 있게 되었다. 잘만 하면 어지간한 오프라인 사업보다 더 많은 이익을 낼 수도 있다. 회사를 다니면서 사업을 할 수 있는 시대가 되었다는 것이다.

사람들이 좋아하는 아이템과 호기심을 자극할 수 있는 제품 그리고 개인의 창조적인 능력을 발휘하면, 얼마든지 개인 사업이 가능하다. 시공간의 제한을 받지 않기 때문에 국내외를 아우르는 사업도 가능하다. 이런 시대에 회사만 바라보고 자기 인생을 사는 것은 시대적인 감각이 뒤떨어진 사람이라고 볼 수 있다. 그것이 바로 자기의 이름으로 살아야 하는 이유다.

인기가 있으면 수만 명에 달하는 고객을 확보할 수 있고, 잘하면 팔로우를 수만 명으로 늘릴 수도 있다. 또 카톡 스토리 채널이나 네이버 밴드를 통해 단골 고객처럼 일촌 관계를 맺을 수도 있다. 자기만 부지런하면, 얼마든지 SNS상에서 경영을 할 수 있는 시대가 열린 것이다.

만약 당신이 회사에서 학벌에 막혀 더 이상 성장 가능성이 없다고 생각한다면, 회사에서 성장하는 것을 일찍 포기하고 자신의 길을 걸어야 한다. 그러기 위해서는 자신의 이름을 계속해서 브랜드 마케팅해야 한다. 직장에서 십 년 넘게 마케팅을 해 놓는다면, 정년 이후엔 큰 무리 없이 사회에 나가 성장세를 이어 갈 수 있을 것이다.

29
성과를 가로채는 리더들

직장에서 가장 큰 행운 중 하나는 좋은 상사를 만나는 것이다. 자기를 알아주고 자기 성장에 도움을 주는 상사를 만난다는 것은 직장인에게 있어 가장 큰 행운이 아닐 수 없다. 좋은 상사를 만나면, 그만큼 직장인으로서 혹은 개인으로서 다른 사람보다 빨리 정상의 궤도에 오를 수 있다.

그런데 상사를 내가 원하는 사람으로 선택할 수는 없다. 회사는 내가 선택할 수 있지만, 상사는 내가 선택할 수 없다는 것이다. 결국 상사는 잘 만나야 한다. 운이 좋다면 좋은 상사를 만날 것이고, 그렇지 않으면 고달픈 직장 생활이 시작된 것이라고 생각해야 한다.

스트레스의 주범, 상사

직장인에게 있어 최고의 고객은 상사다. 다행히 좋은 상사를 만나 함께 일을 하고 함께 성과를 일궈 함께 이익을 나누는 공생관계로 지낸다면, 더할 나위 없는 행운이다. 그런데 어떤 상사는 부하의 공을 가로채기도 한다. 일은 직원을 시키고 공은 자신이 가로채는 것이다.

특히 현장 직원들은 월급제로 운영되는 반면 리더들은 연봉제로 운영되기 때문에 리더들이 자신의 연봉을 늘리기 위해 현장 직원들의 성과를 자신의 성과로 포장하는 경우도 있다. 직원 입장에서는 그런 것까지 일일이 따지다 보면 상사에게 밉보일 수 있으므로 알고도 속아 주는 경우가 많다.

그런 상사와 함께 직장 생활을 한다면 비전은 없다고 봐야 한다. 성과를 아무리 내도 그 성과를 독차지하는 상사와 일을 하는 것은 밑 빠진 독에 물을 붓는 것과 같다. 그러기에 자신의 이름으로 직장 생활을 해야 한다는 것이다.

고약한 상사로 인해 쌓인 스트레스를 자기 발전의 동력으로 삼아 자기 개발에 힘을 더해야 한다. 단기적으로 보면 별다른 성과가 없을지 몰라도, 긴 세월을 두고 꾸준히 노력한다면 미래 인생을 풍요롭게 여는 실마리를 찾을 수 있을 것이다.

참고로, 대개 부하직원의 성과를 빼앗는 고약한 상사는 능력 있는 부하직원이 자기보다 잘나가는 꼴을 보지 못하는 경향이 있다. 그래서 부하직원의 가치가 올라갈 수 있는 홍보 채널을 모두 막고, 부하직원의 성장 경로를 자신이 억제한다. 앞에서는 부하직원을 칭찬하면서 뒤에서는 악평을 하는 경우도 있다. 자기보다 더 잘나갈 가능성이 있기에 미리 새싹을 자르는 것이다.

그런 상사와 함께 있다면, 멍청한 척 혹은 능력이 없는 척 회사에 대해서 전혀 관심이 없는 척 무기력한 모습을 보이는 것도 좋다. 그래서 물밑에서 자기 역량을 키워야 한다. 마냥 그 상사가 나가기를 기다릴 수는 없다. 뭔가 돌파구를 찾아야 한다. 그러기에 자신의 이름으로 새로운 도전의 장을 마련하라는 것이다.

30

성장을 부르는 고통

"잔잔한 바다는 위대한 뱃사공을 만들지 못한다."는 말이 있다. 위대한 사람은 고통과 역경 속에서 만들어진다는 말이다. 또"젊어서 고생은 사서도 해야 한다."고 말한다. 젊어서 고생을 해 보아야 그것이 경험적 자산이 되어 자신의 삶을 더욱 값지게 채색할 수 있다는 말이다.

그러므로 가능한 자신을 어렵고 힘든 상황으로 내몰아야 한다. 벼랑 끝으로 나를 내몰아야, 비로소 자기 안에 잠든 잠재력을 깨울 수 있다는 점을 알아야 한다. 우리 안에는 우리가 상상하지 못하는 거대한 힘이 잠자고 있다. 그러한 힘을 깨워서 더욱 강한 자기로 거듭나야 한다. 그러기 위해서는 고통으로 자신을 단련해야 한다.

스스로 위기를 조장하라

정년이 임박한 대부분의 직장인들은 크게 회사에서 욕심을 부리지 않고 자기 할 일을 하면서 주변 사람들에게 욕먹지 않을 정도로 일을 한다. 그러기에 직장 생활 말년에는 일부러라도 자신을 고통의 상황으로 몰아가야 한다. 또 언제 어느 때 안전하다고 느꼈던 자신의 위치가 더욱 어렵고 힘든 상황으로 내몰릴 수도 있다는 생각을 가지고 스스로 위기를 조장해야 한다. 이렇게 자기를 고통으로 내몰아서 위기를 느끼고, 그 위기를 극복하기 위해 열정을 다하는 사람이 강한 사람이다.

세상에서 가장 강한 사람은 자기 목숨을 걸고 덤비는 사람이다. 그런 사람들은 모든 일을 누가 시켜서가 아니라 자기 스스로 하기 때문에 매우 긍정적이고 적극적이다. 말년 직장인에게 미래를 위해 준비하라고 조언하는 사람은 적다. 따라서 자기 스스로 단련할 수밖에 없다.

이제 당신의 나이가 오십 대다. 이제 새로운 패러다임으로 새로운 변화를 꾀해야 한다. 그러기 위해서는 고통의 늪에서 이렇게 살아서는 안 된다고 깨달아야 한다. 그러한 마음 자세로 사는 직장인들이 자기 이름으로 사는 사람이다.

Huimangseo for middle-aged workers

Chapter 03

자기 이름을 다시 찾은 중년 직장인

직장 생활을 하면서 기본을 어긴다는 것은 직장 생활 전부를 잘못한 것이나 진배없다.

01
직장은 봉이다.

‘노사불이(勞使不二)’라는 말이 있다. 이 말은 ‘회사와 직원은 하나’라는 말이다. 사실 직장이 가화만사성에 미치는 영향은 크다. 가정이 직장만사성에 미치는 영향 역시 크다. 그래서 직장은 가화만사성의 근원이 되고, 가정은 직장만사성의 단초가 된다. 즉, 가정이 평온해야 직장 생활이 재미있고 힘이 난다.

직장과 가정은 하나다

가정이 불안하면 근심 걱정으로 인해 온전하게 직장 생활을 할 수 없다. 하지만 직장이 불안해도 가정이 평안하면, 그것이 힘이 되고 에너지원이 된다. 가정이 근간이자 뿌리가 되는 셈이다. 그런 점에 비춰 볼 때, 항상 직장 생활을 하면서 가정이 직장생활의 근원이 된다고 생각해야 한다.

한편으로는 직장은 자기 생활을 풍요롭게 하는 초석이 된다는 점에서 직장은 봉이다. 나쁘게 활용하는 봉이 아니라 좋게 활용하는 봉이다. 즉, 희망의 봉이 되어야 하고 자기 개발과 성장의 봉이 되어야 한다. 그래서 자신의 인생을 붕붕 날도록 하는 것이 무엇보다 중요하다.

우리는 생각지 않는 돈 줄을 잡았을 때 '행운 잡았다' 혹은 '봉을 잡았다'고 말한다. 직장인들이 직장을 잡은 것은 자기 인생의 봉을 잡은 것이라고 볼 수 있다. 특히 50세에도 직장 생활을 하고 있다면 인생의 커다란 봉을 잡은 것이다. 대개 50세가 되면 적어도 연봉이 8천만 원에 이른다. 한 달에 200만 원을 받는 곳에 취직하기도 힘든 세상이다. 그런데 한 달에 무려 600만 원 이상 받을 수 있는 곳이 직장이다.

당장 직장을 그만두고 나가면 일할 곳이 많지 않다. 더군다나 직장은 휴가를 가도 월급이 나온다. 자녀들 장학금도 지원해 주고 온갖 피복과 문구까지도 공짜로 지원해 주는 직장은, 그야말로 자기 인생의 봉이 아닐 수 없다. 그러니 직장에 고마워해야 한다. 직장이 얼마나 고마운 곳인지를 알아야 한다.

직장은 황금알을 낳는 황금거위다

또 직장은 자신에게 황금알을 안겨 주는 황금거위와 같다. 그런 황금거위를 잘 키워야 한다. 황금거위를 잡아먹으면 더 이상 황금알을 얻을 수 없다. 차분하고 착실하게 자신의 황금알을 얻기 위해 노력해야 한다. 직장이 황금거위인 셈이다. 이곳에서 계속 황금알을 얻기 위해서는 자신도 황금거위에게 일정한 먹이를 주어야 한다.

한편 회사를 욕하고 회사가 가고자 하는 역방향으로 움직이는 사람에게도 월급을 주는 곳이 직장이다. 직장은 그야말로 직장인에게 있어서 파라다이스가 아닐 수 없다. 특히 오십 대가 넘어서 직장 생활을 하는 것은 그야말로 인생의 커다란 봉을 잡고 있는 셈이다. 그 봉을 이용해 자신의 삶을 봉황의 삶으로 이끌어야 한다. 그래서 직장에서 자기 브랜드 가치를 키워야 한다는 것이다.

02
삶의 의미를 알아 가는 과정

준비하고 연습하는 과정이 삶의 의미를 부여하는 과정이다. 무슨 일이든 그 일의 소중함을 느끼고 귀한 의미를 갖기 위해서는 그 대상에 대해서 잘 알아야 한다. 잘 알고 있어야 그 일에 의미를 부여할 수 있다. 그래서 의미를 알아 가는 과정은 삶이 무르익어 가는 과정이라고 할 수 있다.

무엇인지 모르는 사람은 그 대상에 대해 의미를 부여할 수 없다. 마치 미술을 모르는 사람이 피카소 그림의 가치를 모르고, 돈을 모르는 사람이 돈의 소중함을 모르듯이 말이다. 극단적으로 말해서, 청자를 모르는 사람은 귀한 골동품이 아니고 그냥 그릇이라고 생각할 것이라는 것이다.

따라서 무엇인가를 알아 가는 과정은 그 대상에 대해 자신의 관심과 마음의 영역을 넓히는 것이라고 볼 수 있다. 배우고 익히는 과정에서 새로운 의미를 깨닫게 되기 때문이다.

배우는 것=의미를 부여하는 과정

자기 인생의 새로운 변화를 추구하는 과정에서 자기 삶에 소중한 의미를 부여할 수 있고, 그 과정에서 아무 생각 없이 지내 온 과거에 대해 통회하는 시간적인 여유를 가질 수 있다. 자기 삶의 의미를 부여하는 과정이 길어지면 길어질수록, 자기 삶을 통회하는 생각이 깊어지면 깊어질수록, 자신의 삶이 더욱 윤택해지고 소중해진다는 것을 알아야 한다.

그런데 중요한 것은 아는 것이 있어야 의미를 부여하게 된다는 점이다. 또 아는 것이 있어야 무엇인가를 준비하게 되고, 그 준비하는 것이 진짜 제대로 된 준비인지 혹은 가식적이고 형식적인 준비인지를 보는 시야가 생긴다는 점을 알아야 한다. 무엇이든 의미를 부여하면, 의미를 부여하지 않는 것에 비해 좀 더 큰 애정을 가질 수 있다. 그래서 "아는 만큼 보이고 보이는 만큼 느끼며 느끼는 만큼 행동한다."고 말한다.

결과적으로 배우는 것이 의미를 부여하는 과정이고, 하나하나 알아 가는 과정이 자신을 성숙하게 하는 과정이라는 점을 인식하여 항상 배우고 익히는 것에 힘써야 한다. 그러다 보면 어느덧 자신도 모르게 자신의 삶을 능수능란하게 이끄는 자기 삶의 달인이 된 모습을 발견하게 될 것이다.

03

즉시 실천하는 습관

세상에서 가장 오래 걸리는 일은 마음만 먹고 미처 실행하지 않은 일이다. 일단 일을 시작하면 어떤 형태로든 마무리되는데도 불구하고, 많은 사람들이 마음만 먹고 잘 실행하지 않는다. 직장인의 경우에는 실행하지 않고 마치 실행을 한 것처럼 허위로 보고하는 경우도 있다. 직장에서의 그러한 일련의 습관이 자기 인생에 영향을 끼친다. 결과적으로 회사에서 행하는 직장인으로서의 태도는 자기 일상생활 습관에 영향을 준다. 그러므로 회사에서 어떠한 일을 계획했다면, 즉시 실천하는 습관을 배양해야 한다.

시작에 있어 가장 좋은 시작은 준비된 시작이다. 『손자병법』에 '선승구전(先勝求戰)'이라는 말이 있듯 준비만 잘해도 절반은 이룬 것이나 진배없다. 중요한 것은 일을 원만하게 행하기 위해서는 사전에 철저히 준비해야 한다는 점이다. 그렇다고 준비에만 치중하다 보면, 실행이 늦어져 자신에게 다가온 기회를 놓치는 경우가 있을 수 있다. 그러므로 기회가 도래하면 쏜살같이 실행해서 자신이 원하는 것을 취할 수 있도록 평소 실행력을 길러야 한다.

"시작은 미미하나 끝은 창대하리라."는 말이 있다. 미미한 시작이어도 끝은 창대하게 열릴 것이라는 생각으로 다소 준비가 미비해도, 일단 시작하는 생활습관을 길러야 한다.

04

Stop, Think, Choice

사람마다 참는 임계점이 있다. 금속에 용융점이 있듯, 사람들에게는 자기만의 한계점이 있기 마련이다. 그러한 임계점을 올려야 한다. 또 경우에 따라서는 임계점을 내려야 한다. 인내하는 임계점은 올리고, 실행하는 임계점은 내려야 한다. 결국 자신이 원하는 것을 얻기 위해서는 나쁜 것은 좋게, 좋은 것은 더 좋게 하는 노력을 기울여야 한다.

올리는 것도 내리는 것도 어렵다. 중요한 것은 강점에 치중하는 것이다. 즉, 나쁜 습관을 버리고 고치려고 하기보다는 좋은 습관을 강화하는 데 힘쓰다 보면, 자연스럽게 나쁜 습관에 소홀하게 되어 좋은 습관을 가진 사람으로 거듭나게 된다는 것이다. 또, 자신의 임계점을 알고 단호하게 거절할 것은 거절하고 절제해야 한다. 사람들의 행동은 관성의 법칙에 의해, 나쁜 습관인 줄을 알면서도 멈추지 못하는 경우가 많다.

나쁜 습관을 고치기 위해서는 1차적으로 행동하기 전에 일단 멈춰서 생각하는 것이 중요하다. 일단 멈추는 것이다. 멈춰서 생각하고, 그 생각에 기인하여 반응을 보여야 한다. 멈춤(stop)과 생각(think) 그리고 선택(choice)을 통해서 그 선택에 기인하여 행동해야 한다. 이때 좋은 선택을 해야 좋은 행동이 유발된다. 그래서 인간을 가리켜 '태어나서 죽을 때까지 선택하는 동물'이라고 하는 것이다.

바로 그러하다. 일단은 좋은 선택을 해야 한다. 좋은 선택에 기인하여 좋은 반응을 보여야 한다. 그러한 과정에서 좋은 행동을 하게 되는 것이다. 중요한 것은 너무 목전의 이익을 보고 선택하지 말라는 것이다. 현재는 손해여도 먼 훗날 자신에게 유리하다면, 그것을 선택하는 것이 좋다. 또 선택할 때 자기 이익이 아닌 대중의 이익에 기인하여 선택해야 한다.

05

두려움을 극복하기 위한 방안

앞이 막막하면 두려움이 증폭된다. 사람들이 본능적으로 두려움을 느끼는 이유는 앞이 보이지 않기 때문이다. 이처럼 두려움은 무지에서 비롯된다. 어둡고 캄캄하면 무섭고 두렵다. 잘 보이지 않기 때문이다. 모르기 때문에 두려움을 느낀다. 마찬가지로, 무엇인가를 하려고 마음을 먹었더라도 목표를 달성해 가는 여정에서는 두려움을 느끼게 마련이다.

잘될지 혹은 안 될지 망설이고 가늠해 보다가 자신도 모르게 포기하는 자신을 발견한다. 잘될지도 안 될지도 모르는 막연한 상황이 두려움을 촉발하고, 그러한 두려움에 의해 포기하는 것이다. 두려움은 자신이 자신을 믿지 못하는 것에서 비롯된다. 그러므로 두려움이 느껴진다면 그냥 두렵다고 말하고, 자신감으로 전환하기 위해 노력해야 한다.

그러기 위해서는 자신을 믿어야 한다. 자신은 분명히 할 수 있다는 자신감을 가져야 한다. 두려움을 극복하는 과정에서 생긴 자신감이 진짜 자신감이기 때문이다. 중년 직장인이고, 정년이 얼마 남지 않았다고 해서 인생이 얼마 남지 않은 것은 아니다. 정년 이후의 막연함에서 오는 두려움을 극복하는 데 꼭 필요한 것이 자신감이라는 점을 명심해야 한다.

06

눈물과 땀은 반비례한다

『명심보감』에 '근위무가지보(勤爲無價之寶)'라는 말이 있다. 즉, 부지런함은 값으로 산정할 수 없는 보배라는 것이다. 우리는 그 말의 의미를 깊이 있게 새겨 봐야 한다. 또, '일근천하무난사(一勤天下無

難事)'라는 말이 있듯 부지런함에는 천하에 적이 없다.

성공한 사람들의 공통점은 다른 사람들보다 부지런하다는 것이다. 부지런하기에 부와 지식을 갖게 된 것이다. 성공을 위해서 우리는 부지런한 사람이 되어야 한다. 회사를 위해 부지런한 사람이 되는 것이 아니라, 자신을 위해 부지런한 사람이 되어야 한다. 왜냐하면 그동안 당신이 부지런하면 회사가 이익을 봤다면, 중년의 직장인에게 이제는 자신이 이익을 볼 때이기 때문이다.

근면은 주름진 생활의 영혼을 펴게 하는 수단이 된다. 일에 근면이라는 무기가 결부되면, 일이 폭발적으로 이뤄진다. 나태함과 게으름은 생활의 주름이다. 이것을 곧게 펴기 위해서는 '근면'이라는 다림질이 필요하다. 근면은 땀을 부른다. 땀은 눈물을 줄이는 명약이다. 땀을 많이 흘리면 눈물을 적게 흘린다. 눈물과 땀은 반비례한다는 점을 아는 직장인이 자기 이름을 찾은 직장인이다.

07
가장 중요한 기본의 실천

기본이 튼실하지 않으면 생존에 위협을 받는다. 그래서 기본이 중요하다. 직장인에게 가장 기본이 되는 것은 건강이다. 건강이 무너지면 모든 것이 무너진다. 그러므로 가장 기본적으로 건강관리를 잘해야 한다.

고수는 어려운 것을 잘하는 사람이 아니라, 가장 기본적인 것을 끊임없이 반복하는 사람이다. 기본을 잘 실천하는 사람이야말로 본질을 보는 사람이라고 할 수 있다. 그것이 뼈가 된다. 살이 아무리 많아도 뼈가 부실하면, 동작이 부자연스럽기 마련이다.

기본을 잘 지켜야 한다. 기본이 무너지면 전부가 무너진다. 그래서 어려울수록 기본으로 돌아가라고 말한다. 기본이 튼실하지 않으면, 언제 어느 때든 그것이 치명타가 된다는 점을 알아야 한다. 기본을 지킨다는 것은 정해진 절차와 규칙을 잘 지키는 것을 의미한다.

물론 규칙이 없는 기본도 있다. 직장 생활을 하면서 기본을 어긴다는 것은 직장 생활 전부를 잘못한 것이나 진배없다. 직장에서의 기본은 근태다. 그러므로 직장 생활이 얼마 남지 않는 정년 시즌이 가까워 올수록 근태를 잘 준수해야 한다. 상사에게 보고하고 상사의 지침을 잘 수행하는 것, 그리고 직장인이 지켜야 하는 직무 규정 등을 잘 준수해야 한다. 그것이 바로 직장 생활을 잘하는 것이다. 그것이 직장인으로서의 올바른 생활이다.

자율권이 주어졌을 때

대부분 사람들은 자율성을 부여하면 도를 넘어서는 경우가 많다. 그래서 권력의 달콤함에 맛을 들이면, 자신도 모르게 모든 것을 오버하는 경우가 있다. 사실 정년에 이르는 직장인의 경우에는 다른 사람들이 크게 간섭을 하지 않는다. 모든 것을 스스로 알아서 해 주기를 바란다. 그 점을 악용해서 자신이 마치 자유인인 양 생활하는 것은 자신의 직장 수명을 단축시키는 것이다.

가능한 자율권이 주어졌을 때 잘해야 한다. 그래야 다음에도 더 큰 자율권을 인정받는다는 점을 알아야 한다. 그래서 자기 이름을 찾은 사람들은 누가 보지 않아도 기본을 잘 지킨다.

08

중년에 들어 새롭게 쓰는 자신만의 역사

자기 브랜드는 자기가 만들어야 한다. 그간에 직장에서 회사 브랜드 가치 증진에 혁혁한 공을 세웠을 것이다. 그럼에도 불구하고 막상 정년에 이르면, 이제껏 회사를 위해 세운 공이 아무 소용이 없다는 사실을 알게 된다. 어쩌면 과거의 영광스런 이력이 새로운 미래를 여는 장애가 되기도 한다. 그래서 어지간한 일에는 눈에 들어오지 않는다. 그야말로 고급 백수가 되는 것이다. 차라리 놀지언정 자기가 어떻게 그런 일을 할 수 있느냐는 자기 착각에 빠지게 된다.

주변 사람들은 '이빨 빠진 종이 호랑이'로 보지만, 자신은 옛날의 권위와 명성을 그대로 간직하고 있다고 생각한다. '썩어도 준치'라는 말이 있는데, 바로 자신을 준치라고 생각하는 것이다. 자신만은 특별한 대우를 받기를 원한다. 자신이 퇴물이고 자신은 이제 쓸모가 없어졌다고 생각하는 중년 직장인은 없다.

뿌리 뽑힌 나무는 생명력을 잃기 마련

회사 창업 초기부터 청춘을 바쳐서 일군 열정과 업적을 생각하면 응당 중년의 직장인이 단연 최고의 대우를 받아야 한다. 그런데 그것이 뭐 어쨌다는 것인가? 청춘 시절의 열정과 그를 통해 이룬 업적이 대단하다는 것은 인정한다. 물론 고문으로 자리를 잡아서 전관예우를 받는다면 그나마 다행이다. 그러나 대부분의 직장인들은 정년 시즌에 그다지 합당한 예우를 받지 못한다.

조직은 이처럼 냉정하고 무서운 곳이다. 그러기에 식상에서 자신의 브랜드 가치를 증진하기 위해 힘써야 한다. 이제 조직의 브랜드 가치를 올리는 일은 후배에게 맡겨야 한다. 자신이 아무리 노력해서 조직의 브랜드를 올렸다고 해도, 그것은 정년 이후에는 아무런 경력이 되지 않는다. 자신이 그 조직에 있을 때 그런 경력이 인정될 뿐이다. 착각하지 말아야 한다. 직장에서의 명함은 회사를 나오는 순간 모든 것이 소멸된다는 것을 알아야 한다.

뿌리가 뽑힌 나무는 생명력이 시들기 마련이다. 다시금 다른 곳에 새로운 뿌리를 내려야 한다. 그것이 바로 직장에서 자신의 브랜드를 올리는 데 힘써야 하는 이유다. 가능한 직장에서 쌓아 온 영광의 순간을 잊어야 한다. 과거의 영광에서 허우적거리지 말라는 것이다. 이제부터 다시 자신만의 새로운 역사를 써야 한다.

이제는 회사와 결별해야 할 때

정년 시즌에 이르면, 직장은 더 이상 당신에게 도움이 되지 않는다. 직장은 당신이 빨리 그만두기를 기다리고 있을 뿐이다. 그러므로 그냥 자신에게 주어진 일만 하면 된다. 예전처럼 일을 찾아서 할 필요도 없고, 후학을 양성한답시고 강단에 나서서 입바른 소리를 할 필요도 없다. 이제는 회사와 결별하기 위해 직장과 별거 단계에 돌입해야 한다. 그래서 자신의 브랜드를 올리는 데 힘써야 한다.

그간에 회사를 위해서 자신이 노력을 했다면, 이제는 자신이 조직에서 자신의 브랜드를 올리는 데 협조해 달라고 해야 한다. 그런데 "과거에 당신이 조직에서 수많은 업적을 이뤘으므로 이제 당신의 공적에 대해 보상을 해 주겠다."고 말하는 회사는 없다. 회사를 나가면 그것으로 끝이다. 이제라도 당신 인생을 살아야 한다. 직장인으로서의 당신의 삶이 아니라, 사회인으로서 자신의 삶을 살아야 한다. 그것이 바로 직장에서 자기 개발을 해야 하는 이유다.

자기 브랜드를 키우기 위해 회사에서 열정을 다해야 한다. 일을 하고 남은 시간은 자기를 위한 일에 힘써야 한다. 회사에서 업무를 하되, 자신의 미래를 위해 투자해야 한다. 정히 머리가 어수선하고 뭐를 해야 할지 갈팡질팡하여 결정을 내리지 못했다면, 운동이라도 하면서 자기를 단련해야 한다. 일하면서 스트레스를 받고 지금 그 나이에도 회사 업무 때문에 근심 걱정을 하고 있다면, 당신의 미래는 없다.

빠를수록 좋다

혹자는 회사를 다니면서 정년 이후의 삶을 준비하는 기간을 5년으로 잡는다. 하지만 많은 사람들이 말로만 그럴 뿐, 실제로는 준비하지 않는다. 준비를 한다고 해도 기껏해야 부동산과 주식에 투자하는 정도다. 그러나 그것으로 노후 준비를 마친 것은 아니다. 어떤 사람은 도심에 땅을 사 놨기 때문에 노후 걱정이 없다고 말하지만, 그것은 노후 생활을 안정되게 유지해 주는 든든한 재원은 될지언정 그것이 노후를 위한 전부가 되는 건 아니다.

가장 중요한 것은 당신 자신이다. 심신이 건강해야 한다. 육체적인 건강을 관리하고, 이에 더하여서 지적으로 완성된 사람이 되어야 한다. 자기 이름을 찾은 사람들이 자기 관리에 충실한 이유가 바로 여기에 있다.

09

사회인으로 발돋움하기 위한 영점 조정

중년의 직장인이 되면 자기 스타일에 맞는 자기를 가꾸기 위한 자기만의 영점 조정이 필요하다. 이제는 자신이 이슈 메이커가 되어야 한다. 자신이 이슈 메이커가 된다는 것은 자신이 자기다움으로 살아가는 것을 의미한다. 사실 '남과 다른 차별화'라는 것은 다른 사람에 비해 특별히 뭔가 다른 차별성을 갖는 것이 아니라, 지극히 자기다운 사람이 되는 것을 의미한다.

회사에서 다진 이미지를 이제는 버려야 한다. 이제는 사회에서 통하는 이미지로 탈바꿈해야 한다. 그동안 회사에서 회사 문화에 맞는 사람으로 지내 왔다면, 이제는 자기만의 문화에 걸맞은 사람으로 거듭나야 한다.

회사 모드에서 사회 모드로

조직의 역량은 조직 문화와 개인 역량의 곱이다. 그래서 회사는 조직원들이 회사 역량에 맞는 역량을 기르도록 훈련하고, 회사의 문화에 맞도록 단련시킨다. 그런데 이러한 역량과 문화가 사회에서도 통할 것이라고 착각해서는 안 된다. 남극과 북극의 생활 방식이 다르고 농촌과 어촌의 생활 풍습이 다르듯, 회사와 사회는 엄연히 다르다.

그렇다. 이제는 자신을 사회 스타일에 맞게 영점 조정해야 한다. 말씨와 자세 그리고 표정과 인사하는 방법에 이르기까지, 모든 것이 회사모드에서 사회모드로 바꿔야 한다. 그것이 바로 자신을 사회형 인간으로 영점 조정하는 방법이다. 가만히 넋을 놓고 있으면 세월이 유수같이 흘러 버리게 마련이다. 그러므로 항상 깨어 있어야 한다. 그래서 회사 생활을 하면서 마치 사회인처럼 생활해야 한다. 그래서 자신의 이름을 찾는 사람들은 회사 일에 집착하지 않고 마음 편하게 직장 생활을 한다.

10

긍정적인 에너지 파장을 찾아서

환경의 동물인 인간에게는 서로에게 영향을 끼치는 에너지 파장이라는 것이 있다. 따라서 주변에 좋은 사람들이 많아야 한다. 매일 만나는 직장 동료들이 현실에 안주하고 그냥 주어진 현실에서 속 좁게 살아가는 사람이라면, 그런 사람과는 가급적 거리를 두고 지내며 자기 스스로 목표를 향해 노력해야 한다.

이와는 반대로 환경적으로 영향을 주고받는 사람들이 좋은 에너지 파장, 혹은 새로운 도전을 즐기고 창의적 혁신적으로 현실에서 벗어나려는 의식을 가진 사람이라면, 가까이 하자. 자신도 그런 사람이 될 수 있기 때문이다. 만일 그렇지 않는 경우라면, 시나브로 자신도 그런 무리에 흡수되게 된다.

그러므로 가능한 자신보다 수준이 높은 사람들과 어울리고 수준 낮은 사람들과는 적정한 거리를 유지하면서 자기 도약을 향한 노력을 지속적으로 해야 한다. 그러기 위해서는 홀로 책을 통해 자신의 마음을 단련하고 스스로 동기를 부여받아 새로운 도전의식을 불살라야 한다.

아울러 가능한 문화 수준을 높이려고 해야 한다. 문화 수준이 높아지면, 의식 수준도 덩달아 높아지기 때문이다. 사람은 하루 종일 자신이 하는 생각으로 자신이 만들어진다는 점을 알아야 한다. 자기 이름을 찾은 사람들이 고독한 이유가 바로 여기에 있다.

11

경쟁력을 키우는 원천, 앎

자신이 이루고자 하는 목표가 있다면, 그 목표와 관련된 지식과 정보를 가능한 많이 알아야 한다. 알아야 면장도 하는 것이다. 앎이 있으면 그간에 무지의 상태에서 보지 못했던 새로운 것을 보게 되고 가능성을 발견하게 된다. 무지는 두려움을 발생시키는 원천이다. 앎이 있으면 여유와 자신감이 생긴다.

당신이 어떤 목표를 달성하고자 한다면, 그에 관한 제반 사항을 학습해야 한다. 스스로 학습하고 공부해서 자신이 목표로 하는 것을 익혀야 한다. 앎은 새로운 세계를 열어 가는 힘이 된다. 밤에 운전할 때 앞이 보이지 않으면 속도를 낼 수 없는 것과 마찬가지로, 자동차 라이트 빛이 비추는 영역이 운전자의 영향력이 미치는 영역이듯이 자신이 알고 있는 지식과 정보가 바로 그 목표라는 자동차가 질주할 수 있는 영역이 된다.

알지 못하면 아는 사람에게 당한다. 책을 한 권 읽은 사람은 반드시 책을 두 권을 읽은 사람에게 당하게 되어 있다. 앎이 경쟁력을 키워 주는 원천이 된다는 점을 알아야 한다.

자기 이름을 찾은 사람들이 무엇이든 배우려고 하는 까닭이 여기에 있다.

12

방향, 속도, 리듬의 3박자

운전하다 보면, 고속도로에서 규정 속도를 지켜야 한다. 그렇다고 규정 속도를 고집하면, 다른 운전자에게 방해를 줄 수 있다. 따라서 상황에 맞춰 과속과 저속을 넘나들어야 한다. 물론 방향도 중요하다. 자신이 가고자 하는 방향을 정해서 가는 것이 우선되어야 한다. 이에 더하여, 그 방향으로 지속적이고 끈기 있게 가기 위해서는 자신만의 속도를 잘 유지해야 한다.

곡에 맞는 박자와 리듬이 있듯 사람들이 가는 성공의 여정에도 리듬이 있기 마련이다. 그 리듬을 잘 타서, 자신의 리듬 감각을 잘 유지하는 것이 중요하다. 주변 환경이 급변한다고 그 속도에 버금가는 실력을 갖추지 않은 상태에서 그 속도를 따라가다 보면, 결국에는 자기 페이스를 잃게 된다.

따라서 마라토너가 오래 달리기 위해서 오버 페이스를 하지 않듯, 자기 페이스를 잘 유지하여 자기 삶의 속도를 지속시켜야 한다. 자기 이름을 찾은 사람들이 자기만의 속도를 고집하는 이유가 바로 여기에 있다.

13

돈을 주지 않아도 하고 싶은 일

행복한 삶을 영위하기 위해서는 자기가 가장 좋아하는 일에 집중해야 한다. 자신이 정년 이후 할 일을 선택할 때 가장 우선적으로 고려해야 하는 일은 자신이 그 일을 좋아하는 지의 여부다.

이제껏 직장 생활은 어렵고 힘들어도 먹기 살기 위해서 어쩔 수 없이 자신이 하기 싫어도 할 수 밖에 없었다. 하지만 이제는 자신이 좋아하는 일, 자신이 원하는 일을 해야 한다. 정년 이후 평생 동안 해야 하는 일이기 때문이다.

돈을 주지 않아도 하고 싶은 일을 해야 한다. 그래야 일에 대한 열정이 생기고, 온전히 즐기면서 일할 수 있다. 그래서 자기 이름을 찾은 사람들은 자기가 싫어하는 일에는 크게 관심을 두지 않는다. 그런 일을 하는 것이 자신을 불행하게 한다는 사실을 잘 알고 있기 때문이다.

14

하루가 모여 평생이 된다

하루하루 생활습관이 일생의 습관이 된다. 자신이 하는 직장 생활 습관이 자신의 일상생활 습관이 되고, 그 습관이 평생의 습관이 된다. 또 하루하루가 모여 또 다른 하루를 만들고, 그러한 하루가 모여 평생의 삶을 만든다. 그러므로 내일 죽을 것처럼 행동하고 영원히 살 것처럼 생각하면서 살아야 한다.

언제 죽을지 모르고 언제 무슨 일이 일어날지 모르기 때문에 하루하루를 그냥 산다고 생각하며 사는 삶은 그리 좋은 생활 방식이 아니다. 가능한 자신의 생활을 더 나은 삶으로 상향평준화하고, 자신이 이루고자 하는 뜻을 이루지 못하면 자기 후손들이 한다는 우공이산(愚公移山)의 마음으로 생활해야 한다.

시간은 목숨이다

단 하루를 살아도 그날에 목숨을 걸고 산다는 생각을 해야 한다. 그렇다 하루를 사는 것은 하루의 목숨 값을 지불하고 하루를 사는 것이다. 그냥 공짜로 사는 하루가 아니라는 것이다. 시간은 목숨이고 생명이다. 그런 점에 비춰 볼 때, 직장인들이 회사에서 받는 월급은 직장인들 한 달분의 목숨 값에 해당한다.

만일 목숨 값 치고 싼 가격이라고 생각한다면, 자신의 경쟁력을 더 키워야 한다. 최소한 자신의 목숨 값에 상응하는 정도의 월급을 받는 일을 찾아야 한다. 자기 이름을 찾은 사람들이 유독 시간의 소중함을 강조하는 이유가 여기에 있다.

15

각자의 영역을 인정하는 삶

인간에게는 자기 영역에 대한 보호 본능이 있다. 그러므로 직장생활을 하면서 다른 사람의 영역을 침범하지 않아야 한다. 다른 사람의 일이 좋아 보이고 다른 사람의 위치가 좋아 보여도, 결코 그 사람의 영역을 넘보지 말아야 한다는 의미다.

아울러 그런 사람들이 가진 위치와 역할을 인정해 주어야 한다. 특히 남자는 다른 것은 참아도 자기 영역에 침범해서 자기 것을 빼앗으려고 하는 사람에게는 공격성을 보이기 마련이다. 그러므로 그 사람의 영역을 인정해 주어야 한다. 그래야 그 사람과 좋은 관계를 유지할 수 있다.

다른 사람과 원만한 대인 관계를 유지하면서 자신만의 공간을 찾아 자신만의 영역에서 미래를 준비하는 것 또한 중요하다. 미처 남이 생각하지 않았던 틈새를 찾아 준비하고 학습해야 한다. 자기 이름을 찾은 사람들이 욕망을 드러내지 않고 동료들과 원만한 관계를 이어 가면서 침묵 속에 있는 이유가 바로 여기에 있다.

16

다른 분야까지 내다볼 수 있는 촉

어떤 일을 계속하면 그 일에 정통하게 되고, 그 분야에서 남다른 촉이 생기게 된다. 미용사는 사람들의 머리 스타일을 보면 그 사람의 인생이 보인다고 말하고, 신발을 닦는 사람들은 구두를 보면 그 사람의 인생이 보인다고 말한다. 바로 어떤 일을 계속해서 하다 보면, 그로 인해서 그 분야를 통해 다른 분야를 내다볼 수 있는 촉이 생기는 것이다.

이러한 촉은 일을 하면 할수록 나이가 들면 들수록 발달한다. 그 가운데 특히 자기 이름을 찾은 사람들은 촉이 발달한 사람일 확률이 높다. 왜냐하면 자기 이름을 찾기까지 수많은 우여곡절을 몸소 체험했기 때문이다.

17
회사 일은 '껌'

중년의 직장은 할 일도 많지만, 경우에 따라서는 할 일이 별로 없다고 볼 수 있다. 일을 하려고 하면 한도 없고 끝도 없다. 하지만 일을 만들지 않고 주어진 일만 하면, 크게 할일이 없기도 하다. 특히 상근 직장인의 경우에는 파킨슨의 법칙에 의해 자신이 일을 만들고 없애기도 한다. 자신이 자기 업무량을 조정하는 것이다. 일주일 걸릴 일도 마음먹으면 하루 만에 한다. 또 일의 마감시간도 스스로 정한다.

그런 위치에 있는 중년 직장인이 회사 생활을 하면서 자기 이름으로 일을 하는 것은 식은 죽 먹기다. 눈치가 백단이라서 다른 사람들이 보기에 회사 일을 하는 것 같지만, 정작 자기를 위해 일을 할 수 있을 정도로 도가 튼 사람들이 많다.

그런 사람들은 회사 일에 크게 스트레스를 받지 않는다. 회사 일은 그야말로 껌이나 다름이 없기 때문이다. 바쁜 상황에서는 회사 일에 집중하여 말없이 속전속결로 처리한다. 그런 사람들은 일을 마치 게임하듯이 한다. 회사 업무가 오히려 머리를 식히는 일이 되기도 한다.

시간을 내 마음대로 요리한다

직장에서 자기 브랜드를 올릴 수 있을 정도의 관록이 있는 사람은 회사 돌아가는 판세를 빨리 읽는다. 해야 할 일과 하지 말아야 하는 일, 자신이 나서야 하는 일과 나서지 않아도 되는 일을 감각적으로 파악한다. 그런 사람들은 대부분 긍정적이다. 무슨 일이 생겨도 큰 감정 변화 없이 여유 있게 해결한다. 왜냐하면 자신이 추구하는 목표가 회사의 업무가 아니기 때문이다.

회사 일을 하면서 지루하면 자기 개발을 하고, 그 가운데 회사 일에 대한 새로운 아이디어가 떠오르면 곧바로 회사 일을 처리한다. 그런 사람들의 공통점은 멀티 능력을 갖추었다는 것이다. 일반 사람들이 어렵게 생각하는 일도 스마트하고 신속하게 해결하는 능력이 출중하다. 어렵지 않고 쉽게 일을 처리하는 것이다.

그렇다고 그런 사람들이 일을 쉽게 하는 것은 아니다. 그들이 남들보다 일을 빨리하는 이유는 언제나 일을 할 수 있는 컨디션을 유지하고 있기 때문이다. 그리고 무슨 일이 생기면 어떤 순서에 입각해서 어떻게 일을 하는 것이 바람직한지를 잘 알고 있다. 일의 핵심과 맥을 찾아서 일하는 능력이 탁월한 것이다. 그래서 그런 사람들은 가끔 빈둥빈둥 노는 것처럼 보이기도 한다.

그런 정도의 능력이 되어야, 회사 업무를 하면서 자기 발전을 도모할 수 있다. 사실 회사 업무는 크게 어려운 것이 없다. 그렇게 머리를 쓰고서 하는 일이 아니라는 것이다. 수십 년 쌓여 있는 자료도 많고 ,머리 좋은 전문가들이 모든 것을 쉽게 할 수 있도록 해 놓았기 때문에 크게 힘들이지 않고도 일을 할 수 있다.

최고에게 단 하나의 스트레스

회사 일에 정통할 경우에 제일 좋은 점이 있다면, 일 때문에 스트레스를 받지 않는다는 사실이다. 자기가 자기 마음대로 자기 기분에 맞춰서 일을 할 수 있고, 자신이 맡은 일의 분량도 스스로 조절할 수 있기 때문에 그다지 어렵지 않게 일을 처리할 수 있다. 또 모르는 것이 있으면 그것을 통달할 때까지 배우는 능력 또한 탁월하다. 그리고 동일한 일도 다른 사람에 비해 빨리 할 수 있도록 나름대로 일에 대한 노하우가 많다.

그런 사람이 스트레스를 받는 것은 단 하나, 자신의 능력을 회사에서 알아주지 않는다는 것 때문이다. 아무리 노력해도 성장할 수 있는 길이 막혀 있다는 사실은 커다란 스트레스로 작용한다. 그래서 그런 사람들이 자구책으로 쓰는 것이 자기 이름으로 자신의 능력을 기르는 것이다. 결코 회사 입장에서 그런 사람들을 나무랄 자격이 없다. 회사에서 그런 인재를 인재에 걸맞게 대우하지 못한 것을 탓해야 한다.

여하튼 자기 이름으로 일을 하는 사람들은 온전히 회사에서 주어진 하루 8시간의 시간을 빈틈없이 쓴다는 것이다. 일에 대한 스트레스를 받지 않고 일을 하므로 창의력도 높다. 여러 가지 궁리를 하면서 좀 더 빨리 그리고 좀 더 효율적이고 효과적으로 일할 수 있는 방법을 스스로 찾기에, 그런 사람들은 항상 긍정적이고 자신감이 넘쳐 보인다.

결과적으로, 회사에서 일로 스트레스를 받지 않으려면 일에 대한 전문가가 되어야 한다. 아울러 그 분야의 최고가 되어야 한다. 더불어 아무나 할 수 있는 일이 아니라, 자신만이 할 수 있는 일을 해야 한다. 자기 이름을 찾은 사람들이 배우기를 좋아하는 이유가 여기에 있다.

18
일을 객관적으로 바라보는 안목

일에 함몰되지 않고 일을 가지고 자유자재로 저글링을 할 수 있는 수준에 있는 사람들은 일에 얽매이지 않고 일에서 한발 물러서서 일을 바라볼 줄 안다. 또, 일을 어떻게 처리해야 하는지를 안다. 일을 어떻게 하는 것이 가장 효과적인지를 안다는 것이다. 그래서 일의 맥을 쉽게 찾는다. 무슨 일이 회사에 경영 이익에 이바지하고 어떻게 하는 것이 일을 잘하는 것인지를 안다. 일이 주는 의미를 정확히 알기 때문에 그 의미가 퇴색되지 않도록 일을 한다. 그러니 일에 대한 결과가 좋을 수밖에 없다. 그것이 바로 '관록'이다.

바둑이나 장기를 둘 때 실력이 자기보다 수준이 높은 사람에게 훈수를 할 수 있는 것은 승부에 집착하지 않고 수를 객관적으로 보기 때문이다. 이와 마찬가지로, 일에서도 한발 물러나서 일을 바라볼 줄 아는 능력을 지녀야 한다. 그래야 일의 본질을 제대로 볼 수 있다. 일이 어느 부분이 잘못되고, 일을 어떻게 하는 것이 가장 효과적인지를 보는 눈이 있어야 한다. 그것이 바로 일을 잘하는 사람이고, 진정한 고수다.

문제에서 벗어나라

어떤 문제를 풀기 위해서는 그 문제에서 벗어나서 답을 찾아야 한다. 문제 속에 있으면 답을 볼 수 없다. 문제만이 보일 뿐이다. 마찬가지로, 자기 이름으로 자신의 일을 하는 사람들은 회사 일에 대해서 크게 집착하지 않기 때문에 회사 일에 얽매여서 일을 하는 사람들이 보지 못하는 것을 보는 눈이 있다. 일을 함에 있어서 누구를 건드리고 어떤 사람들을 합류시켜야 일이 수월하게 풀릴 것이라는 것을 안다. 그리고 일을 어느 수준까지 해야 상사가 원하는 정도를 만족시킬 수 있는지를 안다.

일을 잘하는 것은 먼 안목을 보고 일을 하는 것이다. 나무를 보고 숲을 보지 못한다면, 그것은 일을 못하는 것이다. 거시적인 안목을 가져야 한다. 망원경으로 봐야 하는 경우에는 망원경으로 보고, 현미경으로 봐야 하는 경우에는 현미경으로 볼 줄 알아야 한다. 그래서 자기 이름으로 직장 생활을 하는 사람들은 나무와 숲을 동시에 보는 능력이 탁월하다. 회사 일에 대해서 전문가이고 그다지 크게 집착하지 않기에 훈수를 두듯 수월하게 일을 풀어 가는 것이다.

그런 능력을 가졌다는 것, 그런 능력을 가질 수 있는 것은 평소에 회사 일에 함몰되지 않고 멀리 떨어져서 바라보기 때문이다. 그래서 자기 이름으로 일을 하면 좋은 점은 제3자의 위치에서 일의 본질을 보는 눈을 기르는 데 유리하다는 것이다.

단, 여기에서 주의해야 하는 것이 있다면 일에 대해서 어느 정도 전문가의 수준에 올라야 한다는 것이다. 일을 함에 있어서 그에 따른 절차를 꿰뚫고 있어야, 진정으로 자신이 하는 일을 쉽게 풀어 갈 수 있는 능력이 수반된다는 점을 알아야 한다. 단순히 일을 모르는 상태에서는 자기 이름으로 자신의 일을 준비할 수는 없다.

가장 이상적인 경우는 회사 일과 연관된 자기 개발을 하는 것이다. 회사 일을 하면서 동시에 자기 일을 하는 능력도 길러지기 때문이다. 그래야 여유가 있다. 막차 시간이 모르는 상태에서는 버스가 올 때까지 정류장에서 기다리는 경우를 생각해 보자. 만일 버스가 오는 시간을 알면, 다른 일을 보다가 그 시간에 맞춰서 정류장에 가면 될 것이다.

마찬가지로 일을 잘한다는 것은 회사에서 자기에게 주어진 시간을 자기 임의대로 활용할 수 있는 여유를 확보한 것이라고 볼 수 있다. 여기에서 주의해야 하는 것은 회사 일이 우선이라는 점이다. 회사 일을 여유 있게 처리하고 난 후, 자기 일을 바라볼 수 있을 정도가 되어야 한다. 그래서 자기 이름을 찾는 사람들은 회사 일에서도 전문가다.

19
승진에 목매지 말자

법은 멀고 주먹은 가깝다. 그렇다고 주먹에 의지하면 낭패를 보기 마련이다. 결국에는 장기적으로 볼 때 법이 이긴다. 조금은 어색한 비유지만, 회사에서 승진하는 것보다는 장기적으로 볼 때 자기 재능을 키우는 것이 자기 인생에 더 유리하다.

거듭해서 언급하지만, 승진이나 인사고과에 목숨을 거는 순간 당신의 인생은 내리막길을 걷는다는 사실을 알아야 한다. 회사는 정년이 되면 나오기 싫어도 회사 문을 나와야 한다. 회사에서 잘나가는 것이 인생에 도움이 되기도 하지만, 장기적으로 볼 때 승진보다는 사회에 나가 자신이 할 수 있는 평생의 업을 갖는 것이 중요하다. 낮과 밤의 경계가 인위적으로 자정이라는 경계로 존재할 뿐, 그에 대한 구분은 그것을 내리는 사람의 논리에 달려 있다.

마찬가지로 승진이 유리한지 자신의 출중한 재능을 기르는 것이 유리한지는 나중에 두고 봐야 한다. 하지만 오늘의 위치에서 정년 이후를 생각하면, 회사에서 승진하는 것보다 자기 재능을 기르는 것이 낫다. 정년 이후 "회사에 있을 때 왜 그것을 몰랐을까?"라고 후회해 본들 소용없다.

가장 이상적인 모습은 회사의 비전과 개인의 비전이 맞아 떨어지는 것이다. 회사에서 하는 업무가 정년 이후에 사회에 나와서도 써먹을 수 있는 경우다. 일례로 인재개발원에서 근무하는데, 정년 이후에 교육 사업을 한다면 금상첨화다. 또, 글 쓰는 것을 좋아해서 글 쓰는 부서에서 근무하는데, 정년 이후 책을 쓰는 작가로 전향한다면 일석이조가 아닐 수 없다.

자신의 일을 즐겨라

개인과 회사의 비전이 다르다면, 회사 업무에 목매지 말아야 한다. 특히 회사에서 하는 업무가 자신에게 즐거움을 주지 못하는 경우라면 더욱 그래야 한다. 혹자는 "피할 수 없다면 즐겨라!"고 하지만, 지레짐작으로 포기하지 말고 피할 수 있는 방법을 찾아서 자신이 좋아하는 일을 해야 한다.

승진에는 한계가 있지만, 자신의 능력을 기르고 역량을 기르는 데는 한계가 없다. 자기 이름으로 살면 좋은 점이 여기에 있다. 피할 수 없으면 즐길 것이 아니라, 즐기는 일을 찾아서 피할 수 있다면 피하는 것이 상책이다. 그래서 자기 이름을 찾은 사람은 자신의 일을 즐긴다. 남이 알아주든 말든 승진을 하든 말든 그냥 자신의 일을 즐긴다.

20

자신만의 텃밭을 경작하라

자기 이름으로 사는 사람들은 자기가 하고 싶은 일을 하기 때문에 적극적이고 능동적이다. 그리고 자율적으로 행동한다. 물론 회사 일을 할 때는 활력이 덜하지만, 그 일을 마치고 자신이 원하는 일을 할 수 있다는 생각에 일을 남들보다 당차게 수행한다.

회사 일을 하는 것과 자기 일을 하는 것은 공동 경작을 하는 경우와 자기 텃밭을 일구는 경우로 견주어서 말할 수 있다. 여기에서 회사 일을 하는 것은 공농으로 경작하는 경우에 해당하고, 자기 일을 하는 것은 자신의 텃밭을 경작하는 경우에 해당한다. 익히 아는 바와 같이 공동으로 경작할 때보다는 힘들지만 혼자서 텃밭을 경작하는 경우에 더 많은 이익을 낸다. 텃밭 경작은 자신의 일이고 자신의 이익이며 자신의 노력이 곧바로 자신의 성과로 귀속되기 때문이다.

그에 반해 공동 경작은 자신이 땀을 흘려서 노력한 만큼의 이익이 정확하게 돌아올 확률은 지극히 적다. 개미 무리에 일을 하는 일개미가 있는 반면 노는 개미가 있듯이, 당신이 온 힘을 다해서 열심히 일을 하는 동안 다른 한편에서는 당신이 하는 만큼 놀고 있는 사람들이 있다는 점을 알아야 한다. 말이 좋아서 애사심과 사명에 의해서 일을 하는 것이지, 그에 대한 보상이 따르지 않는다면 늘 손해 본다는 생각에 열심히 일을 하지 않을 것이다.

더군다나 열심히 일하는 사람을 음해하고 비방하는 조직문화를 가지고 있는 집단이라면, 더더욱 그러할 것이다. 대부분 그런 조직에 있는 사람들이 자신의 브랜드를 키우는 데 힘쓴다. 회사에서는 주어진 일을 하고 퇴근해서는 온전히 자기 일에 열중하며, 회사 일에 목을 매지 않는 것이다. 회사 일은 부업과도 같다. 그저 공동 경작을 해야 하는 경우에는 주어진 일을 하고, 근무 외 시간에는 자신이 평생 먹고살 업에 해당하는 텃밭을 경작해야 한다. 그러기에 단순히 회사 일을 하는 사람에 비해 생각하는 평수가 넓다. 옹졸하게 회사 업무만을 생각하는 것이 아니라, 먼 안목에서 생각하기 때문이다.

이러한 사람들은 색다른 세상을 경험하고 다른 사람들에 비해 다양한 지식을 섭렵하기 때문에 시간이 지나면 지날수록 그 사람들과 생각의 격차나 수준이 크게 벌어질 수밖에 없다. 그래서 자기 이름을 찾은 사람들은 한마디를 해도 의미심장한 말을 한다. 그 말이 깊은 생각에서 비롯된 것이기 때문이다.

21
자기 한계를 넘어서는 순간

아무리 애사심을 가지고 일하고 주인의식을 가지고 일을 해도, 회사에서 자신이 하는 일은 온전히 자신의 일이 아니다. 자기가 평생 회사를 다닌다고 해도 그 회사는 경영자의 것이지, 자신의 것이 아니기 때문이다. 따라서 회사의 주인이 자신이 아니라고 느끼면서 직장 생활을 해야 한다. 주인의식이 대세는 아니다.

특히 중년 직장인들은 가능한 자신의 일을 적당히 해야 한다. 만일 회사 일을 하는 동안 자기 한계 상황에 처했다는 생각이 들면, 다른 사람에게 일을 나눠 주어야 한다. 일 욕심을 버리고 자신의 안위를 돌봐야 한다는 것이다. 굳이 힘을 써서 자신의 모든 역량을 총집결하여 모든 것을 다 퍼부어서는 안 된다.

즉, 젊을 때처럼 한계 상황을 넘으려고 무리를 하지 말아야 한다. 그래 봤자, 자신에게 유리할 것이 없기 때문이다.

결국 남는 것은 자기다

자기 일을 하는 사람들은 어떤 경우에도 자신의 한계를 넘어서라도 자신이 원하는 것을 얻으려고 애를 쓴다. 한계 상황에 이르면 어떻게든 넘어서기 위해 날이 새도록 고민하고 연구한다. 그래서 자신이 성취하고자 하는 바를 이루고, 그러한 과정에서 보람을 느낀다.

일을 하면서 가장 큰 보람을 느끼는 경우는 어려운 일을 했을 때다. 특히 다른 사람들이 불가능할 것이라고 생각했던 일을 이룬 경우에는 더할 나위 없이 큰 보람을 느끼게 된다. 평평한 산을 오르는 경우와 험하고 비탈진 산을 올랐을 경우에 느끼는 보람이 다르듯, 회사 업무를 달성해서 느끼는 쾌감보다는 자기 일에서 자기 한계를 넘어섰을 때의 보람이 더 크다는 것이다.

바로 그러하다. 자기 일을 하는 과정에서는 어렵고 힘들어도 참는다. 코피를 흘리면서까지 회사 일을 하는 사람은 드물다. 특히 요즘처럼 회사 일보다는 자기 여가 시간이 많은 직장을 선호하는 직장인들이 증가하는 추세를 봤을 때, 앞으로 회사에 목매는 사람은 점점 줄어들 것이라고 생각한다.

하지만 자신의 이름으로 자기 일을 하는 사람들의 추이는 예나 지금이나 다를 바 없다. 바로 자신의 한계 상황을 넘어서려고 도전에 도전을 거듭하는 사람들이 많다는 것이다. 그들은 공통적으로 한번 해서 실패하면 다시 도전한다. 또 모르는 것이 있으면 잠을 자지 않고 연구를 계속한다. 아울러 하고 싶은 것이 있으면 철저하게 연구하고, 치밀하게 전략을 세워서 도전에 도전을 거듭한다. 그러한 과정에서 자신을 단련하는 것이다.

그래서 어지간한 한계상황은 쉽게 넘어선다. 오히려 어렵고 힘든 상황이 닥치면, 피하려고 하기보다는 자기 능력의 한계가 어디까지인지를 시험하려고 한다. 자신의 일을 하는 사람들의 마음에는 항상 자신은 무엇이든 할 수 있다는 신념이 있다.

또 그간에 자신이 살아온 삶에 대한 후회를 남보다 빨리한 사람들이다. 일반적으로 회사 일에 목숨 거는 사람들이 정년이 되어 후회하는 반면, 그들은 훨씬 전부터 회사 일에 전념하는 것이 얼마나 어리석은 행동인지를 알았다는 점이다. 그 점을 남보다 빨리 알았다는 것 자체만으로 성공은 이미 예견된 것이다. 그래서 자기 이름을 찾은 사람들은 한계를 한계로 보지 않고 한 계단 오를 기회가 왔다는 태도로 한계 상황 그 자체를 즐긴다.

22

행복한 가정을 보장받는 길

직장 생활을 하면서 회사에서 스트레스를 받으면, 그것이 가정생활에 영향을 주게 된다. 직장인치고 직장에서 스트레스를 받아서 가정에서 화풀이를 하지 않은 사람은 많지 않을 것이다. 이처럼 직장 생활에서 피어난 감정은 어떤 상태로든 가정생활에 영향을 주기 마련이다. 회사 일이 즐거우면 가정생활이 즐겁고, 회사 일이 잘 풀리지 않으면 가정생활이 찜찜하다.

하지만 자기 일을 하는 사람들은 회사 일로 크게 스트레스를 받지 않기 때문에 가정이 평온할 수밖에 없다. 오히려 가정에서 돌아왔을 때가 자신이 하고 싶은 일을 할 수 있기에 회사에서보다는 집에 오면 더 활기가 넘친다. 이처럼 자기가 하고 싶은 일을 한다는 것은 가정의 평화를 유지하는 원동력이 된다는 점을 알아야 한다. 자신의 목표가 없이 직장 생활을 하는 사람보다 자기 목표를 가지고 직장 생활을 하는 사람이 더 행복하다는 사실을 알아야 한다.

또 자기 일을 하는 사람은 정신적으로 더욱 견실하고 부지런한 생활을 하며, 무엇이든 적극적이고 자발적이며 긍정적인 태도를 지녔다. 회사 일에 일비일희 하지 않고 자신이 원하는 일에 몰입하기에 감정 상태가 굳이 좋지 않을 리가 없다. 설령 회사 일이 잘 풀리지가 않고 감정이 악화되어도, 회사 문을 나서는 순간에 그것을 까마득히 잊고 자신의 일에 몰입한다.

그런 사람들은 회사를 자신을 단련하는 수련장으로 삼는다. 회사에서 발생하는 고통스럽고 힘든 상황을 자신의 내성을 단련하는 기회로 삼는 것이다. 회사를 자기 정신력을 강화하고 육체적인 힘을 기르는 훈련장이라고 생각하기 때문에 회사에서도 당당하다. 회사 업무를 하는데도 크게 동요하지 않고, 자신에게 주어진 바를 무리 없이 실행한다.

회사 일로 스트레스를 받지 않고 귀가 하는 퇴근길은 늘 가볍다. 퇴근해서 자기가 좋아하는 일을 한다고 생각하면 마음이 설레기 때문이다.

경각심을 가져라

사실 1년 전만 해도 나의 직장 생활은 일하는 것이 너무 좋아 빨리 출근하고 늦게 퇴근하는 것을 밥 먹듯 했다. 그래서 일인 다역을 하면서 회사에 많은 성과를 낸 적이 있다. 승진이나 인사평가와는 상관없이 내가 하는 일이 좋았고, 그 일에 대한 사명의식이 누구보다 강했다. 하지만 그러한 과정에서 고약한 리더의 중상모략과 정치적인 공격으로 인해 회사로부터 배반 아닌 배반을 당하게 되었다.

사실 나보다도 아내가 더 힘들어했다. 내가 얼마나 많은 애정을 담아서 일을 했고 얼마나 회사를 사랑하는 마음으로 일을 했다는 것을 지켜본 아내이기에 더 안타까워했던 것이다. 그러한 일을 당하고 나니, 그동안 내가 얼마나 직장 생활을 잘못했는지를 비로소 알게 됐다. 그렇게 열심히 할 필요가 없다는 중요한 사실을 이제야 깨달은 것이다.

회사가 싫고 정치적인 술수를 부렸던 그 고약한 상사가 보기 싫어서 회사를 그만두고 싶어도, 내가 가진 실력이 너무도 역부족이라는 사실을 알게 되었다. 이러한 깨달음을 통해 더 이상은 회사만을 믿고 직장 생활을 하는 것은 어리석은 것임을 알게 된 것이다. 이 책 역시 나처럼 가정도 돌보지 않고 오로지 회사 일에만 열정을 다하는 직장인들에게 경종을 울리기 위해서 쓴 책이다.

자기 이름을 찾은 사람에게서 여유가 느껴지는 이유

이제 와서 생각하면, 그 사건이 나를 더 강하게 단련시키는 계기가 됐다. 그 사건을 계기로, 이제는 회사 업무보다는 내 자신과 가정에 우선순위를 두면서 생활하게 됐다. 전보다 더 행복한 가정생활을 하고 있는 셈이다. 예전에는 회사에 있는 시간이 즐거웠다면, 이제는 집에 있는 시간이 더 즐겁다. 단순히 전보다 더 많은 휴식을 취해서 그런 것은 아니다. 오히려 종전보다 밤늦도록 일하는 시간도 많다. 그런데도 몸이 가뿐하고 행복하다.

그것은 바로 직장에서 그다지 큰 스트레스를 받지 않기 때문이다. 진정으로 내가 하고 싶어 하는 일, 내가 평생에 해야 하는 일을 찾았기 때문이다. 그래서 자기 이름을 찾은 사람들에게서 여유가 느껴지는가 보다.

23

수신제가치국평천하(修身齊家治國平天下)

회사 일에 치어서 지내던 직장 생활과 내가 하고 싶은 것을 위주로 생활하는 지금을 비교할 때 가장 많이 변한 것이 있다면, 나에게 주어진 시간을 함부로 낭비하지 않는다는 것이다. 종전에는 회사 일을 마치고 집에 오면 거의 녹초가 되어서, 집에서는 아무 일도 하지 못하고 잠으로 일관해야만 했다. 가끔은 회사 일이 풀리지 않아 밤늦도록 술을 마신 탓에 심신이 허약해지고 건강도 나빠졌다.

하지만 지금은 시간이 아깝고 술을 마시고 싶어도 시간이 아까워서 마시지 못할 정도다. 특히 휴일은 온전히 자기 개발을 하는 시간으로, 본연의 내 사업을 하며 보낸다. 그렇기 때문에 휴일이 너무 귀하고 소중하다. 시간이 이토록 소중한지를 예전에는 미처 알지 못했다.

사실 회사 일을 위주로 직장 생활을 할 때에는 휴일에는 녹초가 되어서 잠을 자야만 했다. 한 주간의 피로를 풀어 주어야 새로운 주간에 회사 일에 열정을 다할 수 있기 때문이다. 식탁에는 별의별 영양제와 비타민을 포함한 건강 약품들이 즐비했다. 비타민을 복용하고 홍삼을 먹으면서 출근을 했다. 약해진 기를 보충하기 위해 한약까지 먹어 가면서 직장 생활을 했다.

사실 회사 일을 누구보다 잘하고 싶었다. 이왕 하는 일이라면 남보다 특별한 수준으로 일을 하고 싶은 욕심이 많았던 것이다. 내가 해서 일등을 하지 못할 일이라면 아예 시도를 하지 않았고, 이왕지사 하는 일이라면 반드시 일등을 해야 속이 풀릴 정도로 일을 했다. 즉, 일등을 하지 못할 바에야 아예 포기하고, 이왕 일을 했으면 다른 사람이 감히 따라올 수 없을 정도로 탁월하게 해야 직성이 풀렸다. 가히 회사 일에 목숨을 걸었던 것이다.

오로지 회사 일이 우선인 터라 일이 없으면 금단현상이 올 정도로 일을 끼고 살던 내가 고약한 직장 정치로 인해 희생타를 맞고부터는 회사 일에 대한 관점이 크게 바뀌었다.

반전을 노려라

회사 일을 우선으로 할 때는 시간보다는 일이 우선이었다. 아예 시간을 저울질 하려고 시도조차 하지 않았다. 일이 죽느냐 내가 죽느냐 하는 심정으로 내가 만족하는 수준으로 끝날 때까지 일을 했다. 그러니 퇴근을 하면 녹초고, 휴일에는 몸보신을 하면서 충전하는 생활을 한 것이다.

그런데 이제는 그런 것이 내 생명을 단축시키는 원인이 될 만큼 어리석은 일이라는 사실을 깨달았다. 그래서 이제는 회사 일을 위주로 하기보다 내 개인의 일과 가정의 일에 우선을 두고 직장 생활을 하고 있다. 그러다 보니, 이제는 근무 외 혹은 휴일의 시간이 너무도 귀하다. 잠을 자는 것이 아깝고, 밥을 먹는 시간조차 아깝다. 왜냐하면 내가 좋아하는 일도 해야 하고, 그간 소홀했던 가정도 돌봐야 하기 때문이다.

나에게 있어 지금의 시간은 평생 직업을 찾는 여정이다. 그래서 그 무엇보다도 시간이 무척 소중하다. 참으로 신기한 것은 회사 일을 위주로 생활하던 때보다 더 많은 시간 일을 하는데도 몸이 가뿐하고 기분이 상쾌하다는 것이다.

'수신제가치국평천하(修身齊家治國平天下)'라는 말이 만고불변의 진리인 것만은 확실하다. 자기 이름을 찾은 사람들이 최고의 가치로 삼고 있는 것이 "수신(修身)"이라고 말한 이유를 이제야 알 것 같다.

24

자기 생활에 우선순위를 두는 사람

회사 일을 위주로 생활하던 때는 어떻게 하면 회사에서 성공하고 어떻게 하면 회사에 더 오래 붙어 있을까를 생각했다면, 지금은 어떻게 하면 회사를 빨리 그만둘 수 있을까를 고민한다. 어떻게 해야 빨리 회사를 벗어날 수 있을까에 대해 생각하는 횟수가 많아졌다. 아직은 뾰족하게 회사를 그만둘 수 있을 정도의 재원도, 능력도 부족하다. 또 아직은 내 자신이 직장에 있는 것이 오히려 사회에 나가서 생활하는 것보다 실익이 많다는 점이 나를 아직 회사에 머무르게 한다.

사실 회사 밖으로 나가기 위해서 이렇게 책을 쓰는 것은 아니다. 현장 생산직 직원들에게 직장 생활을 하면서도 책을 쓸 수 있고, 자신이 하고 싶은 일을 할 수 있다는 것을 보여 주기 위해서다. 특히 고졸로 입사하여 현장에서 일하는 직장인들에게 회사 일에 열정을 다하는 것도 좋지만, 회사 일에 전력하지 말고 어느 정도 힘을 안배해서 가정과 회사가 조화와 균형을 이루는 생활을 하는 것이 좋다는 것을 보여 주기 위해서 이렇게 영혼을 불사르고 있는 것이다. 그것이 모든 직장인들과 함께 지속적인 성장과 번영을 꾀하려는 나의 사명이기도 하다.

직장인은 직장인이다

사실 회사 일을 위주로 생활하는 것이 올바른 직장인의 도리다. 경영자들이 "가정을 위주로 생활해야 하고 일과 가정이 일치된 조화와 균형을 이룬 직장 생활을 하는 것이 바람직하다."고 말을 하지만, 내심 직원들이 회사 일에만 몰입하여 열심히 해 주기를 바랄 것이다. 반대로 직원들은 "자신의 반평생을 회사를 위해 바쳤다." 고 입바른 소리를 하지만, 결국은 자신이 먹고살기 위해 직장에서 일을 한 것이라고 볼 수 있다.

그것은 경영자는 회사가 어려운 경영상황에 처하면 자신의 전 재산을 바쳐 회사를 살리려고 하지만 직원들은 자신의 전 재산을 바치지 않는다는 것을 생각하면 된다.

평화를 가져다주는 무소유의 직장 생활

직장 생활을 하면서 자기 개발을 하는 직원들이 그렇지 않는 직원보다 더 올바르고 성실하게 직장 생활을 한다. 오로지 회사에 의존하여 직장 생활을 하는 사람들이 더 많은 불만을 토로하고 직장 분위기를 나쁘게 한다. 자기 개발을 하는 직원들이 불평을 하지 않는 이유는 불평하는 마음이 없기 때문이 아니라, 자기가 부족하고 못났기 때문에 불합리한 처사를 당하는 것이라는 것을 알기 때문이다. 그래서 불평을 하기보다는 자기 개발을 택하는 것이다.

그리고 자기 일에 우선순위를 두고 직장 생활을 하는 사람들은 언제든 회사를 나갈 수 있다는 생각을 가지고 일을 하기 때문에 그다지 스트레스를 받지 않는다. 또 언제든 준비가 되면 자기 스스로 회사를 당당하게 걸어 나갈 수 있다는 생각을 하기 때문에 당당하게 생활한다.

더 이상 잃을 것도 없고 얻을 것도 없다는 무념무상의 마음이 직장 생활의 평화를 준다는 것을 아는 것이다. 그래서 자기 이름을 찾은 직장인들은 어떠한 경우에도 회사 정책에 불평을 하지 않는다.

25
정승같이 벌어서 정승같이 써라

회사 일을 위주로 생활 하다 보면, 월급 이외에 들어오는 돈이 없는 터라 다소 경제적으로 어려움이 생길 수 있다. 아무리 대근을 많이 하고 시간외 수당을 많이 받아도 직장 생활을 하는 직장인치고 경제적으로 어려움이 없는 사람은 없다. 특히 가정에 대소사가 있다면 목돈이 들어가기 때문에 더욱 어렵고 힘들어진다.

그런데 회사 일을 하면서 자기가 좋아하는 일을 하면, 그로 인해 경제적인 부를 쌓을 수도 있다. 물론 회사에서 받는 월급대비 작은 돈이지만, 그 액수가 중요한 것이 아니다. 돈이 나오는 곳이 하나가 더 늘었다는 점이 중요하다. 자기 이름으로 사는 것을 준비하는 과정에서 돈이 모이는 경우는 그것을 준비하는 동안 돈을 쓸 시간적인 여유가 없어 지출이 줄고 그로 인해서 돈이 모이는 것이다.

또 경우에 따라서는 회사 업무 외적으로 쌓은 재능과 역량으로 경제적인 여유를 확보할 수 있다. 가장 두드러지게 나타나는 것은 돈으로도 바꿀 수 없는 무한한 가치를 지닌 시간을 귀하게 쓴다는 것이다.

국가에 이바지하는 길

나는 직장인이 성공했다는 것은 '시간이 돈'이라는 진리를 실감하는 순간이라고 생각한다. 이제 지천명의 나이이다. 아무리 백 세 시대라고 하지만, 지나 온 시간보다 남아 있는 시간이 훨씬 적은 것은 사실이다. 이제부터라도 나에게 주어진 시간을 나를 위해 써야 한다.

그렇다고 해서 그동안 회사 일을 위주로 생활했던 직장 생활이 잘못되었으니, 자기 일을 위주로 직장 생활을 하는 것이 바람직하다는 것은 아니다. 단지 회사 경영이라는 작은 틀에서 바라보기보다는 국가차원에서 어떤 직장인의 자세로 살아가는 것이 나라살림에 이바지하고 국가 인재 경쟁력 증진에 이바지하는 것인가를 생각해 봐야 한다는 것이다.

이제는 바야흐로 경제 강국이 세계를 주름잡는 시대이다. 강한 국방력도 결국에는 경제력에서 비롯된다. 이제는 정승같이 벌어서 정승같이 돈을 써야 한다. 회사일이든 자신이 좋아하는 일이든 간에 자신에게 주어진 시간을 알차고 귀하고 소중하게 보내는 것이 정승같이 벌어서 정승같이 돈을 쓰는 직장인이다.

이는 비단 직장인들에게만 해당되는 내용은 아니다. 경영자들도 자사의 이익에 의존하기보다는 글로벌 시각을 가지고 그런 직장인들이 많아지도록 인재를 양성해야 한다. 목전의 이익을 위해 회사 경영에 직결되는 직무교육에만 집중 교육하는 것은 생각할 줄 모르는 마루타와 같은 인재를 양성하는 것이다. 전인 교육이 중요하다. 그런 기업이 글로벌 무한 경쟁의 시대에서 앞서간다는 것을 알아야 한다.

차별화된 생각을 가진 직원이 차별화된 경쟁력을 만든다. 그래서 우리 사회에는 남과 다른 자기만의 특별한 재능을 기르는 자기 이름을 찾은 직원들이 지금보다 많아져야 한다. 그 사람들이 국가경쟁력 증진에 이바지하는 인재일 수 있기 때문이다.

26
생각하는 삶

"예전에는 분명 그렇지 않았는데, 회사에 다니다 보니 머리가 먹통이 됐다."고 농담을 하기도 한다. 그렇다. '용불용설(用不用說)'이라는 말이 있듯이 머리도 사용하지 않으면 녹슨다. 일정한 나이가 지나면 몸은 허약해지지만 머리는 나이를 먹을수록 더 좋아진다고 한다. 나이가 들면 머리가 돌아가지 않는다는 말은 잘못된 상식이다. 머리를 쓰면 쓸수록 좋아진다는 사실을 인식하고, 가능한 머리를 쓰려고 노력해야 한다.

학습이 생각을 부른다

머리를 단련하는 가장 좋은 방법은 학습하는 것이다. 그렇다고 중년에 복잡하고 수준 높은 학문을 공부하라는 것은 아니다. 그냥 책을 읽으면서 생각하는 정도만 되어도 머리는 단련된다. 결국은 머리를 쓴다는 것은 생각한다는 것이다. 자기 이름을 브랜드화 하기 위해서 공부하는 것 자체가 생각의 힘을 키우는 것이라고 볼 수 있다. "생각하면서 살지 않으면, 사는 대로 생각하게 된다."는 말이 있듯이 아무 생각 없이 직장 생활을 하면 머리가 녹슨다.

정년 이후에는 머리를 쓰려고 마음을 먹어도, 생각처럼 잘 돌아가지 않는다. 그간에 너무 녹이 슬어서 굳어 버린 것이다. 그러므로 회사를 다니면서 회사 일과 관련한 직무지식을 습득하는 것도 좋지만, 그 외적인 분야에도 관심을 가지고 업무에 임해야 한다. 다양한 분야를 경험해야 한다. 말 그대로 융합이고 통섭이다.

직장인들이 단순한 것은 자기 분야에만 전문가지 다른 분야에는 완전히 문외한이기 때문이다. 그래서 가지고 있는 도구가 망치뿐이니 모든 문제가 못으로 보이는 것이다. 따라서 다양한 도구로 생활하기 위해서는 생각하는 시간을 많이 가져야 한다. 그래서 자기 이름으로 사는 사람들은 끊임없이 학습한다. 학습을 해서 아는 것이 많아야 좋은 생각을 할 수 있고, 깊이 있는 생각 속에서 나온 것들이 빛을 발휘한다는 사실을 알기 때문이다.

27
자기 안에서 행복을 찾는 사람

자기 이름으로 사는 사람들은 자신과 타인을 비교하지 않는다. 자신의 길을 가기 때문이다. 그런데 회사 일만을 고집하는 사람들은 줄곧 남과 자신을 비교한다. 자신을 남과 비교하면 남의 떡이 크게 보이듯, 자신이 초라하게 된다. 대개 사람들이 불행을 느끼는 순간은 타인과의 비교에서 자신이 뒤질 때다. 가진 것이 없어도 남과 함께 없으면 불행하지 않지만, 남과 비교하여 자신이 없다면 상대적으로 불행하다고 생각한다. 결과적으로 사람들은 타인과의 비교를 통해서 행복과 불행의 감정을 느끼게 마련이다.

그런 점에 비춰 볼 때, 자기 스스로 개인의 이름을 위해서 스스로 자기 개발에 열중하는 삶은 일차적으로 행복감을 느낄 수 있는 단초를 제공한다. 자신이 가고자 하는 방향에 몰두하여 올곧게 자신과 싸움을 하고, 오늘을 자신의 과거보다 나은 생활을 열어 가기에 남과 비교할 겨를이 없는 것이다.

누구에게나 행복과 불행은 있다. 옆에서 보기에 좋아 보이지만 그 사람에게는 그 사람 나름대로 고통과 번뇌가 있다. 그러므로 굳이 남과 비교하여 자신의 부족한 점을 찾고 남과 비교하여 타인에게서 자기보다 나은 점을 찾으려는 마음을 버려야 한다. 남과 나는 하등 다를 바 없다. 죽으면 그만이다. '살아 있는 동안에 즐겁고 유쾌하게 자신의 인생을 살면 그만'이라는 생각으로, 자기 이름으로 살려고 노력해야 한다.

행복으로 가는 초석

부모의 입장에서 자식을 위해 평생을 뒷바라지 해 놓고 노년에 병원에 누워 있으면 찬밥 신세가 된다. "긴 병에 효자 없다."는 말이 있듯이 사람들은 한두 번은 남을 위해 살지만, 결국은 자신의 인생을 위하고 자신의 삶을 위해서 산다는 점을 알아야 한다. 결국은 남보다 자신의 인생이 중요한 것이다.

자신의 인생을 사는 데 있어서 흔들리지 않고 자신의 인생에 열중하기 위해서는 환경에 지배되지 않는 강인한 정신력도 필요하지만, 이에 더하여 타인의 삶과 자신의 삶을 비교하지 않은 것이 좋다. 남의 떡이 더 크게 보인다는 말이 있듯 항상 자기 것보다는 타인의 것이 더 좋아 보이게 마련이다. 옆 사람을 보면, 자신은 너무 힘든데 다른 사람은 힘들지 않을 것이라고 생각한다. 하지만 다들 힘들기 마련이다. 사람이 처한 상황에 따라 그렇게 보일 뿐이라는 생각을 가져야 한다.

타인은 타인이고 자기는 자기다. 자기 삶과 타인의 삶이 같을 수는 없다. 타인의 삶과 자신의 삶을 비교하는 것은 결국 자신의 삶을 불행으로 이끄는 지름길이 된다. 타인의 삶과 자신의 삶을 비교하지 않는 삶 속에서 진실한 행복을 느낄 수 있다. 그래서 자신의 이름으로 사는 사람은 항상 행복하다. 자신이 좋아하는 일을 하고 자신이 좋아하는 것을 추구하는 과정이 바로 가장 큰 행복을 주기 때문이다.

우스갯소리로 "가난한 사람이 부자가 되지 못하는 이유는 그 사람의 주변에 부자가 없어서"라고 한다. 하지만 굳이 옆에 부자가 없어도 된다. 자기 마음 안에 자기가 부자면 된다. 부자의 마음을 가지라는 것이다. 남과 비교하여 가난하다고 생각하지 말고, 자신이 이미 부자라고 생각하는 순간 자신은 이미 부자다. "나는 이미 강한 사람이다.", 나는 이미 큰 사람이다.", 나는 이미 행복한 사람이다."라는 자신감과 자존감을 가지고 사는 사람들이 바로 자기 이름으로 사는 사람이다.

자기 이름으로 산다는 것은 바로 행복으로 가는 초석이 된다. 그래서 자기 이름을 찾은 사람들은 불행 속에서도 행복을 추구한다. 어둠 속에서도 빛을 찾으려고 한다. 행복과 불행이 자기 마음먹기에 달려 있다는 사실을 알기 때문이다.

28

직장에서 자신의 브랜드 가치를 키우는 방법

자기 스스로 자기 브랜드 가치를 키워서 좋은 점이 있다면, 자기가 직접 하는 만큼 그것이 온전히 자기 수익으로 들어온다는 것이다. 회사를 살찌우는 것이 아니라 자기 살림을 살찌우는 것이다. 모든 것은 자기 하기 나름이다. 자기가 노력하면, 그것이 고스란히 자신의 실력이 된다. 그래서 자기 브랜드를 구축하는 일은 즐겁다.

죽으라고 일을 해도 그 잉여금을 남과 따로 나눠 갖는 경우와 혼자서 독식하는 경우는 일을 대하는 자세부터 다르다. 자신이 노력하고 애쓴 만큼 그것을 보상 받을 수 있다고 생각하면, 아무래도 더 많은 노력을 쏟을 것이다. 단체의 이익으로 돌아간다면, 의무로 해야 하는 일에만 집중하는 등 열정을 다하지 않을 것이다.

우리는 회사 이름으로 살면서 억지로 일을 하는 경우가 얼마나 많았던가? 또 회사 일이라는 생각에 자신을 희생하면서까지 일하는 경우는 없었다. 하지만 자기 이름으로 사는 경우에는 다르다. 자기 사업이고 자신의 가치이고 자신의 것이기에 자율적으로 한다. 힘이 들지만, 재미가 있다. 회사 일처럼 억지로 하는 경우는 없다. 누가 간섭하지 않아도 알아서 열심히 한다. 자기 컨디션에 따라 자기 스스로 수위를 조절한다. 그러한 것이 바로 자기 이름으로 살면 좋은 점이다.

사람들이 가장 행복할 때는 자기 마음대로 자신이 하고자 하는 일을 하고 있을 때다. 자기 이름으로 사는 삶이라는 것이 바로 그것이다. 자신이 하기에 따라 자기 인생에 직접적인 영향을 주기 때문에, 혼신을 다해서 자기가 전적으로 책임지고 일을 한다는 점이다. 무한 자유를 가지고 있지만, 스스로 절제된 생활을 하면서 자신의 인생을 개척한다.

자신의 삶을 이끄는 주도적인 삶

타인의 간섭과 지도에 의해서 움직이는 사람은 크게 성과를 내지 못한다. 또 하는 일에도 흥미를 느끼지 못한다. 피동적으로 움직이기 때문이다. 하지만 자기 스스로 자신이 알아서 하는 일에 대해서는 능동적으로 움직이게 된다. 자기 이름으로 사는 것은 자신의 삶을 자기가 주도적으로 이끄는 것을 의미한다.

그렇다고 직장 생활을 하는 직장인이 모든 직장 생활을 자기 이름으로 살 수는 없다. 하지만 직장에서도 개인의 능력을 활용하여 직장의 일을 통해 개인의 브랜드 가치를 올릴 수 있는 방법은 수없이 많다. 개인 표창 그리고 개인 수상 등 개인 부분에 대해서 두각을 나타내는 것도 좋다. 이때 주의해야 하는 것은 회사에서 개인적인 두각을 나타낼 때는 그것을 시기하는 또 다른 적이 있다는 사실을 잊어서는 안 된다는 점이다. 그러므로 회사에서 두각을 나타낼 때는 주변의 시기와 질투를 받아들이고 극복할 준비를 해야 한다. 그렇지 않으면 소리 없이 자기 브랜드 가치를 올리기 위한 노력을 하는 것이 바람직하다.

반복해서 강조하지만, 회사에 있을 때 사회에 나아가 개인의 브랜드를 올릴 준비를 하지 않으면, 사회에 나가 개인의 브랜드 가치를 올릴 여유를 갖지 못한다는 점을 알아야 한다. 왜냐하면 완전히 낯선 환경에서 생활해야 하기 때문이다. 그래서 자기 이름을 찾으려는 사람들이 직장에서 더 많은 노력을 기울이는 것이다.

Huimangseo for middle-aged workers

Chapter 04

자기 이름을 찾아 가는 중년 직장인

회사에서 일을 많이 한다는 것은 사회에 나갈 채비를 갖출 시간이 줄어든다는 것을 의미한다.

01

회사 정책의 의도와 본질을 보는 눈

회사가 어떤 새로운 정책을 내거나 무슨 특별한 프로젝트를 수행한다면, 왜 그러한 정책을 내고 어째서 그런 프로젝트를 수행하는가에 대해 그 감춰진 뒷이야기를 파악하는 데 주력해야 한다. 그 의도를 보면 조직 관리 역학을 이해할 수 있기 때문이다.

직장에도 정치가 있다. 사외 정치에 비하여 사내 정치는 막강하다. 왜냐하면 사회 정치는 여론이 무서워서 하고 싶어도 하지 못하는 것이 있지만, 사내 정치는 사내 여론 창구까지도 회사에서 조정할 수 있기 때문이다. 또, 사내 정치를 주도하는 사람들이 모든 사내 핵심 계층과 맥을 함께하고 있기 때문이다. 그러므로 그런 사람들에 의해 움직이는 사람들과 그 사람들에 의해서 시도되는 정책이나 전략에 관한 내부 속성을 꿰뚫어 볼 수 있는 능력을 길러야 한다. 그러한 혜안이 추후 정년 이후 자기 사업을 하는데 많은 도움이 된다.

회사정책의 의도

사업은 결국 사람을 움직이는 것이다. 그러므로 직장에서 있을 때 회사 경영 정책을 보면서 자신이 사회에서 사업할 때 활용할 수 있는 경영 기법을 익혀 둬야 한다. 회사에서 금연운동을 벌이는 이유는 무엇인지, 봉사활동을 하고 월급 1퍼센트 나눔 운동을 하는 이유는 무엇인지를 알아야 한다. 그냥 하는 것이 아니다. 유심히 관찰하고 속내를 들여다보면, 직원들의 불평불만을 희석시키기 위한 목적이나 후속 경영 정책을 펼치기 위한 분위기 조성 목적으로 그러한 것들을 활용하고 있다는 것을 알게 될 것이다.

사내 명장이나 우수사원을 선발하는 것도 다른 사람들의 표상이 되고 모범이 되는 사람을 선발하여 다른 직원들의 푯대 역할을 하도록 하려는 데 목적이 있다. 중요한 것은 사내에서 최고가 되어도 크게 좋아할 필요가 없다는 것이다. 일정 기간 직장 분위기 쇄신을 위한 목적으로 활용하다가 목적을 달성하는 순간 토사구팽할 것이기 때문이다.

또 최고의 자리에 오르는 순간부터 사내 정치의 희생양이 될 수도 있음을 알아야 한다. 왜냐하면 아무리 품성이 좋은 사람도 최고의 자리에 오르면, 그다음부터는 자신도 모르는 사이에 다른 사람들의 시기와 질투로 인해 좋지 않는 사람으로 둔갑하기 때문이다. 직장에서 사람이 좋다는 것은 다른 사람보다 약간 무능하고 다른 사람과 경쟁하지 않으며 승진에 큰 욕심이 없는 사람을 의미한다. 가능한 회사 생활을 하면서 튀지 않으려고 하는 이유가 바로 여기에 있다.

그래서 많은 직장인들이 다른 사람의 표적이 되어 굵고 짧게 직장 생활을 하는 것보다는 튀지 않고 중간만하면서 다른 사람의 시기를 받지 않고 가늘지만 길게 직장 생활을 하고 싶어 한다. 그러므로 중년의 직장인은 항상 평균 수준에 맞춰 생활해야 한다. 가능한 다수의 사람들이 있는 곳에 머물러야 한다. 그래서 자신의 안위를 돌보는 데 힘써야 한다. 그러면서도 회사 정책의 의도와 본질을 보는 눈을 기르는 학습을 게을리해서는 안 된다.

씨앗을 보고 열매를 볼 줄 알아야 한다. 중년의 직장 생활동안 그러한 것을 보는 눈을 기르는 기회의 장으로 삼아야 한다. 그것이 자기 이름으로 살기 위한 터전을 마련하는 비결이다.

02
일을 잘하면 안 된다?

일이 일을 만든다. 특히 회사의 일은 할수록 는다. 회사의 일은 열심히 하고 잘하는 사람에게 계속 몰리기 마련이다. 일을 못하는 사람에게는 일이 몰리지 않는 곳이 직장이다. 직장 상사도 중요하거나 시급을 다투는 일은 일을 잘하는 사람에게 지시한다는 점을 알아야 한다. 그러므로 중년의 직장인이 되면, 가능한 일을 잘한다는 소리를 듣지 않도록 하는 것이 자신에게 유리하다.

회사에서 일을 많이 한다는 것은 사회에 나갈 채비를 갖출 시간이 줄어든다는 것을 의미한다. 또 회사 일이 계속 늘어나고 있다면, 자신이 잘나는 것이 아니라 자기의 힘과 열정이 회사로 무분별하게 빠져 나가고 있다고 생각해야 한다.

가장 좋은 직장 생활은 근로기준법에 나와 있는 기준에 맞게 하는 것이다. 죽 쒀서 남 좋은 일을 하지 않을 것이라면, 가능한 회사 일에서 벗어나야 한다. 될 수 있는 한, 회사 일을 줄이고 자신의 자유 시간을 늘려야 한다. 중년 직장인이 되어서도 일에 치여 생활하고 있다면, 자신이 직장 생활을 잘 못하고 있다는 증거다. 애써 죽어라고 일할 필요 없다. 적정한 선에서 적당히 하면 된다.

회사에서 일을 잘 만들어 내지 않기 위해서는 가능한 자신의 일이 다른 사람들의 구설수에 회자되지 않도록 하는 것이 좋다. 가능한 없는 듯이 조용히 숨을 죽이고 지내야 한다. 나서서 긁어 부스럼이 될 수도 있다는 점을 잊지 말아야 한다. 어느 정도 자신이 일이 없는 사람으로 비춰지지 않을 정도로만 일을 하면 된다.

주어진 일에 완전연소

젊을 때 직장 생활을 하듯 자신의 일을 대내외에 알려서 인정받고 포상을 받으려고 일을 적극적으로 하는 것은 미래에 자기 불이익으로 돌아온다는 점을 알아야 한다. 그냥 일없이 빈둥빈둥 지내는 것이 자신에게 유리한 상황을 몰고 온다는 점을 명심해야 한다. 그러기 위해서는 회사 안에서 크게 뭐를 해내겠다는 욕심을 버려야 한다. 그저 주어진 일을 착실히 하면서, 자신의 인생 2막을 준비하는 여력을 확보하는 데 힘써야 한다.

회사에서는 아무리 잘해도 회사 것이지, 절대 내 것이 될 수 없다. 그러므로 자기 자신의 것이 되는 터전에서 일을 맘껏 할 수 있도록 자기 이름으로 사는 데 주력해야 한다.

03

오늘이 자신이 원하는 과거여야 한다

오늘은 내일이 되면 과거가 된다. 현재의 입장에서 과거를 돌아보면 그야말로 후회 막심하다. 따라서 후회 없는 인생을 살기 위해서는 오늘 이 순간 자신이 원하는 과거를 만들어야 한다. 미래는 자신의 뜻대로 만들 수 없지만, 자신의 과거는 오늘 만들 수 있다.

내일의 입장에서 오늘을 바라볼 때 이 정도는 했어야 하는 수준까지 노력해야 한다. 이에 오늘 노력의 결과가 내일이 된다는 것을 알고 오늘을 자신이 원하는 과거가 되도록 해야 한다.결국 오늘을 잘하면 아름다운 과거가 만들어지고, 오늘 한 것이 미래를 여는 열쇠가 된다. 그래서 '오늘'이라는 단어에는 과거와 현재와 미래가 함께 담겨 있다고 봐야 한다.

직장에서도 오늘을 잘 보내야 한다. 오늘을 대충 살아도 회사에서 내일 보상해 줄 거라는 생각은 하지 말아야 한다. 회사는 도산이나 파산하지 않고 건재하면 된다. 중년 직장인이 되면, 그런 그늘 아래에서 자신의 오늘을 만들어야 한다. 어제와 다름없이 오늘도 회사를 위해 8시간을 온전히 투자하고 그것도 모자라 시간 외 업무를 하면서까지 회사 일에 열중하고 있다면, 당신 인생의 미래는 해돋이가 아니라 해넘이에 있다고 봐야 한다. 새벽을 여는 것이 아니라 어둠을 몰고 오는 것이다.

회사에서 많은 에너지를 소모하면 결국 밖에서 자신과 가정을 위해서 쓸 에너지양이 줄게 된다. 그러므로 이제는 자신의 일에 집중해야 한다. 자신의 인생을 회사가 만들어 줄 것이라는 착각은 하지 말아야 한다. 회사에서의 업적과 승진 등 모든 것은 사회에 나오는 순간 모두 반납해야 하기 때문이다. 따라서 회사에서는 자신이 원하는 과거를 자신이 만들어야 한다.

저격수를 조심하라

군대생활에서 남은 것은 체력과 근성과 끈기와 열정과 힘이다. 직장도 마찬가지다. 직장에서 온 힘을 쏟아부을 것이 아니라, 중간 정도만하면서 자신의 안위를 돌보는 것이 제일이다. 너무 많은 열정을 쏟으면 결국 후회한다는 것을 명심하라. 또, 직장은 언제든 당신을 토사구팽을 할 것이라는 점을 명심해야 한다. 그것도 형체가 드러나지 않도록 당신을 매장시킬 수 있는 곳이 직장이라는 점을 명심해야 한다.

그런 사람들이 당신 주변에 널려 있다. 일에 집중하기보다는 잘나가는 사람을 노리는 데 집중하는 저격수들이 지천에 널려 있다는 점을 알아야 한다. 그러므로 회사에서는 크게 성장하려고 하기보다는 자신의 과거가 후회하는 과거가 되지 않도록 오늘 하루 자신의 멋진 과거를 만들기에 급급해야 한다.

04

손자병법의 전략으로

『손자병법』에서 적을 공략할 때는 바로 공격을 하기보다 먼저 모략을 통해서 적의 내부를 혼란스럽게 하고, 적과 외부 관계를 맺고 있는 주변 사람들의 관계를 단절 시킨 후에 공격을 하라고 한다. 내우외환(內憂外患)의 상황을 만들어서 적을 완전히 혼란에 빠뜨리고 고립시키는 것이다

손자병법에서는 적을 공격할 때는 전략적으로 공격을 해야 한다

고 말한다. 손자병법에서 말하는 전략이란 적이 예상하지 못하는 급소를 찾아 적이 모르는 시간에 공략해서 적을 무너뜨리는 것을 말한다. 이러한 손자병법 전략을 자기 목표 달성을 향한 성공 전략으로 삼아야 한다. 즉, 벌모(伐謨) 벌교(伐交), 벌병(伐兵), 공성(攻城)의 단계로 자신이 원하는 바를 취하기 위한 자기만의 전략을 가지고 있어야 한다.

직장에서 자기 브랜드 가치를 올리기 위한 측면에서 첫 번째 단계인 '벌모'는 주변의 시샘과 질투를 극복해야 함을 의미한다. 뭔가를 하려고 하면 주변에서 험담을 하거나 나쁜 소문을 퍼뜨리는 경우가 있다. 그러한 분위기에 휩쓸리지 않도록 강인한 정신력을 길러야 한다. 이 말인즉, 자기 마음의 심기가 강해야 한다는 것이다.

이 단계에서는 불안한 자기 심리를 극복해야 한다. 즉, 자기 브랜드 가치를 올리는 과정에서 심신이 안정되고 정서적으로 평온해야 함을 의미한다. 그러려면 주변의 유혹에 흔들리지 않는 굳건한 의지가 필요하다. 자신이 흔들리지 않고 부동의 마음을 가지고 있으면, 그로 인하여서 자신이 가고자 하는 바를 향해 정진을 거듭할 수 있다.

두 번째 단계인 '벌교'는 주변에 있는 수많은 유혹의 손길을 과감하게 끊어 버리는 것을 의미한다. 뭔가를 하려고 하면 훼방꾼이 나타나서 그것을 못하게 한다. '호사다마(好事多魔)'라는 말이 있듯 새롭게 출발하려고 무엇인가를 하려고 할 때면, 주변에 많은 유혹의 손길이 도사리고 있다. 그간 한 번도 찾아오지 않았던 사람들이 갑자기 술을 마시고 유혹을 할 것이다. 그것을 단호하게 거절할 수 있을 정도의 냉철한 마음을 가져야 한다.

다른 사람의 입장을 고려해서 여러 가지를 하면서 자기 뜻을 이루고자 한다면, 더뎌질 수밖에 없다. 가능한 냉정한 마음, 강인한 마음, 거절하고 절제하는 마음을 가지고 열정을 다해야 한다. 주변 사람들의 유혹을 뿌리치는 마음, 구설수에 올라도 당당한 마음, 주변 사람들에게 욕먹을 각오를 하는 마음을 가져야 한다.

세 번째 '벌병'은 자신이 하고자 하는 바를 주변 사람들에게 공개해야 함을 의미한다. 자신이 가고자 하는 길, 자신이 이루고자 하는 뜻을 다른 사람들에게 공개하는 것이다. 자신이 원하는 바를 이루기 위해서는 주변사람들의 도움이 필요하기 때문이다. 가장 좋은 방법은 원조를 받을 사람에게 자신이 하고자 하는 바를 솔직하게 토로하는 것이다. 가장 우선적으로 이야기해야 하는 사람은 자신의 아내다. 남자는 아내의 내조 없이는 온전히 뜻을 이룰 수 없기 때문이다. 특히 정년 이후에는 아내의 도움이 절실하다.

그리고 자기와 친한 사람들에게 이를 알려야 한다. 이때 주의해야 할 점은 직장의 다른 사람들에게는 함부로 발설해서는 안 된다는 점이다. 직장에서 이해관계가 있는 사람들과는 거리를 두어야 한다. 즉, 동료들이 자신이 무엇을 하는지 확실하게 알지 못하도록 해야 한다.

마지막으로 '공성'은 실행의 상황에서 열정을 다해야 함을 의미한다. 강인한 신념과 불굴의 도전정신으로 반드시 이룬다는 확신을 가져야 한다. 죽기 살기로 해야 한다는 것이다. '목표가 죽느냐 아니면 내가 죽느냐' 하는 마음으로 접근해야 한다. 그렇게 해도 성공하기 힘든 세상이다. 지금까지는 직장이라는 큰 버팀목이 있기에 그다지 어려움 없이 생활해 왔을 것이다. 하지만 이제는 굳건한 반석 위에 자기 인생을 새롭게 써야 한다는 결연한 각오로 임해야 한다.

적당히 남이 하는 정도가 아니라, 피와 눈물과 땀을 흘려 가면서 자신이 지향하고자 하는 목표를 향해 전심전력을 기울려야 한다. 그래야 최소한 주변 상황에 휘둘리지 않을 수 있다. 그것이 냉엄한 현실이다. 치열한 사투를 벌여도 먹고 살기 힘든 세상이다. 더군다나 사회라는 곳은 이전투구(泥田鬪狗)와 아비규환(阿鼻叫喚)과 아귀다툼이 많은 곳이다. 그야말로 전쟁터다. 한순간 방심으로 모든 것을 날릴 수도 있는 치열하고 냉엄한 곳이 사회라는 점을 명심해야 한다.

05
10배 더 노력하는 독종이 되자

자신이 원하는 성과를 내기 위해서는 어떤 형태로든 스스로 노력해야 한다. 그러려면 자신이 직장 생활을 하면서 최소한 자신이 현재 하고 있는 것과 비교하여 10배는 더 노력해야 한다. 성공한 사람들은 무슨 문제가 발생하면 그것을 해결하기 위해서 남보다 수십 배 이상 노력할 자세로 문제를 접한다. 마찬가지로 직장 생활을 하면서 자기 브랜드 가치를 올리기 위해서는 10배 이상의 노력을 해야 하는 것이다.

20년 넘게 해오던 기존 습관을 버리고 새로운 습관을 가지는 것은 그만큼 힘든 일이다. 그간에 해오던 습관에서 벗어나 새로운 습관을 채화하기 위한 독한 마음을 가져야 한다. 남들 보기에 불사조요, 독종이라고 말할 정도로 노력해야 한다. 자신이 원하는 목표를 얻기 위해서는 단순히 할 수 있다는 근원적인 신념만으로는 부족하다.

이때 시나브로 하나하나 점진적 · 점층적으로 접근해야 한다. 일순간에 확 바꾸려고 하지 말라는 뜻이다. 서서히 그러면서 시나브로 접근하고, 이제 됐다 하는 순간이 도래하면 풍림화산(風林火山)에 버금가는 정도의 힘으로 질풍노도(疾風怒濤)와 같이 행동해야 한다. 참고로 풍림화산은 움직일 때에는 바람처럼, 고요할 때에는 숲처럼, 질주할 때에는 불처럼, 무게감을 있을 때에는 산처럼 묵직해야 한다는 말이다.

적당히 한다는 안일한 생각을 버리고 반드시 이루겠다는 노력을 기울여야 한다. 남들이 비상식이고 불가능하다고 생각하는 것을 상식과 가능으로 바꾸기 위해서는 종전보다 10배 이상 노력해야 한다. 경쟁자도 입이 쩍 벌어질 정도로 열심히 해야 한다. 그야말로 독종이 되어야 한다.

06

숨어서 칼을 갈아라

정년의 시점에 이르면 가능한 일에 대한 책임에서 자유로워야 한다. 자신이 모든 것을 책임지려 하지 말고, 가능한 책임의 무게를 줄여야 한다. 자신이 나서지 않아도 되는 상황으로 몰고 가야 한다. 그러기 위해서는 가급적이면 일을 만들지 말고, 자기 영역이 아니라고 생각하면 귀와 입을 닫고 있어야 한다.

무슨 일이 있어났을 때, 자신이 경험이 풍부하고 뭔가 안다는 것을 드러내기 위해 나서다 보면 일에 휘말리게 된다. 그러면 자신에게 그에 관한 지침이 내려지게 되고, 그로 인해 결국은 자기 시간을 빼앗기는 불상사가 초래되게 된다는 점을 알아야 한다. 그러므로 정년이 가까워지면 현재 주어진 일만 하되 가능한 책임이 주어지지 않는 일, 가능한 스트레스를 받지 않는 일, 일을 하지 않아도 크게 표가 나지 않는 일을 하는 것이 좋다.

또, 가능한 자신을 다른 사람들에게 드러내지 않아야 한다. 다른 사람의 관심이 집중되면, 자신이 자유롭게 움직일 수 있는 활동 폭이 좁혀지게 마련이다. 그러므로 가능한 그림자 역할을 하면서 조용히 자기 브랜드 가치를 올리기 위한 일에 집중해야 한다. 그러면서 자신의 아지트에서 자신의 길을 닦아야 한다. 숨어서 묵묵히 자기 브랜드 가치를 올리기 위한 칼을 갈아야 한다.

07
싸움에서 이기는 법, 고전 읽기

선인이 될 것인가? 악인이 될 것인가? 『한비자』에서 말하기를 "임금은 백성에게 사랑을 받는 것보다는 차라리 악인으로 비춰지는 것이 오히려 백성을 다스리기에 유리하다."고 한다. 착한 사람보다 때로는 악인이 되는 것이 유리할 때가 많다는 것이다. 또, 많은 사람을 얻기 위해서는 병법을 배우라는 말이 있다. 마음을 다해서 사람의 마음을 얻는 것도 중요하지만, 병법을 이용해서 전략적으로 접근하면 자신이 얻고자 하는 것을 쉽게 얻을 수 있기 때문이다.

'손자천독달통신(孫子千讀達通神)'이라는 말이 있다. 『손자병법』을 천 번 읽으면 신의 경지에 도달한다는 말이다. 정년 이후 사업을 할 때 경쟁업체보다 더 유리한 위치에 오르기 위해서는 『손자병법』

을 공부해야 해야 한다. 손정의, 빌게이츠, 마오쩌둥, 나폴레옹도 『손자병법』을 수없이 반복해서 읽었다고 한다. 유비무환(有備無患), 선승구전(先勝求戰), 도천지장법(道天地將法), 지신인용엄(智信仁勇嚴也), 지피지기 백전불태(知彼知己 百戰不殆), 용간술(用間術) 등 손자병법에 있는 몇 가지 내용만 알아도 자기 삶을 슬기롭게 열어 갈 수 있을 것이다.

일례로, 정년 이후 사업을 해서 성공했는데 주변 사람들의 권모술수로 애써 쌓아 놓은 공든 탑이 무너진다면 도루묵이 된다. 자칫하다가는 죽 쒀서 개를 주는 형국에 처할 수도 있다는 점을 알아야 한다. 그래서 중년의 직장인은 『손자병법』을 포함하여 『삼국지』와 『도덕경』, 『논어』, 『한비자』 등 고전을 읽어야 한다. 특히 『손자병법』은 가능한 빨리 읽어야 한다. 그래야 백 번 싸워도 위태롭지 않는 경지에 이를 수 있기 때문이다.

참고로 나는 『손자병법』의 '선승구진'이라는 단어를 무척 좋아한다. 이 말은 싸움에 나가기 전에 미리 이겨 놓고 싸움을 하라는 말이다. 다시 말해서, 싸움을 하는 것은 승리를 확인하는 절차에 불과하며 이미 싸우기 이전에 승리를 확신할 수 있도록 철저히 준비하라는 것이다. 정년 이후의 삶을 준비하는 중년 직장인들에게 꼭 필요한 사자성어라는 생각이 든다.

08

몸과 마음이 항상 콩밭에 가 있는 삶

정년 이후에 하고 싶은 일이 있다면, 현재 직장 생활을 하면서 그 일을 하는 것이 좋다. 자신이 하고자 하는 일, 자신이 추구하고자 하는 일을 미리 해 봐야 한다. 통닭집을 하고 싶으면 지인 중 통닭집을 경영하는 사람에게 부탁해서 자신이 직접 통닭집을 경영하는 체험을 해 보고, 귀농을 하고 싶다면 귀농할 곳에서 미리 체험을 해 보라는 것이다.

또 그렇지 않다면, 자기 생각의 영역을 가능한 자신이 하고자 하는 일로 채워야 한다. 그때 가 봐서 할 것이 아니라, 미리 워밍업 차원에서 미리 경험해 봐야 한다. 그것이 큰 힘이 된다.

가상체험을 하라

막상 생각처럼 되지 않는 것이 인생사다. 기획할 때는 모든 것이 셈법에 의해 논리적으로 정확하게 맞을 수 있지만, 실제로 해 보면 생각처럼 잘되지 않는다는 점을 알게 될 것이다. 바로 이처럼 생각처럼 잘 안 된다는 것을 몸소 체험하기 위해 미리 해 보라는 것이다. 그동안 오직 직장 생활에만 전념했다면 더욱더 그러해야 한다.

처음 하는 일에는 생각지도 못한 지뢰들이 곳곳에 놓여 있다. 단순히 주변 사람들의 정보나 인터넷 정보만으로 모든 것을 판단하지 말아야 한다. 직접 몸으로 부딪혀서 사신이 체험해 봐야 한다. 그것이 진짜 실력이 되고, 그것이 진짜 자신의 것이 되는 것이다.

중년이 되면 무엇이든 신중하게 접근해야 한다. 그래서 가능한 시행착오를 겪지 않고 정상 궤도에 오를 수 있는 수를 써야 한다. 중년은 젊을 때처럼 실수를 경험으로 삼는 나이가 아니다. 그러므로 신중에 신중을 거듭해야 한다.

이를 위해서는 무엇인가를 실행하기 전에 가능한 시뮬레이션을 많이 해 봐야 한다. 아울러 현장 답사를 통해 자기가 상상했던 것과 일치하는지 꼼꼼하게 따져 봐야 한다. 그리고 만일 안 되는 부분이 있다면, 그것을 극복하기 위해 어떻게 해야 할 것인가에 대한 해답까지도 스스로 찾아야 한다.

고기를 낚으려면 자신이 고기가 되어야 하고, 곰을 사냥하려면 곰의 습성을 알아야 하듯, 자신이 추구하고자 하는 목표가 있다면 그 목표 관련 정보를 빠삭하게 알고 있어야 한다. 그래서 이미 자신이 추구하고자 하는 미래 위치에 도달해 있어야 한다. 몸은 여기에 있고 마음이 콩밭에 있는 것이 아니라, 몸과 마음이 항상 '정년 이후의 삶'이라는 콩밭에 가 있어야 한다. 돈이 가는 곳에 마음이 가고, 마음이 가는 곳에 몸이 가게 되어 있다. 그러므로 서서히 자신이 원하는 곳에 유무형의 재원을 투자하면서, 서서히 자신의 몸과 마음을 시나브로 자신의 미래로 옮겨 가야 한다.

09

돈이 되는 생각, 돈이 되는 움직임

아무리 성공했더라도 돈을 없으면 불완전한 성공이다. 불과 몇 년 전만 해도 직장에서 정년퇴임을 하는 것이 큰 영광이었고 자랑이었다. 하지만 이제는 정년을 축복이라고 생각하지 않는다. 힘이 넘치고 에너지가 충만한 나이에 정년퇴직을 하니 그럴 수밖에 없다. 정년퇴임 행사에 가면 축하해야 할지, 아니면 슬프다고 해야 할지 애매한 경우가 있다. 그래서 요즘은 정년퇴임식도 치르지 않고 조용히 보내는 것이 추세다.

정년을 직장 생활의 마지막 코스라고 볼 때, 정년을 한다는 것은 어떻게 생각하면 일에서 성공한 것이라고 볼 수 있다. 그런데 많은 직장인들이 일에서는 성공하지만, 모은 돈은 많지 않다. 그래도 대기업에 다니면 든든한 직장에 다니고 있다는 것 때문에 어딜 가든 대우를 받는다. 대기업에 다니는 프리미엄을 최대한 누려왔기에 어느 정도는 성공한 삶을 산 것이다. 하지만 이제 회사를 나와야 한다. 그러다 보니 마음이 불안할 수밖에 없다. 회사를 나오는 순간, 별다르게 할 일이 없다는 사실이 그러한 불안을 더욱 증폭시킨다.

있는 것이라고는 단순히 대기업에서 근무한 이력뿐이다. 모아 놓은 돈은 없고 특별히 회사 밖에서 할 일이 없으니, 그야말로 막막하다. 일이 없으면 그나마 돈이라도 있어야 하는데, 돈도 없고 일도 없으니 멘탈이 붕괴되는 상황이 된다. 그래서 직장인들에게 있어 정년 이후의 일은 단순히 소일거리가 아니라 돈을 벌기 위한 일이다. 그러기에 중년 직장인의 움직임은 돈이 되는 움직임이고, 중년 직장인의 생각은 돈이 되는 생각이 되어야 한다.

이제는 몸이 아닌 머리를 써서 돈을 버는 데 힘써야 한다. 머리와 능력은 빌려 쓸 수 있다. 남에게 시키는 것도 이제는 능력이다. 그간에 직장에서는 돈보다는 일에 치중했다면, 이제는 일보다는 돈 버는 것에 힘써야 한다.

목표를 바꾸면 생활방식도 바꿔야

중년 직장인이 되면 직장 생활의 목표가 바뀌어야 한다. 또 목표가 바뀌는 순간, 예전의 자신이 아닌 다른 사람이 되어야 한다. 날씨가 맑으면 양산을 쓰고 비가 오면 우산을 써야 하듯, 주어진 상황에 맞는 사람으로 거듭나야 한다. 그렇기 때문에 정년이 얼마 남지 않는 중년이 되면 일이 아닌 돈이 목표가 되어야 한다.

대부분의 사람들이 돈보다는 일을 쫓아야 한다고 말한다. 돈을 쫓으면 돈을 잡을 수 없고, 일에 열중하면 자연스럽게 돈이 들어온다는 꽤나 그럴 듯한 논리다. 하지만 그것은 일을 하지 않고 돈 벌 궁리만 하는 사람들에게 각성을 촉구하기 위해서 만든 말이다. 일이 우선이 아니다. 직장인으로 평생 일을 해 왔는데 정년 이후에 일이 고픈 사람은 없을 것이다. 돈이 필요하기에 일을 하는 것이다. '좀 쉬어도 되는데 쉴 수가 없어서 일을 소일거리로 한다'는 것은 나이를 먹은 사람이 '이제는 죽어야 한다'는 것과 같이 거짓말에 해당하는 것이라고 볼 수 있다.

돈이 필요해서 돈을 벌어야 하기에 일을 하는 것이다. 그러므로 정년 이후에는 돈과 일 중 어느 한쪽에 편중해야 하는 경우라면, 언제나 돈을 최우선시 해야 한다. 결국 성공을 해도 돈이 없으면 반쪽짜리 성공이기 때문이다. 늙어서 돈이 없으면 서럽다는 말을 깊이 성찰해 봐야 한다.

10

줄을 잘 서자

직장에서는 무엇보다 줄을 잘서야 한다. 조직생활에서 꼭 필요한 것이 바로 줄이다. 줄을 잡되 썩은 동아줄이 아니어야 하고, 강하고 오래 가는 굳센 줄을 잡아야 한다. 그래서 라인이 필요한 것이다.

정치세계에서도 서로 실세들의 줄을 잡으려고 한바탕 싸움을 벌인다. 일단 권력의 핵심부에 줄을 대면 그 정권이 존재하는 한 자신도 많은 이권을 얻을 수 있기 때문이다. 마찬가지로 직장에서도 자유권과 자율성을 갖기 위해서는 어느 정도 줄이 필요하다. 회사의 실권을 쥐고 있는 임원을 줄로 삼든지, 아니면 학연이나 지연 등의 인맥을 활용하여 줄을 만들어야 한다.

자신이 속한 조직에서 실세로서의 영향력을 발휘하는 정도가 되면, 어느 정도 자신이 하고 싶은 바를 마음대로 할 수 있는 여건이 조성되기 때문에 줄이 필요하다. 줄을 잘못 서면 항상 권력의 중심부에 있는 사람들에게 끌려가고 눈치를 봐야 한다. 자칫하면 자신이 차지하고 있는 자리를 빼앗길 수도 있다. 자신이 누리고 있는 이권마저도 실세들에게 탈취당할 수 있다. 그래서 많은 사람들이 권력에 줄을 대기 위해 안간힘을 쓰는 것이다.

성공의 키, 상사

직장에서 줄을 잘 선다는 것은 일단 상사를 잘 만나야 한다는 것과 일맥상통한다. 상사를 잘 만나야 자신의 입지가 견고해지고, 상사를 잘못 만나면 그야말로 지옥 같은 직장 생활이 펼쳐진다. 자신이 아무리 자기 개발을 하려고 해도 상사가 매일 술을 마시거나 귀찮게 한다면, 제 아무리 자신이 학습을 하려고 해도 잘 되지 않는다. 또 조직 분위기가 뭔가를 해 보려는 사람을 끌어내리고 당차게 일하는 사람을 괄시하는 조직이라면 결과는 불을 보듯 뻔하다. 현실에 안주하기는커녕 퇴보하는 생활을 하게 될 것이라는 것이다.

그래서 사람은 사람을 잘 만나야 한다. 가정에서 배우자를 잘 만나야 하듯이 직장에서는 상사를 잘 만나야 한다. 혹자는 자기 하기 나름이라고 하지만, 어느 정도 상대가 응수하고 이해하고 받아들일 수 있는 정도의 내공이나 성품을 지니고 있어야 한다. 그렇지 않고 전혀 기본도 모르는 사람에게 자기 하기 나름이라고 죽어라고 충성하는 것은 밑 빠진 독에 물을 붓는 형국과 같다.

나쁜 상사도 상사다

물론 상사의 좋고 나쁨에 상관없이 중도를 지킨다는 생각과 자신이 기득권을 가지지 않고 조직을 위해 헌신하고 조직에서 차지하는 자신의 역할과 책임의 범위를 벗어난 행동을 삼가야 한다. 권력 남용이나 월권을 하지 말라는 것이다.

아울러 나쁜 상사라도 겉으로는 충성하는 모습을 보여야 한다. 자신이 하는 일만 잘하는 직원이 아니라, 상사의 입맛을 맞추고 상사가 하고자 하는 바를 앞장서서 헌신적으로 일하는 모습을 보여야 한다. 또한 상사가 하고자 하는 바에 긍정적인 마음으로 최선의 노력을 다해서 보필하는 태도를 보여야 한다. 그것이 바로 맥을 잡아가는 여정이다.

참고로 조직에는 형식적인 리더와 영향력을 발휘하는 잠재적인 리더가 있기 마련이다. 그 경우 누구 편에 설 것인지에 대해 잘 결정해야 한다. 가장 좋은 처세술은 당장은 힘이 들더라도 미래를 내다보고 미래 주도권을 가질 사람에게 줄을 대는 것이다. 이토록 직장 생활을 함에 있어서 상사를 잘 만나고 줄을 잘서야 하는 이유는 자신에게 대항하는 사람들이 적어 자신이 하고 싶은 바를 마음대로 할 수 있는 개인적인 여유를 확보할 수 있기 때문이다.

11
하고 싶을 때 많이 한다

모든 것은 때가 있다. 씨를 뿌려야 하는 시기가 있고 수확물을 거두는 때가 있기 마련이다. 직장에서 일을 할 때에도 마찬가지다. 일을 하고 싶은 때가 있고 컨디션이 좋지 않아 일을 하기 싫을 때가 있다. 어떤 경우에는 아침에 기분이 상쾌하기도 하고, 어떤 경우에는 컨디션이 별로 좋지 않다. 또 별로 신경을 쓰지 않는데도 불구하고 일이 술술 잘 풀리는 경우가 있는가 하면, 어떤 경우에는 악을 쓰고 밤을 새워 가면서 일을 해도 그다지 진척이 없는 경우도 있다.

이와 마찬가지로, 자기 이름으로 살려고 준비하는 데도 때가 있다. 여기서 말하는 때는 기계적 · 물리적인 시간인 '크로노스의 시간'을 말하는 것이 아니라 정신적 · 심적 · 영적으로 느껴지는 '카이로스의 시간'을 의미한다.

자기 브랜드 가치를 올리기 위한 준비를 하다 보면, 어떤 날에는 '이렇게 한들 무슨 소용이 있느냐?'라는 생각을 하게 된다. 그런 경우에는 무엇을 해도 힘이 나지 않는다. 그런데 어떤 경우에는 하고 싶은 마음이 생기는 경우가 있다. 무엇이든 하기만 하면 성과를 맺을 것 같고 이제는 무엇이든 마음먹은 것을 잘할 것 같은 생각이 든다.

평정심을 유지해야

사람은 감정의 동물이다. 감정에 따라서 기분이 달라지고 기분에 따라 하고 싶은 마음의 정도가 달라진다. 열심히 하고 싶을 때가 있고, 아무것도 하기 싫은 때가 있다. 가장 이상적인 모습은 감정이 롤러코스트를 타지 않고 정서적으로 평안하고 안정된 상태를 유지하는 것이다. 너무 기분이 들뜨지 않고, 그렇다고 처지지도 않는 안온하고 정서적으로 안정된 상태가 가장 좋은 감정 상태다. 그런 감정 상태에서는 조급해하지 않고 꾸준히 하는 끈기가 발동한다.

그런데 어떤 날에는 마치 벼락 맞아 넘어진 나뭇가지처럼 축 늘어져서 무기력해지는 경우도 있다. 그런 상태에서는 좋은 결과를 자아낼 수 없다. 그러므로 항상 자신의 감정 상태를 푸근하고 안정된 상태로 유지하려고 애써야 한다.

자기 브랜드 가치를 올리기 위한 여정에서도 그러한 현상은 어김없이 나타난다. 기분이 좋아서 새로운 아이디어가 물밀듯이 밀려오는 경우도 있고, 아무리 궁리를 해도 머리가 돌아가지 않는 경우도 있다. 그러므로 가능한 하고 싶은 마음이 생길 때, 되도록 많은 일을 해두어야 한다. 그런 날을 호기로 삼아 자기 개발에 몰입해야 한다. 기분이 별로 좋지 않고 머리가 무거운 날에는 회사 일을 하면서 시간을 보내고, 컨디션이 좋은 날에는 자기 개발에 열중해야 한다.

중요한 것은 계속해서 끈기 있게 하는 것도 중요하지만, 몰입이 잘되고 기분이 좋은 날에 한꺼번에 왕창하는 것도 좋은 방법 중의 하나라는 것이다. 회사 일을 할 때는 하고, 여유가 허락되면 무조건 자기 브랜드 자기 창출에 전력을 기울여야 한다. 앞서 말한 바와 같이 잘되는 날에 많이 해야 한다. 아울러 아무리 힘들고 컨디션이 좋지 않아도 자기최면을 걸어서 자신의 기분을 좋은 상태로 몰아가야 한다.

12
사내에서 낮추고 사외에서 높여라

고졸 출신의 현장 직원은 사내에서 성장하는 데 한계가 있다. 고졸과 대졸의 신분 차이는 대기업일수록 심하다. 마치 '고졸 생산 직원들이 있는 현장이 답'이고 '현장 제일'이라고 하면서 현장 직원들이 대우받는 듯이 정책이 실현되고 있는 것 같지만, 실상을 들여다보면 고졸 직장인을 달래기 위한 것임을 알 수 있다.

회사 일에 사명을 가지고 일을 하다 보면 한심한 리더들도 많다. 인성 자체가 그릇된 리더로 인해 고졸 생산직 직원들이 적잖은 스트레스를 받는다. 그럴 때는 고졸로 입사하여 리더가 되지 못하는 현실이 야속하기만 할 것이다. 사명도 없고 오로지 자기 자리를 지키기 위해 숱한 권모술수로 열심히 일하는 직원들을 험담하고 비방하는 리더들이 존재하는 한, 회사의 발전은 기약할 수 없다.

학벌의 차를 극복하라

학력에 대한 차이는 대기업일수록 두드러지게 나타난다. 사실 고졸과 대졸의 차이는 없다. 무슨 일을 하고 어떤 일을 맡느냐에 대한 차이만 있을 뿐이다. 기본적인 지식과 이론을 갖추면 누구나 할 수 있는 일이 회사 일이다. 그런데도 많은 기업들이 대졸과 고졸 출신들을 구분하여 일을 배정하다. 입사 때부터 엔지니어와 생산직 사원으로 구분해서 입사를 시킨다. 말로는 학벌을 없앤다고 하지만, 사원모집에서부터 정년에 이르는 인사 구조 자체가 학력 차별을 하는 곳이 기업이다.

그런 기업에서는 학벌이라는 장애물 때문에 자신이 가진 재능을 충분히 발휘하지 못한다. 절이 싫으면 중이 떠나면 그만이다. 능력과 재능 위주로 인재를 양성한다고 하면서, 공공연히 학벌을 중요시하는 직대가 공식화되는 것이 우리의 현실이다. 중년의 직장인들은 이미 이러한 상황을 안다. 또, 자신의 힘으로는 어쩔 수 없다는 것도 안다. 그래서 자신의 자녀들에게는 그런 학벌의 차이에서 오는 설움을 당하지 않도록 자녀 교육에 애쓰는 것이다.

그런 것에 분통이 터진다면, 이제라도 늦지 않았다. 자신이 재능이 있고 역량이 있다면 회사에서 못 다한 꿈을 사회에 나와서 이루기 위해 애써야 한다. 그것도 직장 생활을 하면서 사회에 나와 자신의 브랜드 가치를 올리고, 자기 유명세를 키우는 데 힘써야 한다.

버릴 것은 버리는 게 상책

중년에 이르면 사내에서 아무리 열정적으로 일해도 더 이상 올라갈 수 없는 한계에 도달했다는 것을 알게 된다. 이제는 아무 생각없이 일하면서 사내에서는 자신을 낮추고, 사회에 나가 자신의 이름을 드높일 준비를 해야 한다. 그간 회사에 많은 부문 열정을 다 했으므로 이제는 회사에서 자신의 기반을 잡는 데 애써야 한다. 비록 사내에서는 거지취급을 받더라도, 참고 버티는 것이 상책이다. 앞서 말한 바와 같이 재능이 출중하지 않는 사람이 직장에서 받는 월급은 많은 금액이기 때문이다.

그러므로 회사에 몸을 담글 수 있는 기간만큼은 어떡하든 회사에서 버터야 한다. 그렇게 버티면서 새로운 미래를 개척하는 데 애써야 한다. 중년이 되어서도 회사에서 승진하기 위해서 두각을 나타내고 존재감을 드러내기 위해서 애쓰는 것은 자기 인생을 회사에 맡기는 경우와 같다. 특히 자신이 정년을 앞둔 직장인이라면 더욱 그러해야 한다. 회사에서 요구하는 원칙과 규율에 맞춰 일하되, 자신의 입지를 굳히고 자기 성장에 필요한 것을 구하는 데 힘쓰자. 회사에 있는 동안 자기 성장을 도모하는 기회로 삼으라는 것이다.

학벌에 대한 차별은 여간해서 타파할 수 없다. 엄밀히 말해, 어느 곳이든 학벌에 대한 차별은 존재하기 마련이다. 그런 학벌에 대한 차별로 냉대를 받은 경험이 있는 사람들이 입사 후 학벌을 올려도, 대부분의 회사들이 입사 후 경력을 인정하지 않고 있다. 그러기에 정년 이후의 삶을 준비해야 한다는 것이다.

최선이 아니면 차선

회사에서 더 이상 욕심 부리지 말아야 한다. 그런 욕심을 내려놓고, 이제는 사회에서 자신의 브랜드를 키우고 자신의 입지를 다지는 데 힘써야 한다. 이때 작가, 강의 등과 같은 예술 분야 등 혼자서 능력을 발휘하여 유익을 얻을 수 있는 분야가 제일 좋다. 참고로, 나는 정년 후 강의하고 책을 쓰면서 지내고 싶은 생각을 가지고 있다. 그래서 틈만 나면 일하면서 집필하고 책을 읽으면서 강의 준비를 한다.

나처럼 회사에서 더 이상 발전이 없다고 생각한다면, 이제는 회사보다 밖에서 자신이 어떻게 살아갈 것인가에 대해 고민을 해야 한다. 그러기 위해서는 회사에서는 낮출 수 있는 한 최대한으로 자신의 몸을 낮춰야 한다. 그래야 다른 사람의 표적이 되지 않고, 자신이 하고 싶은 일을 할 수 있다. 그 대신 회사 안에서 숨겨 둔 야성을 회사 밖에서 여한 없이 표출해야 한다.

그렇다고 회사 생활을 태만하게 하라는 것은 아니다. 자신이 하는 업무를 신속하게 처리하고 남은 시간을 잘 활용해야 한다.

13

최대한 회사를 이용하라

직장인이라면 회사에 있는 한 회사 자원을 최대한 활용해야 한다. 즉, 회사에 몸담고 있을 때가 좋은 때다. 직장에 몸담고 있을 때 회사를 적법하게 이용해 먹을 수 있는 것은 최대한 이용해야 한다. 자신이 기본적으로 보급받아야 하는 안전화, 안전복, 작업복 등 회사로부터 받아야 하는 것은 모두 챙겨 두어야 한다. 밖에 나가면 연필 한 자루도 자기 돈으로 구입해야 하지만, 회사에 다닐 때에는 마음대로 쓸 수 있다는 이점이 있다. 그렇다고 회사 물품을 함부로 사적으로 활용하라는 뜻은 아니다. 회사에 있을 때 그런 좋은 인프라를 활용하여 자기 개발을 최대한 도모하라는 것이다.

그 밖에 회사가 주관하는 어학이나 자격 취득과정에 적극적으로 참여해야 한다. 가능한 회사에서 실시하는 교육은 기회가 되면 무조건 참여해서 배워 두는 것이 좋다. 아니, 기회가 없다면 기회를 만들어서라도 회사에서 최대한 배워야 한다. 가만히 앉아서 회사에서 보내 주면 가겠다는 피동적인 마음이 아니라, 적극적 · 능동적으로 참여해야 한다. 그것이 향후 자기 성장과 발전에 큰 도움이 될 것이기 때문이다.

또 회사 도서관을 적극적으로 활용해서 자신이 취하고자 하는 지식을 취하는 것도 자기 성장을 위해서 필요하다. 나도 회사 도서관에서 가능한 책을 대여해서 보는 편이고, 꼭 필요해서 두고두고 봐야 하는 책만 직접 비용을 들여서 구입해서 본다. 회사로부터 월급 이외에 받을 수 있는 혜택 중 하나다.

복지혜택은 최대한 누려야

회사가 직원들에게 복지 증진을 위해 어떠한 제도를 시행하고 있는지도 잘 알아야 한다. 회사에 지원제도가 많은데, 오로지 현장 일에 빠져 아무 관심도 없이 지내는 사람들이 많다. 현장에서 열심히 일을 하면 회사에서 알아서 챙겨 줄 것이라는 생각 때문이다. 하지만 회사는 결코 자발적으로 움직이지 않는 사람에게는 기회를 주지 않는다는 점을 알아야 한다. 특히 대기업의 경우에는 직원 수가 많아, 직원들 개개인을 찾아서 챙겨줄 리 없다.

그러므로 이제부터라도 눈에 불을 켜고 회사를 이용하여 자신에게 성장의 기반을 마련할 수 있는 것을 찾아서 그 혜택을 최대한 누려야 한다. 그렇다고 불법을 자행하고 꼼수를 써서 회사의 기물을 빼내고, 회사의 자원을 사적으로 활용하라는 것은 아니다. 윤리적이고 투명하고 원칙적인 범위 내에서 그간에 몰라서 못했던 것을 최대한 활용하라는 것이다. 그것이 얼마나 큰 혜택인가에 대한 것은 회사 문을 나서는 순간 알게 된다.

직장 의료보험에 가입한 것 자체도 큰 혜택이라는 것을 알게 될 것이다. 직장 내 스텝 부서에서 현장 생산부서로 보직이동을 하게 되면, 스텝 부서에 있을 때 얼마나 좋은 혜택을 누리면서 생활 했는지를 알게 된다. 보직이동을 해서도 그런 후회를 하는데, 하물며 자신이 진짜 정년을 해서 회사를 나간다면 얼마나 그런 것이 귀하고 귀하랴.

14
직장에서 스스로 배우는 경영

직장 생활을 하는 것은 사업하는 것보다 위험 부담이 적다. 실제로 사업을 하면 그야말로 정신이 없다. 직장 일이야 주어진 일이고 매일 가면 할 일이 있지만 ,개인 사업의 경우에는 찾는 고객이 없으면 문을 닫아야 한다. 물론 직장도 그러하다. 회사 제품을 원하는 고객이 있어야 그 물품이 팔려 생산라인이 돌아가게 된다. 하지만 직장에서는 자신이 관여하지 않아도 경영자가 알아서 해결하며, 이 일을 담당하는 부서도 따로 있다.

이처럼 직장에서 일을 할 때는 주어진 일만 하면 되지만, 개인 사업을 하는 경우에는 모든 것을 자신이 책임지고 해야 한다. 그런 측면에서 직장 생활을 하는 것은 개인 사업을 하는 것보다 수백 배 더 안전하다.

직장에는 일반 직원인데도 마치 자신이 직접 회사를 경영한다는 생각을 가지고 생활하는 사람도 있다. 직장에서 회사 일을 하면서 경영 수업을 하고 있다고 봐야 한다. 회사 조직표, 임직원의 분포, 부서 명칭 등을 유심히 보면, 회사가 어떤 방향으로 나가고 있는지를 개략적으로 알게 된다. 회사 규모에 상관없이 경영의 원리는 동일하다. 대기업은 중소기업보다 볼륨이 클 뿐이다.

직장에서 자신이 직접 회사 경영을 한다는 생각으로 일을 하다 보면, 회사가 어떤 방향으로 전략을 짤 것인지, 위기에 봉착할 때는 어떤 전략으로 대응할 것인지 등 여러 각도에서 자신의 생각과 비교가 가능해진다. 게다가 일정 수준에 달하면, 경영층의 생각을 읽을 수 있게 된다. 인사 노무 부서가 주최하는 행사의 의의와 조직개편의 의미를 알게 되고, 왜 전 사원 금연 활동을 하는지, 왜 갑

자기 근무기강을 강조하는지를 예감하는 능력이 생긴다.

생각은 경영자처럼

그렇다. 미관말직에 있어도 주인의식을 가지고 경영수업을 하고 있다는 마음으로 직장 생활을 해야 한다. 또 실제로 회사에서 조직 관리를 하는 리더가 되어 사람을 리드해 보는 연습을 통해 사람을 어떻게 부려야 하고 어떻게 해야 사람을 자신이 원하는 방향으로 이끌 수 있는가에 대해 연구해야 한다.

그러기 위해서는 가능한 경영기획부서나 혹은 마케팅부서 등 여러 부서 사람들과 교류를 해야 한다. 그래서 수준 높은 회사정보를 함께 나누는 기회를 가져야 한다. 관심을 가지면 보이게 마련이다. 회사의 경영 전략과 주변의 정세 그리고 주식의 동향과 경쟁사와 유사 동종업체의 동향을 보면서 자신이 다니는 회사의 경영을 예측해 보는 것도 좋은 학습의 기회가 되기도 한다. 그러한 것에 관심을 가지고 생활하다 보면, 의외로 회사생활이 재미있다.

야구 경기에서 숫자로 데이터를 관리하듯, 경영이라는 것은 숫자로 소통을 한다. 경영을 공부하기 위해서는 회사의 각종 지표의 흐름을 읽을 줄 알아야 한다. 그러한 경영 원리를 익히는 기회로 직장을 활용해야 한다.

15

대기업의 이점만 쏙쏙

대기업은 그 규모가 무척 커서, 한두 사람의 영향력에 의해 흔들리지 않는다. 그런 점에 비춰 볼 때, 대기업에 다닐 경우에는 자신의 존재감을 적당히 드러내야 한다.

대기업에서는 일이 세밀하게 분업화되어 관리자들도 다른 사람들이 무슨 일을 어디에서 얼마만큼 하는지 모르는 경우도 많다. 따라서 일을 하지 않고 있어도 전화로 마치 일을 하는 것처럼 생색을 내는 등 적당히 일을 하는 것처럼 위장을 하고, 마치 일이 많은 것 마냥 자신을 알릴 수도 있다. 또, 관리의 사각지대가 많으므로 그 사각지대에서 자신이 하고 싶은 것을 하면 된다.

중소기업의 경우에는 한 시간만 자리를 비워도 티가 나지만, 대기업의 경우에는 사람이 없어도 크게 표시가 나지 않는다. 특히 이제는 스마트 폰을 통해 회사업무를 볼 수가 있으므로 적당히 다른 곳에서 사적인 일을 보면서도 자신의 업무를 할 수 있다. 그런 점을 최대한 이용해야 한다. 또 대기업의 경우에는 중소기업에 비해 자기 시간을 자유롭게 쓸 수 있는 강점이 있고, 많은 정보를 쉽게 접할 수 있는 이점도 있다. 대개의 경우 큰 회사에서 작은 회사로 아웃 소싱이 되면 활동 영역이 크게 줄어들게 된다. 그래서 받아보는 정보량도 적고, 만나는 사람도 적다.

그러므로 대기업에 있을 때, 그 인프라를 최대한 활용해야 한다. 대기업에 다닌다는 것만으로 은행에 장기 저리로 융자 혜택을 받은 것이라고 생각해야 한다. 명함을 건네도 대기업에 다니는 직원과 중소기업에 다니는 직원이 주는 위력은 다르다. 그러므로 가능한 회사에 있을 때 회사를 이용하여 맺을 수 있는 인맥도 돈독하게 관리해야 한다.

사회에 나가 서로 협력할 수 있을 정도로 친교를 나누는 것도 좋은 방법 중 하나다. 가능한 사람들에게 고매한 인품과 덕성을 가진 사람으로 인식이 되도록 좋은 이미지를 풍겨야 한다. 그것이 사회에 나가 써먹을 수 있는 가장 큰 재산이다. 그런데 대기업에 다닌다는 이유만으로 중소기업이 직원을 을로 대하고 갑 질을 하는 직원도 적지 않다. 갑의 위치에 있을 때, 을에게 잘해야 한다. 자신도 이제 정년에 이르면 대기업에서 중소기업으로 자리를 옮기게 되는 경우도 있을 수 있다는 점을 알아야 한다.

16

생각은 통제 불가능!

직장에서는 틈만 나면 자신의 휴식 시간을 충분히 즐겨야 한다. 나는 한창 회사 일에 빠져 있을 때 점심도 굶어 가면서 일을 한 적이 있다. 일이 잘 풀리지 않으면 점심을 굶고 일을 한 것이다. 이제 와서 생각하면, 그야말로 전설 같은 이야기다. 지금은 누가 돈을 주고 그렇게 해 달라고 해도 하기 어려운 지경에 이르렀다.

회사에서 개인에게 주어진 휴식 시간은 충분히 활용해야 한다. 적법하게 쉴 수 있는 시간 중 가장 긴 시간은 점심시간이다. 이 시간을 최대한 자기 브랜드 가치를 올리는 시간으로 충분히 활용해야 한다. 족구를 하거나 독서를 하는 것도 좋다. 또 낮잠을 자는 것도 좋다. 일찍 점심을 먹고 한숨 자고 나면, 하루가 빨리 가는 듯한 기분을 느낄 수 있다. 낮잠은 건강에도 좋다고 한다.

또 대변을 보는 시간에는 화장실 비데 좌변기에 앉아, 자신의 삶을 생각할 수 있는 여유 시간을 확보할 수 있다. 가능한 회사 업무를 하고 남은 시간에 무엇을 할 것인가에 대해서 항상 생각해야 한다. 회사 일이 계속해서 많은 것은 아니다. 스텝부서 직원은 하루 대 여섯 시간만 일해도 크게 지장이 없다. 일이 한없이 있는 것이 아니다. 막힌 혈을 풀어주듯 가끔 하면 된다.

회사에서 일을 하면서 자기 개발을 할 수 있도록 멀티 능력을 길러야 한다. 회사 업무를 하면서 중간 중간에 짬을 내서 자기 개발에 대한 생각을 하고, 그 생각을 메모하고, 일을 하다 그 메모 내용에 대해서 구체화하는 등 회사 업무를 처리하면서 개인적으로 하고 싶은 것을 할 수 있는 멀티 능력을 길러야 한다. 마치 다른 사람이 보기에는 회사 업무를 하는 것과 같은 착각이 들 정도로 제반 인프라나 주변의 환경을 조성해야 한다.

일을 하면서도 속으로는 자기 일에 대한 생각을 하면 된다. 생각까지 누가 통제를 하지 않는다. 생각까지 누가 읽지 않는다. 멍하니 컴퓨터 화면을 바라보면서 머리를 비우는 것도 좋다.

17

아부의 힘

정치판은 온통 로비판이다. 정치적인 영향력을 발휘하고 자신이 원하는 이권을 챙기기 위해 실권자에게 아부나 아첨을 떨기도 한다. 직장도 마찬가지다. 상사에게 혹은 선배에게 어느 정도 아부를 해야 한다. 여기서 아부는 '상대방의 기분을 좋게 하는 타이밍을 맞추는 기술'이라고 한다.

아부의 기술에 대한 책의 저자는 "아부는 상대방 측근이 되어야 제대로 상대방 속마음에 맞는 아부를 할 수 있다."고 말한다. 그만큼 아부는 상대방의 속마음에 강한 칭찬을 심어 주는 것이라는 측면에서 직장이나 조직생활에 없어서는 안 될 활력소라고 할 수 있다. 흔히 아부를 하는 사람들을 간신배 혹은 아첨꾼이라고 폄하 하는 경우가 있는데, 어찌 보면 아부는 조직이 원활하게 돌아가도록 하는 윤활유와 같은 것이라고 볼 수 있다.

특히 당신이 업무 외적인 것에서 두각을 나타내고 싶거든, 상사에게 아부를 해야 한다. 상사가 기분이 좋고 조직 분위기가 좋으면, 당신이 하고 싶은 것을 언제든 할 수 있기 때문이다. 기분 좋은 상사가 조직 분위기를 험악하게 조장하지는 않을 것이다. 조직 분위기가 좋고 상사의 기분이 좋다는 것은 당신이 자기 개발을 해도 무난한 분위기가 되었다는 것을 의미한다.

따라서 가능한 상대방의 기분을 좋게 하고 함께 일하는 사람들의 기분을 좋게 하는 데 힘써야 한다. 그래야 당신이 하는 일에 사사건건 트집을 잡는 상황이 발생하지 않는다.

18

거짓 정보로 자신의 이익을 도모하라

일을 할 때 일을 한다고 주변 사람들에게 알리기보다는 묵묵히 하는 것이 좋다. 일을 공개함으로써 공동의 표적이 될 수 있기 때문이다. 또, 다른 사람들이 당신이 하는 일에 대해서 관심을 갖게 되고, 이해가 얽히면 논란의 소지가 될 수 있음을 알아야 한다. 그러므로 일을 할 때는 소리 없이 자신이 하고자 하는 바를 하면 된다. 굳이 일을 했다고 메일로 공지하지 말라는 것이다.

아울러 일을 안 하고 있을 때에는 마치 일을 하는 것처럼 거짓 정보를 흘려야 한다. 일이 어렵다든지 혹은 일이 힘들다고 소문을 내야 한다. 결과적으로 일을 할 경우에는 그 일을 소리 없이 하고, 일을 하지 않을 때는 마치 일을 하는 것처럼 위장해야 한다. 그러면 주변의 사람들은 일을 소리 없이 열심히 하는 것으로 알게 되고, 일을 하지 않는 경우에도 마치 일을 하는 것처럼 보이기 때문에 일을 열심히 하는 사람으로 인식하게 된다.

아울러 마치 하지 않는 일을 어려워서 혹은 다른 사람의 도움을 필요로 한다는 메시지를 보냈기 때문에 동료의 도움도 요청하는 모양새를 갖출 수 있다.

19

'열정'이라는 무기

뉴턴의 에너지 보존의 법칙이 말하듯 모든 에너지는 어떤 경우에든 그 합이 같다. 이와 마찬가지로 한 사람이 갖고 있는 열정의 합은 어딜 가든 변함이 없다. "집안에서 새는 바가지는 밖에서도 샌다."는 말이 있듯 당신이 가진 열정 또한 그러하다.

어디에 있든 당신의 생활 습관으로 자리 잡은 열정은 크게 변하지 않는다. 단지 새로운 환경에 처하면 그 환경에 적응하는 시간이 조금 지체될 뿐, 새로운 환경에 익숙해지면 다시금 그러한 열정을 똑같이 발휘하게 된다. 그러므로 열정적인 습관을 배양하기 위해 힘써야 한다.

언제 어디를 가든 자신의 역량을 최대한 발휘할 수 있는 유비무환의 준비 태세를 갖춰야 한다. 자신이 어디를 가든 열정적으로 행동할 수 있도록 열정이라는 무기를 구비해야 한다. 그 무기는 어디를 가든 활용 가능한 무기다. 또, 다재다능해야 한다.

한 분야에서 최고가 되면, 최고가 되기까지의 원리와 원칙이 다른 분야에서도 동일하게 적용된다. 특정한 일에 끝까지 하는 사람은 다른 일에도 똑같이 끝까지 하는 열정적인 모습을 보인다. 마찬가지로, 직장에서도 어떤 보직에 있든 어떤 상황에 처하든 어떤 장소에 있든 자신이 가고자 하는 바를 향해서 끝까지 하면 된다. 그것이 언젠가는 자신의 생활 전반을 크게 변화시킬 것이다.

20
세렌디피티(Serendipity)의 법칙

계속해서 일을 하다 보면, 자신도 모르게 새로운 아이디어가 떠오르게 마련이다. 마찬가지로 계속해서 자신이 좋아하는 일을 계속하다 보면, 어느 순간 그 속에서 자신이 바라는 것을 얻게 된다. 또 전혀 생각하지 않은 시점에 좋은 아이디어가 자신도 모르게 튀어나오게 된다.

그것은 그냥 우연히 발견한 것이 아니다. 세렌디피티(serendipity)가 말해 주듯 그 해당 분야에 대해 많은 생각을 하고 많이 연습을 하고 많이 경험을 하면, 그로 인해 자신도 모르게 영감을 받게 된다. 한 분야에 도가 트면, 어느 순간 아무 관심 없이 보던 것을 새롭게 바라보는 눈을 갖게 된다. 자신만의 노하우가 생긴 것이다.

남들이 모두 알고 있는 형식지가 아니라 자기만 아는 암묵지가 생긴다. 그렇다. 계속 반복해서 하다 보면 자신도 모르는 사이에 결코 남이 따라 할 수 없는 정도의 암묵지가 생기게 된다. 그것이 자신의 진짜 지식이고, 그것이 진정으로 자신의 새로운 인생을 여는 지혜가 될 것이다.

계속하면 수가 생긴다

나는 제대로 작가 수업을 받은 것이 아니다. 서툴지만 계속해서 열 권 넘게 책을 쓰다 보니 나만의 비법을 알게 된 것이다. 참으로 신기한 것은 일정한 시점이 지나면 다음 책은 어떤 내용으로 써야겠다는 내용이 머리에 떠오른다는 점이다. 이처럼 어떤 일을 하게 되면 그 이뤄 놓은 일로 인해서 다른 일이 부가적으로 생긴다. 하나의 성과를 이루면 그 성과로 인해 다른 좋은 일이 덩달아 생기는 경우가 많다.

이 글을 쓰는 동안에 신기하게도 다음 책의 제목이 생각났다. 다음에는 이러이러한 책을 쓰겠다는 생각이 나도 모르게 나온 것이다. 항상 그랬다. 9탄 집필 막바지에서 10탄이 생각났고, 10탄을 쓰는 막바지에서 11탄이 생각났고, 지금 이렇게 11탄을 쓰는 이 시점에 12탄의 내용이 머릿속에 그려진 것이다. 자동적으로 말이다.

일단 마음을 먹었으면 계속해서 끈기 있게 해야 하는 이유가 여기에 있다. 계속하다 보면 자기만의 암묵지가 길러지고, 그로 인해서 자신의 암묵지가 더욱 강화된다는 점이다. 그래서 하늘은 스스로 돕는 자를 돕는다고 하는가 보다.

21
이왕이면 다홍치마

"말은 제주도로 보내고 자식은 서울로 보내라."는 말이 있다. 사람이든 동물이든 자라는 환경에 따라서 크기가 달라진다. 개천에서 용이 난다는 말은 이제는 어불성설이다. 환경이 사람을 만들기 때문이다. 급변하는 환경에서 살아남기 위해서는 그에 상응하는 문화와 문명을 경험해야 한다.

놀아도 큰물에서
우물 안 개구리처럼 자기 세상이 전부인 양 살아가는 사람들이 바로 직장인이다. 자신의 부서와 자신이 소속된 조직이 전부라고 생각하고, 자신이 하고 있는 일이 최고라고 생각한다. 그러한 자부심과 자긍심을 갖도록 조직이 훈육하고 단련한 것이다. 오로지 직장에 대한 생각을 가지고 생활하도록 계속해서 정책을 펴는 곳이 바로 직장이라는 곳이다.

그런 직장 생활을 하면서 제2의 인생을 살아가기 위한 요량으로 미래를 준비한다는 것은 어렵고 힘든 일이다. 그럼에도 불구하고 일탈에서 벗어나서, 좀 더 넓고 좀 더 창대한 미래를 향해 끊임없이 노력해야 한다.

같은 직장 생활도 현장과 사무실, 상주와 교대는 판이하게 문화가 다르다. 술 마시고 먹고 노는 문화를 가진 현장에 비해 그래도 사무실 근무하는 직원들은 사고방식이 고루하지 않은 편이다. 다양한 정보를 접하기 때문인지도 모른다. 현장 직원들이 애사심이 깊은 반면, 사무실 직원들은 그 나름으로 자신들이 회사를 경영한다고 생각한다. 이유야 어떻든, 사무실이든 현장직원이든 모두가 회사의 녹을 먹는다는 입장에서 회사만 생각하는 우물 안 개구리들이 많다.

회사에서 얄팍한 직위를 이용하여 자신의 인생을 즐기는 사람도 있다. 일단 당신이 현장에 있다면 교대에서 상주로, 공장에 있다면 공장에서 부로, 부에 있다면 부에서 소본부로 보직이동을 해서라도 가능한 많은 정보를 접하고 많은 사람들이 교류하는 곳에 자신을 드러내야 한다.

현장에 짱 박혀 자신이 원하는 일을 남모르게 하는 것도 좋다. 단, 혼자 있어도 다양한 분야의 정보를 접하고 많은 책을 읽으면서 가능한 항상 깨어 있어야 한다. 폐쇄적인 환경에서 벗어나 좀 더 개방적이고 열려 있는 환경에 자신을 드러내는 것이 자기 성장을 도모하는 데 유리하다. 가능한 큰물에서 놀아야 하고, 부정적인 집단이 아닌 긍정적인 집단, 남을 시기하고 비방하는 집단이 아닌 남을 칭찬하고 서로 사기를 불러 일으켜 주는 집단, 현실에 안주하기보다 미래 지향적인 집단에서 놀아야 한다.

이왕이면 다홍치마다. 놀아도 싸구려 소인배들과 어울리지 말고, 자신보다 수준 높은 사람과 어울려야 한다. 사람은 어디에서 누구와 어떤 이야기를 하는가에 따라 자기의 삶이 만들어진다는 점을 명심해야 한다.

22
휴일은 후일을 도모하는 날

직장에서 일이 가장 즐거운 때는 자기 개인적인 비전과 조직에서 원하는 비전이 일치하는 경우다. 자기 가치를 올리면서 조직의 가치도 올리는 경우가 가장 이상적이기 때문이다. 자기도 성장하고 조직도 성장하는 곳에서 일을 한다면, 회사 일을 하고 있는 것 자체가 자기 미래 성장에 도움을 주는 여정이 된다.

하지만 회사 업무와는 전혀 색다른 일을 바라고 회사에서 얻은 지식과 경험이 정년 이후에 전혀 도움이 되지 않는다면, 재미를 느끼지 못하게 된다. 이때는 자신에게 주어진 시간과 여건을 최대한 활용해야 한다. 회사에서 일하는 시간 외의 시간에는 자기가 하고 싶은 일을 하는 것이다. 시간 외 근무를 하면서 심신을 지치게 한다면, 결코 직장에서 벗어날 수 없다. 근무 시간에는 회사 일에 충실하고, 다른 시간에는 자기 개발에 집중해야 한다. 그래야 자기 인생에 희망이 있다.

특히 휴일을 잘 활용해야 한다. 취미 활동을 하는 것도 좋지만, 가능한 휴일에는 평소에 하지 못한 것에 온전히 몰입해서 더욱 심도 있게 자신을 단련하는 시간을 가져야 한다.

나는 휴일은 후일을 도모하는 날이라고 본다. 직장인이 가장 좋은 것은 5일 일하면 2일을 쉴 수 있다는 점이다. 그 시간을 최대한 잘 활용해야 한다.

치밀한 전략과 전술에 의해 자신이 원하는 뜻을 펼치다 보면, 반드시 당신이 원하는 곳에 다다르게 될 것이다. 꾸준히 지속적으로 부지런히 하다 보면, 반드시 당신이 원하는 것을 얻을 수 있을 것이다.

시간은 금인가?

자기 개발에 빠지게 되면 퇴근 후 시간이 굉장히 귀하고, 휴일의 시간이 정말로 소중한 시간이라는 것을 느끼게 된다. 특히 정년이 얼마 남지 않는 상태에서 남은 직장 생활이 자신의 미래를 개척하는 데 아무런 도움이 안 된다는 것을 알게 된다면, 더욱 휴일이 소중하게 느껴질 것이다. 회사로부터 토사구팽이나 배신을 당한 적이 있다면, 더더욱 그런 느낌이 들 것이다.

그러므로 회사에서는 회사 일에 열정을 다하고, 회사 밖에서는 자신의 이력과 평판을 쌓는 데 주력해야 한다. 그래서 회사를 그만두고 나오는 시기가 도래하면, 자연스럽게 레일을 바꿔 타야 한다. 그러기 위해서는 그간에 회사에 힘써온 정력과 열정을, 이제는 회사 밖에서 자신이 하고자 하는 일에 쏟아부어야 한다. 그것이 자기 이름으로 살아가는 과정이다.

23

관점을 바꿔 바라보는 직장 생활

가끔 직원이 아닌 경영자의 관점으로, 머슴이 아닌 주인의 관점으로 보면, 정말로 쓸데없는 일을 하고 있다는 생각이 든다. 정말로 회사에 도움이 되지 않는 일을 하는 사람들이 너무도 많다. 어떤 형태로든 회사에서 하는 일은 회사의 경영에 이바지하는 일이어야 한다.

물론 회사에서 하는 모두 중요하다. 그런 관점으로 보면, 모두가 필요한 일을 하고 모두가 정상적인 업무를 한다고 생각한다. 그런데 간혹 쓸데없는 정책으로 회사 경영에 손해를 끼치는 경우도 있다. 일례로, 감사 하는 마음으로 일하도록 무드를 조성하는 것은 좋다. 하지만 그것이 주가 되어서는 안 된다. 무엇이 주고 어떤 것이 부가 되는지, 우선순위를 확실히 해서 일의 성과를 내도록 해야 한다. 단순히 즐기는 조직은 발전이 없다.

장기적인 안목에서 성과에 간접적인 영향을 미치는 감사운동을 하는 것이 좋을 수는 있다. 하지만 그것도 상황을 봐서 시행해야 한다. 회사 직원들의 불만을 잠재우기 위한 노무 관리의 일환으로 시행해서는 오히려 역효과가 나기 때문이다.

주객이 바뀌지 않도록 해야 한다. 주객이 전도되면, 일의 우선순위가 달라진다. 직원들이 성과를 올리기 위한 일에 집중을 해야 하는데 형식적으로 감사운동에 관한 실적을 만들기에 급급하다면, 이미 경영성과는 물 건너갔다고 봐야 한다.

회사에서 일을 통해 수익을 내고 생산성을 향상시켜 경영에 이바지해야 하는 것이 우선인데, 그것이 부적인 일이 되어 버리면 곤란하다. 어찌 보면 그런 조직에 몸을 담고 있을 때가 자기 혁신을 꾀하는 사람에게는 호기가 아닐 수 없다. 개인적으로 더 많은 시간을 확보할 수 있기 때문이다.

주변을 돌아보면, 빈둥빈둥 회사에서 노는 사람들이 많다는 것을 느낀다. 그런 사람들을 보면, 마치 직장 생활을 그저 시간 때우는 것으로 착각하는 것처럼 보인다. 그런 부류의 사람들은 자신의 이름을 알려야 하는 순간에 자신의 존재감을 드러내기 위해 자신이 하고 있는 일을 부각시키고, 별로 중요하지 않는 일을 매우 중요한 일인 양 포장한다. 참으로 안타까운 현실이 아닐 수 없다.

마찬가지다. 개인의 자기 개발 차원에서 보면, 회사에서 하는 모든 일은 자신에게 그다지 유리한 일이 아니다. 회사에서 하는 일이 자신의 미래를 위해 도움이 되지 않는 일이라고 생각하면, 그냥 기본만 하면 된다. 자신과 회사 경영 이익에 도움이 되지 않는 회사 업무에 매달려 자신의 미래 인생에 투자할 시간적인 여유를 잃지 말라는 것이다.

회사가 경영의 이익을 창출해야 하듯이 개인도 미래 수익을 창출해야 한다는 점을 명심해야 한다. 그러기 위해서는 현재 하고 있는 일의 관점을 직원의 관점이 아닌 경영자의 관점으로 바라 봐야 한다. 그러면 회사에서 하는 모든 일이 자신을 성장시키는 발판이 될 것이다.

24
자기 업무량을 줄이자

직장에서 틈나는 대로 일정 시간을 자기 개발을 위한 창조적인 시간으로 활용하기 위해서는 무엇보다 회사에서 주어진 자신의 업무가 적어야 한다. 따라서 가능한 자신의 업무 부하를 줄여야 한다. 이를 위해서는 현재 하고 있는 업무를 줄이되, 가능한 새로운 업무를 맡지 않아야 한다. 그러면서도 회사에서 업무하는 것과 같은 냄새는 풍겨야 한다.

회사에서 자기만의 여유를 확보하기 위해서는 일단은 톡톡 튀지 않아야 한다. 자기 존재감을 드러내기 위해 전체 메일로 공지하고, 자신이 열심히 일을 하고 있다는 것을 드러내기 위해 알리지 않아도 되는 사항을 알리고 보고하는 등 무모한 액션을 취하지 말아야 한다. 그러한 오버 액션은 득보다는 실이 많다는 점을 알아야 한다.

튀지 말라는 것이다. 가만히 있으면 된다. 소리 없이 그냥 일만 열심히 하면 된다. 다른 사람들은 당신의 일이 어느 정도 분량이고, 일에 대한 피로도가 얼마인지 모른다. 그러므로 열심히 하면서 가끔 일이 과중함에도 불구하고 어쩔 수 없이 한다는 이미지만 적기적시에 표현하면 된다.

또 새로운 업무를 맡을 것 같으면, 현재 하고 있는 업무 일부를 덜어 내고 채우는 형태로 업무를 해야 한다. 직장에서의 일은 한번 들어오면 빠져나가지 않는다는 사실을 알아야 한다. 이 말인즉, 한번 해당 업무를 맡게 되면 계속해서 해야 하고, 일은 결코 줄지 않는다는 점을 알아야 한다. 가능한 회사에서 하는 자기 업무량을 적정 수준으로 유지해야 한다. 그것이 스스로 자신을 보호하는 길이다.

25

주인처럼 행동하라

회사의 주인은 일하는 현장에 없다. 특히 공기업의 경우에는 더더욱 그러하다. 공기업은 주인 없는 기업이라고 말한다. 그래서 직원들이 애써 번 경영이익금을 낭비하는 경영자도 있다. 현장에서 불철주야 근무하는 생산직 사원들이 애석할 뿐이다. 그렇다고 마냥 손을 놓고 있을 수는 없다. 윗선에도 그 나름의 정치가 있을 것이고, 그것 역시 기업을 살리기 위한 목적에서 하는 어쩔 수 없는 필요악인지도 모른다. 그런 것을 보면서 공기업에는 주인이 없다는 생각을 하게 된다.

물론 조직의 리더가 주인이라고는 하지만, 리더 역시 직장인의 한 사람일 뿐이다. 그러므로 직급이 낮다고 의기소침할 필요가 없다. 그냥 당당하게 주인처럼 행동하면 된다. 자신이 회사 경영자라는 생각으로 일에 임하면 된다. 어차피 주인이 없다. 주인답게 생각하고 주인다운 모습으로 주인 노릇하는 사람이 주인이다. 긍정적으로 생각하고 적극적으로 일을 하면 그 사람이 애사심이 있는 사람이고 그런 사람이 주인이다.

26
내 편 만들기

자기만의 영역을 확보하여 자기만의 시간을 갖기 위해서는 다른 사람들이 당신의 영역에 관심을 갖지 않도록 시선을 다른 곳으로 돌려야 한다. 그러기 위해서는 다른 사람을 칭찬하고 큰소리로 인사하며, 겸손하고 겸허한 모습을 보여야 한다. 아울러 다른 사람들이 당신에게 호감을 보이도록 하고, 적대시하지 않도록 하는 것이 중요하다. 그래야 회사에서 자기 일을 해도 크게 관심을 두지 않는다.

일반적으로 사람들은 자신에게 호감을 느끼고 자신과 한편이라고 생각하면, 당신이 하는 일에 대해 가타부타 참견을 하지 않는다. 자신을 좋게 보고 자신을 칭찬해 주니 당신에게 그다지 크게 신경 쓰지 않을 것이라는 것이다.

하지만 상대방과 적대적인 관계가 되었을 때, 상대방은 당신에게 감시의 눈초리를 보낼 것이다. 당신의 일거수일투족을 감시하며 꼬투리를 잡기 시작한다면, 결국은 당신은 허점을 보이게 되고 그 허점을 명목으로 삼아 당신을 험담하는 공세를 펼칠 것이다.

그러므로 주변에 적을 만들지 않도록 함께 일하는 사람들을 칭찬하며 항상 감사하는 마음을 가져야 한다. 가장 좋은 방법은 특정인을 지정해서 한 사람 한 사람씩 당신 주변의 사람들을 당신 편으로 만드는 것이다. 그러면 당신이 업무 시간에 다른 일을 해도 크게 관여하지 않을 것이다. 당신을 좋게 보기 때문이다.

아울러 일을 하면서 주변 사람들에게 욕을 먹지 않도록 해야 한다. 만일 혁신의 기획안을 구체화를 해서 액션 플랜을 세워야 한다면, 특정인이나 특정 조직에 업무가 과중되지 않도록 해야 한다. 상사가 원하는 정도로 디테일하게 기획하면, 상사는 그것을 토대로 특정인이나 특정 조직에 성과를 요구할 것이고, 결국 특정인과 특정 조직이 스트레스를 받게 될 것이다. 그런 경우 스트레스를 받는 사람들은 상사를 욕하기보다는 기획하고 기안했던 당신을 욕하게 된다는 점을 알아야 한다.

상사는 당신을 통해 원하는 목표를 달성할 것이고, 실무를 담당하는 당신 역시 당신의 기안에 버금가는 활동을 해야 하기 때문에 일이 많아지게 된다. 그러므로 일을 함에 있어서도 상사의 지침이라고 해서 밑바닥이 다 보이도록 구체화하기보다는 적당히 하는 것이 좋다. 다른 사람들이 스스로 알아서 하도록 기획안을 마련하는 것이 좋다.

대부분의 직장인들은 일을 하면서 모두가 자신의 일이 아니라고 생각한다. 어차피 하는 일, 크게 힘을 들이지 않고 하루를 편안하게 보내려는 안일한 생각을 갖고 있다. 그들을 힘들게 하면, 결국 그 사람들의 적으로 몰릴 수밖에 없다. 담당자가 일을 만들면 만들수록 직원들이 힘들어지고, 그런 직원들을 다시금 원만하게 이끌어야 하기에 일이 점점 많아진다. 그러므로 적당하게 일을 하면서 다른 사람들에게 욕을 먹지 않을 정도로 일을 하는 것이 바람직하다.

물론 경우에 따라 직원들에게 스트레스를 줄 수는 있다. 그런 경우에는 직원들에게 그 일을 해야 하는 필요성과 일의 의미를 명확하게 설명하고, 그들의 협조를 구하는 식으로 기획안을 마련해야 한다. 그러면 상사의 요구와 직원들의 바람을 동시에 만족시키는 일석이조의 효과를 볼 수 있다.

27

'적당히' 알아야 하는 이유

아는 만큼 보이고, 보이는 만큼 느끼며, 느끼는 만큼 행동하게 된다. 왜냐하면 알면 아는 만큼 그 대상의 의미를 알게 되기 때문이다. 그림을 볼 줄 아는 사람은 그림의 가치를 안다. 보는 대상의 히스토리를 알게 되면, 그에 상응하는 정도의 의미를 부여하게 된다. 생판 모르는 상태에서는 뭐가 중요하고 어떤 의미가 담겨 있는지를 알 수 없다.

직장 생활을 하는 직장인이라면, 그러한 과정을 잘 알고 있어야 한다. 회사는 언제 세워졌으며, 공장장은 언제 보임을 했고, 설비는 언제 들어왔는지를 알아야 한다. 또, 회사의 경영상황은 어떻고 사람을 선발해서 선정하는 것은 어떻게 하는가에 대해 잘 알고 있어야 한다. 그것이 바로 의미를 더해 가는 과정이다.

자기 이름으로 사는 것과 그러한 과정을 아는 것은 관련이 있다. 그에 따른 과정을 알고 있으면, 앞으로 어떻게 일이 전개되고 어떤 시점에 무슨 일이 일어날지를 예측할 수 있기 때문이다. 일례로 공장장이 보임하여 3년 주기로 이동 한다는 사실을 안다면, 그 공장장이 있는 3년간 어떻게 처신해야 할 것인가에 대한 자신만의 전략을 수립할 수 있다. 또 새로운 설비가 언제 들어오고 어떤 고장이 자주 발생하며 고질적인 문제는 무엇인가를 알게 되면, 어떤 일을 해야 하고 언제쯤 수리해야 될 것이라는 것을 어느 정도 짐작할 수 있다.

아울러, 회사가 어떻게 돌아가고 살림살이는 어떠한지를 상식적으로 알고 있어야 한다. 그래야 회사 경영이 좋지 않을 때 걱정하는 모습을 보이고, 기쁠 때는 함께 기뻐하는 모습을 보일 수 있다. 그런 사람이 직장 생활을 잘하는 사람이다. 그 과정에서 일의 과정을 알게 되면, 어느 시점에 자신이 쉴 수 있는지를 정확하게 예측

할 수 있다. 비근한 예로, 자신이 다른 곳에서 낮잠을 자도 들키지 않고 낮잠을 잘 수 있다는 것이다.

그렇다고 모든 것을 세세하게 알아야 하는 것은 아니다. 알지 말아야 하는 것까지도 알게 되면 자신도 모르게 빠져들 수 있으므로 적당히 알아야 한다. 아는 사람이 보험을 하면 들기 싫어도 들어야 하는 상황이 생길 수 있는 것처럼 너무 자세하게 알다 보면 아는 처지에 가만히 있지 못해 어쩔 수 없이 일을 해야 하는 경우가 생기게 마련이다.

그러므로 어떤 경우에는 아는 것도 모르는 척하는 것이 좋다. 알면서 하지 않는 것보다 몰라서 하지 못했다는 느낌을 주어야 한다. 물론 자신은 모든 것을 알면서도 마치 모르는 것처럼 행동해야 한다.

28

현재가 제일 좋은 기회

직장 생활 말년에 이르면, 자신이 처한 상황이 한스럽기도 하고, 또 과거의 영광스러웠던 시절로 돌아가고 싶은 생각이 간절해진다. 하지만 현재 있는 곳이 꽃자리라는 것을 알아야 한다. 과거는 그저 추억일 뿐이다. 현재가 자신이 쉼을 취하면서 안정된 환경에서 자신의 미래를 준비할 수 있는 가장 좋은 시기라고 생각해야 한다. 정년 이후 자신의 인생을 장기적인 관점으로 볼 때, 현재 한직에 있는 것이 더없이 큰 기회라고 생각해야 한다.

사실 누구나 현실에서 권세를 누리고 싶고 인정받고 싶어 하는 마음이 있기 마련이다. 그러나 그런 마음을 버려야 한다. 오로지 현재가 좋은 기회라고 생각하고, 현실에서 힘을 기르기 위해 힘써야 한다. 이때 어떤 상황에서도 계속하는 것이 무엇보다 중요하다.

일례로 글을 쓰는 작가라면, 감정의 굴곡이 있을 때 글을 써 놓으면 소재가 참 다채롭다. 글을 쓰다 보면 슬플 때는 슬픈 글이 써지고, 기분이 침울할 때는 침울한 글이 나오게 마련이다. 계속하다 보면, 어느 시점에 보석 같은 글을 쓰게 된다.

과유불급이다

회사에서 누구 눈치를 볼 필요는 없다. 누구나 딴짓을 하고 싶어 하기 마련이다. 누구나 일이 많은 것은 아니다. 그냥 일이 많은 척할 뿐이다. 정말로 회사를 위해 사명을 가지고 일을 하는 사람은 많지 않다. 누구나 주인이 보지 않으면 딴짓을 하고 싶어 한다. 그래서 그런 사람이 생기지 않도록 법과 규율을 만들어서 조직 관리를 하는 것이다.

그러므로 회사 법망에 걸리지 않고 규율을 어기지 않는 범위 내에서 딴짓을 할 수 있는 시간이 생긴다면 자신의 감정 기복에 상관없이 노력해야 한다. 계속하는 힘이 진짜 힘이다. 그것을 하지 않으면 금단 현상이 오르는 단계에 이르기까지 계속하는 것이 무엇보다 중요하다.

29

하루하루 자신을 변화시키는 삶

현재는 그간 당신이 살아온 날의 최종 결과물이다. 또 현재는 미래를 잇는 점이다. 과거가 현재가 되고, 현재가 미래가 된다. 즉, 과거의 점이 현재의 선이 되고, 현재의 점이 미래의 선이 된다. 점이 모여 선이 되고, 선이 모여 면이 되며, 면이 모여 육면체가 되는 것이 우리의 인생이다.

직장 생활을 하는 과정도 이와 같다는 것을 알아야 한다.

자신이 과거에 무엇을 했는가는 중요하지 않다. 현재 하고 있는 일이 미래로 가는 가교 역할을 한다는 것을 알아야 한다. 과거의 점들이 모여서 현재를 이루고, 현재의 점들이 모여 미래를 잉태한다는 것을 알아야 한다. 그러므로 오늘의 역경과 고난은 미래의 선이 되는 점이라는 점을 생각해서, 애써 피하지 말고 의연하게 대처해야 한다.

나비효과가 말해 주듯 현재 자신이 행한 모든 것들이 자신의 전반적인 인생에 영향을 준다는 점을 명심해야 한다. 그러므로 하루하루 자신을 변화시키는 데 주력해야 한다. 하나의 작은 변화가 미래를 여는 만능 키가 되고, 오늘의 작은 노력이 내일의 큰 행복이자 보람이라는 생각으로 중년의 삶을 알차게 보내야 한다.

30
변화를 위해 필요한 두 가지

변화를 위해서 꼭 필요한 것이 있다면, 필요성과 간절함이다. 변화하기 위해서는 변화하고자 하는 필요성이 있어야 하고, 이에 더하여 간절함이 있어야 한다는 것이다. 자기 브랜드 가치를 올리는 것도 마찬가지다. 현재 위치에서 주어진 대로 산다면, 결코 변화는 없다. 우선적으로 필요성을 느껴야 한다.

현재는 먹고 살만 하고 아쉬울 것이 없기에 필요성이 샘솟지 않는다. 또 굳이 해야 할 필요성을 못 느낀다면, 회사에서 일을 하는 것 자체가 지루하고 따분할 수 있다. 자신이 필요하다고 생각해야, 그것이 의미 있게 다가오고 그 과정을 온전히 즐길 수 있기 때문이다.

이에 더하여, 아주 간절해야 한다. 그냥 되면 되고, 안 되면 다른 일을 하겠다는 막연한 생각으로는 변화를 기대할 수 없다. 이것을 하지 않으면 목숨을 내놓겠다는 정도로 간절해야 한다. 그것이 힘든 상황을 의연하게 극복할 수 있는 명약이다.

또 똥줄이 타는 긴급한 상황에서는 힘든 것을 느낄 겨를이 없다. 긴급하고 간절하면 자신의 한계를 넘어설 수 있다. 그러한 간절함이 있어야 한다. 하지 않으면 안 되는 이유, 반드시 해야만 하는 이유, 기필코 이루고야 말겠다고 생각하는 이유가 있어야 한다. 그러한 이유가 있어야 그것이 필연이 되고, 그 필연으로 말미암아 자기 혁신에 헌신하는 시간을 소중하고 귀하게 생각하게 된다.

소중하고 귀한 것은 함부로 다루지 않는다. 자신이 하는 일이 귀하다는 마음을 가지면, 그것을 하는 시간이 귀하고 소중하게 느껴진다. 간절한 마음이 극에 달하는 순간, 자신이 하는 일이 귀하고 소중하게 느껴진다. 그런 상태에 이르는 날이 많으면 많을수록, 자기 혁신의 성공률이 높아진다는 점을 명심해야 한다.

31

규칙적이고 반복적으로 하는 습관

회사든 가정이든 어디에서 무엇을 하든지 간에 그것을 이루기 위해서는 규칙적이고 반복적으로 계속하는 것이 중요하다. 계속해서 반복적으로 해야 한다. 가뭄에 콩 나듯 하고, 생각나면 하고, 시간나면 하고, 기회가 되면 한다는 생각으로 임해서는 실효성이 없다. 조금 하든 많이 하든 계속 반복적으로 하는 것이 무엇보다 중요하다.

"하다가 그만 두면, 아니한 만 못한다."는 말이 있다. 한번 시작했던 일을 중지했다가 다시 시작하기 위해서는 처음보다 힘이 두세 배 더 들어간다. 자기 혁신을 준비하고 실행함에 있어서도 계속해야 한다. 물론 회사에서는 다른 사람들을 보면서 눈치껏 해야 하기에, 계속하는 것은 힘들다. 그럼에도 불구하고 악착같이 해야 한다. 이때 상황을 봐 가면서 적당히 하는 것이 좋다. 자칫 회사에서 회사업무 시간을 사적으로 할애한다는 루머가 번질 수 있으므로 주의해야 한다.

요령도 실력이다

아울러 회사에서 자신에게 주어진 일은 빈틈없이 처리하면서 해야 한다. 일을 미뤄 두었다가 동료들이 있을 때는 많은 일을 처리하고 있는 것처럼 보이고, 동료들이 없을 때 자기 개발을 하는 것이 좋다. 가장 불쌍하고 우매한 사람은 회사 일이 많아서 자기 혁신을 꾀할 시간이 없다고 말하는 사람이다. 그런 사람의 속내를 들여다보면, 크게 하는 일도 없다.

또 일이 많다고는 하지만, 성과를 내지 못하는 경우가 많다. 그러면서도 시간이 없고 일이 바빠 죽겠다고 한다. 그것은 자기 생각일 뿐이라는 것도 모르면서 말이다.

남들보다 더 많은 성과를 내는 것도 아니면서 휴일까지 반납하면서 회사에서 사는 사람들이 많다. 회사 입장에서는 휴일 근무 수당이 지급되므로 손해다. 일이 없으면서 휴일에 회사에 나가 휴일 수당이라도 챙기려는 얄팍한 수를 쓰는 사람으로 인해 경영이 악화되는 것이다.

중년의 직장인은 그런 시간에 가정을 돌봐야 한다. 또 자신의 미래를 위해 새로운 도전에 나서야 한다. 얼마 되지 않는 휴일 수당을 챙기려고 아까운 시간을 낭비하는 우를 저질러서는 안 된다. 차라리 그 시간에 자기 개발을 하는 편이 낫다. 젊은 날에 그렇게 회사를 위해 죽도록 일을 했으니, 이제는 최소한 퇴근 후와 휴일에는 회사보다는 자신의 미래를 위해 시간을 할애해야 한다.

32
좋은 이미지를 풍겨라

회사업무 시간에 자신이 하고 싶은 일을 하기 위해서는 평소에 언제나 자신은 회사를 위해 일하고 모든 것은 조직을 위하고 회사 이익을 위한다는 점을 대내외에 과시해야 한다. 또 평상시 직원들과 함께 이야기할 때도 회사 정책에 부정적인 태도를 보이지 말아야 한다. 그 어떤 경우에도 회사 정책에 긍정적이며 회사의 모든 것을 좋게 본다는 이미지를 풍겨야 한다.

아울러 회사의 경영 상태를 보고 경영이 안 좋으면 걱정하는 모습을 보이고, 위기극복을 위해 자신이 맡은 바 업무에 최선을 다해야 한다. 아울러 회사 비품 하나라도 아껴 쓰는 모습을 보여야 한다.

현장에서 일하는 직장인이라면, 현장 통로의 쓰레기도 직접 줍고 일찍 출근해서 현장을 깨끗하게 청소하는 모습을 보여야 한다. 남이 보지 않을 때 자신을 위한 딴짓을 하기 위해서는 남 보기에 회사 일에 매진하는 이미지를 풍겨야 한다. 설령 회사에 대해서 좋지 않는 감정을 가지고 있더라도, 결코 부정적인 태도를 보이지 않아야 한다.

오로지 자신은 회사에 몸담고 있는 것을 자랑스럽게 생각하며, 회사에 대한 자긍심도 투철하고 자신에게 주어진 모든 시간을 회사를 위해서 헌신하고 있다는 이미지를 풍겨야 한다.

33
때로는 악인을 자처하라

회사에 충성하고 회사의 제반 정책에 순종하면서 매사 긍정적인 모습을 보이면 좋은 점도 많지만, 다른 사람들로부터 시기를 받기도 하고 때로는 상사로부터 오더가 늘어나는 경우도 있다. 그러므로 자신이 회사에 대해 애정을 가지고 있더라도 가능한 업무를 많이 부여받지 않기 위해서는 일부러라도 부정적인 이미지를 보여야 한다.

가끔은 불평불만을 토로하면서 회사의 각종 정책에 부정적인 태도를 보여야 한다. 물론 회사 일을 제대로 하면서 불평해야 한다. 일도 하지 않으면서 불평만 하다 보면 오히려 역공을 당할 수 있으므로, 회사를 욕할 때에는 자신이 맡은 바를 다하면서 해야 한다.

대의와 명분으로

불평불만을 토로할 때는 직원을 위하는 대표자의 입장에서 해야 한다. 또, 회사의 편을 들기보다는 직원들 편을 드는 것이 좋다. 그러면 그로 인해서 자기 방어가 되기 때문이다. 사람들이 함부로 자신을 대하지 못하게 되고, 직원들이 자신들이 하고 싶어 하는 말을 시원하게 뱉어 주는 당신에게 오히려 호감을 갖게 될 것이다. 그러는 가운데에서 자신의 시간을 확보해야 한다.

일반적으로 회사 정책에서 대해 감 내놔라 대추 내놔라 따지고 직원들의 복리 증진을 위해 목소리를 높이는 사람에게는 오더를 많이 내리지 않는다. 회사를 욕하고 회사 정책에 대해 반감을 갖는 사람에게 중요한 일을 주지 않는 것은 당연하다. 회사 정책에 불평불만을 하는 자세가 자기방어가 되는 셈이다.

중요한 것은 자신을 방어하는 정도로 가볍게 불평불만을 해야 한다는 점이다. 그렇지 않고 머리에 빨간 두건을 두르고 데모하는 정도의 불평불만은 오히려 자신을 궁지로 몰 수 있으므로 자기 안위를 지키는 정도까지만 하고 손을 떼는 것이 바람직하다.

34
자기 시간을 확보하는 길

출근하면 하루 내내 자기 부서 혹은 연관 부서의 회의에 참석하고, 자신의 일과는 하등 관계가 없는 일로 시간을 소비하는 경우도 있다. 그러다 정작 자신의 업무는 퇴근 무렵에나 하게 되고, 급기에는 일과 외에 시간을 내서 해야 하는 경우도 있다.

자신과 전혀 무관한 회의에는 과감하게 불참을 통보하고 자신의 업무와 상관없을 것 같은 일과는 적정 거리를 유지해야 한다. 자신에게 유리한 경우 혹은 자기 업무에 관계있는 것에는 적극적으로 참여하되, 그렇지 않는 경우에는 등한시함으로써 자기 시간을 확보해야 한다.

특히 회사에서 이벤트 격으로 무드를 형성하기 위해서 하는 행사나 회의에는 참여하지 않는 것이 좋다. 참석하지 않아도 되는 행사

인데 사람을 동원해서 행사 분위기를 자아내려는 그러한 곳에는 가능한 참석하지 말고, 그 시간을 이용해서 자기 업무를 하는 것이 바람직하다. 그렇지 않고 그런 행사에 참여하다 보면, 자신도 모르게 분위기에 취해서 자신의 의중과는 전혀 다른 선택을 하게 되고 자기 생활 패턴을 잃을 수 있다는 생각을 가져야 한다.

35
업무도, 삶도 간결하게

자기 마음의 여유를 확보하기 위해서는 직장에서 일할 때도 업무를 간소화하고 간결하게 정리해야 한다. 회사 업무도 가능한 단순한 업무를 맡는 것이 좋다. 복잡하게 머리 쓰거나 밤을 새워 궁리하며 기획해야 하는 복잡한 업무는 이제 그만해야 한다.

이제는 가능한 단순 업무를 해야 한다. 그다지 머리 쓰지 않아도 되는 단순한 업무를 해야 한다는 것이다. 아울러 자신의 삶도 간소화해야 한다. 일과 학습과 혁신업무로 자신의 업무를 배분하도록 계획을 세우는 것이다. 일을 할 때는 일을 하고 자신의 성장을 위해 학습하는 시간에는 학습을 하며, 아울러 자기 혁신을 꾀해야 한다.

복잡하게 머리 쓰는 업무를 하지 않아야, 일과 후 회사 일로 인한 걱정 없이 오로지 자기 성장을 위한 자기 개발에 전력을 기울일 수 있다. 회사 일이 많아 집에 가서도 자기 시간을 버리면서까지 회사 업무를 해야 하는 불상사가 생기지 않도록 업무를 잘 조정해야 한다.

아울러 이제는 심적 · 육체적으로 피로도가 높은 일에 대해서는 기득권을 유지하는 데 필요한 일일지라도, 과감하게 후배들에게 양보해서 자기 일을 최소화하는 데 힘써야 한다. 그래야 여유가 생긴다. 그런 여유를 이용해서 자기가 가고자 하는 길에 열정을 토해야 한다.

36
일찍 출근해야 하는 이유

자기 이름으로 살기 위해서는 무엇보다 부지런해야 한다. “부지런함은 값없는 보배”라는 말이 있듯 일찍 출근을 하는 것은 여러 면에서 생활에 이익이 된다.

일단 남들보다 먼저 하루를 시작해서 좋고, 남들이 출근하지 않은 조용한 사무실에서 자신의 일에 몰입할 수 있어서 좋다. 또 남들보다 일찍 출근을 했다는 마음에 자긍심이 생기고, 남들과 다른 특별한 하루가 될 것 같은 좋은 예감이 들기도 한다. 그래서 경영하는 사람, 자기 주도적인 사람, 일을 즐기는 사람 등 새벽 출근을 좋아하는 사람들 가운데 특별한 사람들이 많다.

새벽시간=황금시간

남들보다 1시간 정도 일찍 출근하는 것은 출근길 러시아워를 피해 출근함으로써 시간을 절약할 수 있다. 또 다른 사람들에게 부지런하다는 이미지를 심어 줄 수 있다. 특히 일찍 출근하면 뭔가 모르게 회사에 대해 애착을 갖고 있는 직장인처럼 보여서 좋다. 회사 업무에 대해 다른 사람보다 애착을 가지고 있다는 이미지를 심어 줄 수 있다는 것이다. 그런 이미지를 풍기면 부지런하다는 것 하나만으로 자신의 이미지를 긍정으로 깊이 각인시킬 수 있다.

또 일찍 출근해서 자신이 하고 싶은 것을 하면 좋다. 일찍 출근해서 정상 업무에 들어가기까지 자신의 일을 해야 한다. 그렇지 않고 회사 업무를 하는 것은 황금 같은 시간을 버리는 것과도 같다. 반복해서 말하지만, 회사 업무 시간에는 회사 업무를 하고, 개인이 쓸 수 있는 시간에는 개인이 하고자 하는 일을 해야 한다. 그래야 정년 이후에 자기 이름으로 살아갈 수 있다.

전날 밤 컨디션=새벽 컨디션

일찍 출근하기 위해서는 전날 밤 컨디션 조절을 잘해야 한다.

새벽에 일어난다는 것은 전날 밤에 안정된 생활을 했다는 것을 증명한다. 대부분 일찍 출근하는 사람들은 자신이 하는 일에 주인의식을 가진 사람들이다. 그래서 리더들의 출근 시간은 항상 빠르다. 자신이 다른 사람을 리드하기 위해서는 다른 사람보다 정보를 빨리 알아야 하고, 다른 사람들에 비해 준비를 많이 해야 하기 때문이다.

역으로 생각해서, 일찍 출근하지 않는다는 것은 자기 주도적으로 일을 하지 않고 있다는 의미다. 일찍 출근해야 하는 이유가 바로 여기에 있다. 자기의 삶을 자기가 주도적으로 이끌기 위해서다.

37

오래 살아남는 자가 강한 사람

가장 강한 사람이 오래 살아남는 것이 아니라, 가장 오래 살아남는 자가 가장 강한 사람이라는 말이 있다. 오래도록 버티는 힘이 바로 실력이고 내공이다. 직장인의 경우, 회사에서 남아 있을 수 있을 때까지 오래 버티는 것이 중요하다.

혹자는 자기가 하고 싶은 일을 하기 위해서는 과감히 회사에서 벗어나라고 말을 한다. 하지만 그것은 좋은 방법이 아니다. 정년하고서도 최소 10년 이상을 현업에서 일해야 한다. 핵가족화로 인해 부모를 부양하지 않는 자식들이 늘고 있다. 이제는 늙어서도 현업에서 일을 해야 하는 시대다. 그런 점에 비춰 볼 때, 직장에서 일을 한다는 것은 무한한 행복이 아닐 수 없다. 일할 곳이 있고 출근할 곳이 있고 월급 받을 수 있는 곳이 있다는 것이 행운인 것이다.

'사오정(45년 정년퇴직)'이다, '오육도(5~60대에 회사를 계속 다니면 도둑놈)'다 말하는데, 오십대 중반에 일할 곳이 없어 쉬고 있다면 참으로 애석한 일이 아닐 수 없다. 그러므로 이제는 남과 차별화된 확실한 실력이 있어도 가능한 정년까지 버텨야 한다. 정년 이후에도 얼마든지 자기 이름으로 살아갈 기간은 충분하다.

더군다나 회사는 자신이 원하면 얼마든지 그만둘 수 있다. 특히 주 5일 근무로 휴일도 많아, 회사를 다니면서도 다른 일을 할 수 있는 시간적인 여유도 많다. 이제는 어느 정도 시간적인 여유를 가지고 일을 할 수 있게 된 것이다. 그러므로 직장인이라면 가능한 직장에서 끝까지 버텨야 한다. 그러면서 자기 이름으로 살아가기 위한 준비를 해야 한다.

38

그때만 잘 넘기면 된다

직장 생활은 그때그때 상황만 잘 넘기면 된다. 일이 많으면 그 일을 바쁘게 하는 척을 하고, 상사로부터 오더를 받으면 그 일을 우선적으로 하겠다는 의사를 표출하면 된다. 태풍이 불면 고개를 숙이고 몸을 낮추어야 하듯, 일이 많으면 일에 신경을 쓰고 업무지시를 받으면 그 일을 하느라고 힘든 척하면 된다.

회사의 바쁜 일은 시간이 지나면 언제 그랬냐는 듯 한가한 일이 된다. 또, 그렇게 안달복달하면서 시급하다고 했던 일도 시간이 지나면 한가롭고 여유로운 일이 된다. 그러므로 그때그때 시기만 잘 넘기면 된다. 회사 일로 스트레스를 받고 있다면, 그 순간만 무사히 잘 넘기면 된다는 생각으로 순발력 있게 처리해야 한다. 일로 인한 스트레스를 받지 말고 마음 편하게 생활하라는 것이다.

당신이 해야 하는 것은 오로지 자신의 목표에 집중하는 것이다. 현장이 제일이고 생산성이 제일이고 혁신적 창의적 현장을 만들겠다고 아우성을 치면, 그것에 순응하는 척을 하면 된다. 그때그때 상황을 잘 넘기다 보면, 자신에게 또다시 여유로운 시간이 온다는 것을 명심해야 한다. 회사 업무는 계속해서 바쁜 것이 아니다. "세상에 영원한 것은 없다."는 말이 있듯 회사 업무 또한 그러하다는 점을 알아야 한다.

시간이 약이다

상사도 사람이고 직장인일 뿐이다. 또, 사람은 잊어버리기도 하고 일관성을 유지하기 힘들다는 점을 알아야 한다. 그래서 오늘 중요하게 생각했던 일이 시간이 지나면 등한시되고, 오늘은 별것이 아니라고 생각했던 일이 시간이 지나 매우 중요한 일로 둔갑하는 경우도 있다.

시간이 약이다. 어렵고 힘들어도 그때그때 상황을 슬기롭게 넘기면 된다. 언제 어느 시점에서 상황이 급변할지도 모른다. 자신에게 유리한 상황이 올 때까지 여유를 가지고 적정하게 현재 처한 상황을 잘 넘긴다는 생각으로 일을 하면 된다.

그러므로 회사일로 정신적 스트레스를 받지 말고, 그냥 자신이 바라는 자신의 길을 가면 된다. 회사의 업무는 그냥 부업이라는 생각을 가지고 오로지 즐겨라. 그것이 자기 신상에 좋다.

39 의미를 찾아 가는 여정

앞서 변화하기 위해서는 필요성과 간절함이 있어야 한다고 이야기했다. 이에 더하여 지속적으로 변화하기 위해서는 이 두 가지가 융합되어, 하고 싶어 하는 마음으로 변질되어야 한다.

즉, 갖고 싶은 것은 갖고 싶은 마음을 가져야 갖게 되고, 되고 싶은 사람은 되고 싶은 마음을 가져야 되고 싶은 사람이 된다는 것이다. 왜냐하면 그러한 마음이 행동을 유발하고 끝까지 하는 힘의 원천이 되기 때문이다. 성공 여부는 끈기에 있다. 끝까지 그리고 계속해서 반복적으로 꾸준히 하는 힘이 바로 성공의 힘이다.

무엇인가를 한다는 것은 의미를 찾아 가는 여정이라고 볼 수 있다. 무엇인가 자신이 목표로 하는 것을 끝까지 하는 마음은 그것을 진정으로 얻고 싶고, 되고 싶고, 하고 싶어 하는 마음이 있다는 것을 의미한다.

회사 일을 하다 보면, 뭔가를 하고 싶어 하는 사람과 그렇지 않고 억지로 하는 사람의 자세에는 커다란 차이가 있음을 알 수 있다. 뭔가를 하고 싶은 사람은 자신이 하고자 하는 대상에 대해 호기심이 많고 설레는 마음으로 접하게 된다. 그에 반해서 그런 마음이 없는 사람은 그냥 보는 둥 마는 둥 꿔다 놓은 보릿자루 대하듯 한다. 정성과 애정이 부족하고 관심이 부족하다는 것이다. 그런 마음 가짐으로 일한다면, 보지 않아도 결과가 뻔하다.

의미를 더해주는 학습

실제로 무엇인가를 하고자 하는 마음을 가지면, 그에 대해 꾸준히 학습해야 된다. 그러면 전문가 수준에 이르게 된다. 바로 그러하다. 하고 싶어 하는 마음이 있으면 그 일을 대하는 마음자세가 크게 달라진다. 하고 싶어 하는 것을 보면, 스스로 의욕이 생겨야 한다.

일례로 좋은 차를 갖고 싶다면 그 차종만 지나가도 그 차에 대한 부러운 마음이 생기고, 그 차를 반드시 갖고야 말겠다는 강한 의지가 샘솟아야 한다. 또, 자기가 되고 싶은 사람을 보면 그 사람을 닮으려고 노력해야 한다. 아울러 하고 싶은 것을 하게 됐을 때는 그 성취감을 가능한 오래 유지해야 한다.

이에 더하여 자기보다 잘난 사람을 보면 부러운 마음을 갖고, 그런 사람이 되기 위해서 절치부심 노력하겠다는 각오를 다지고 자기보다 못한 사람을 보면 그런 사람이 되지 않기 위해 꾸준히 노력해야 한다는 생각을 가져야 한다. 그러한 마음이 자신을 성장시키는 원동력이 된다는 점을 알아야 한다.

40
기득권을 내려놓는 지혜

우둔한 직장인은 직장 말년에 자신의 기득권을 내려놓지 못하는 사람이다. 직장 말년에 이르면, 기득권을 후배들에게 넘겨주어야 한다. 그런 사람이 지혜로운 직장인이다. 중년이 되어서도 회사에서 기득권을 지키려고 사내 정치를 하다보면, 자신도 모르게 깊은 나락으로 떨어지고 만다는 점을 알아야 한다. 알량한 자존심 따위는 버려야 한다. 특히 정년에 이르러 기득권을 계속 유지하려고 하는 것은 득보다 실이 많다. 그러므로 소탐대실하지 말고, 직장 생활은 부업을 한다는 생각으로 해야 한다. 그런 편안한 마음으로 여유롭게 생활해야 한다. 그래야 후배들에게 좋은 선배로 혹은 다른 동료들에게 끝마무리가 좋은 사람으로 기억된다.

새파란 후배가 대들어도, 그냥 너른 아량으로 포용해야 한다. 그런 여유를 지녀야 좋은 직장인이라는 호평을 얻을 수 있다. 그렇다. 직장 말년에는 일에서 성과를 내려고 하기보다는 관계에서 성과를 내야 한다.

기득권은 스트레스의 불씨

일반적으로, 스트레스를 받는 가장 큰 원인은 자기 뜻대로 일이 잘 풀리지 않을 경우다. 세상사 모든 것이 자기 뜻대로 되지 않는다. 자기 욕망이 외적으로 잘 실현되어야 하는데, 그것이 잘 이뤄지지 않는 경우가 많다. 자신이 하고 싶은 대로 되지 않으니, 자기 스스로 스트레스를 받는 것이다. 더욱이 자신의 욕망을 이루려는데 방해하는 사람이 있거나 자신을 시기하고 비방하는 사람이 곁에 있다면, 그로 인해 더 극심한 스트레스에 시달리게 마련이다.

그러므로 자신의 욕망을 어느 정도 내려놓아야 한다. 기대가 적으면 실망도 적고, 기대가 크면 실망도 크다. 여기서 말하는 실망이라는 것이 바로 스트레스의 주범이다. 결국 스트레스 문제는 타인의 문제가 아니라 자신의 문제다. 또 스트레스를 푸는 열쇠도 타인이 가지고 있는 것이 아니라, 자기 안에 있다.

가끔은 스트레스가 활력을 주고 적정한 긴장이 예상 밖의 실수를 방지하는 경우도 있지만, 스트레스는 만병의 근원이라는 점을 알아야 한다. 가능한 스트레스를 적게 받는 것이 건강에 좋다. 따라서 자기 브랜드 가치를 올리는 데 있어 가장 주의해야 하는 것은 스트레스다. 스트레스가 극성을 부리면 그로 인해 감정이 불안해지고, 그런 감정이 표출되면 좋지 않는 결과가 파생될 것이라는 것은 자명하다.

그러므로 스트레스 상황에 처하기 전에 미리 예방한다는 차원에서 자신의 욕망을 내려놓는 연습을 해야 한다. 그것이 오래도록 자기 마음의 기반을 공고히 하는 것이라고 볼 수 있다.

41

자신의 일을 포장할 줄 아는 사람

말년 직장인이 되면, 누구보다 주변 상황 판단이 빨라진다. 주변 상황을 빨리 판단해서 자신이 어떻게 행동하고 어떤 처세를 할 것인가를 누구보다 빠르게 직감한다. 그런 동물적인 감각을 가지고 있는 사람들이 바로 말년 직장인이다. 주변의 돌아가는 상황을 봐서, 자신이 놀고 있으면서도 일을 많이 하는 것 같이 생색을 낼 줄도 알고, 어떤 경우에 생색내야 하는지를 아는 사람들이 바로 말년 직장인이다.

그렇다. 중년 직장인이 되면 평상시 딴짓을 하고 있으면서도 마치 일을 하는 것과 같이 생색을 낼 줄 알아야 한다. 또 1시간 일하고 10시간 일을 한 것과 같이 포장할 줄도 알아야 하고, 아무 일도 아닌 것을 부풀려서 중요한 일로 만들 줄도 알아야 한다.

가장 우매한 사람은 자신이 직장에서 헌신적으로 일을 하고서도 자신의 성과물을 포장하지 못해서 나쁜 평가를 받는 사람이다. 일을 잘하는 사람들은 자신이 한 일을 멋지게 포장할 줄 안다. 직장에서 하는 모든 일 가운데 하나같이 중요하지 않는 일은 없다. 상황에 따라 특정 분야에 대해 경영자가 핵심전략을 구사하는 분야가 다를 뿐이지, 직장의 모든 일은 다 중요하다.

그런데 중요한 것은 자신이 하는 일을 두각을 나타나게 하느냐, 아니면 허드렛일을 하는 것과 같은 이미지를 보이느냐의 문제다. 똑같은 일도 어떻게 포장하느냐에 따라 중요도가 달라진다. 포장의 결과로 자신이 하는 일이 중요한 일이 되기도 하고, 그렇지 않은 일이 되기도 한다. 그러므로 자신의 일을 잘 포장할 줄 아는 사람이 되어야 한다. 그래야 자신이 하고 싶은 일을 하면서 자신의 일을 즐겁게 할 수 있다.

42

시간 도둑을 멀리하라

시간은 생명이다. 자기 브랜드 가치를 올리기 위해서는 결국 시간이 문제다. 시간이 무한하게 많을 것이라고 생각하는 사람들이 많다. 대부분 자기 개발을 하지 않거나 자신의 인생을 준비하지 않는 사람들이 시간 없다는 이야기를 자주 한다. 시간이 없고 바빠서 자기 인생을 준비할 겨를이 없다는 것이다.

그런데 진짜로 시간이 없는 것인지, 아니면 마음의 여유가 없는 것인지를 생각해 봐야 한다. 똑같이 하루 24시간을 받았어도 어떤 사람은 시간을 알뜰하게 잘 활용하는데, 왜 자신은 이렇게 시간에 쫓기면서 사는 걸까? 자신의 삶을 한번 돌아봐야 한다.

대개 시간이 없고 바쁘다고 입버릇처럼 말하는 사람을 관찰해 보면, 주변에 사람이 많다는 것을 알 수 있다. 찾아오는 사람도 많고, 전화도 많이 온다. 그야말로 마당발이다. 그런 사람일수록 시간에 쫓겨 산다. 직장에서 일을 할 때도 마찬가지다. 자신의 일을 하고 충분히 여유를 가질 수 있음에도 불구하고, 전화나 찾아오는 사람 때문에 항상 바쁘다. 그리고 남의 일 때문에 내실도 없이 회의를 쫓아다니다가 자신의 시간을 모두 놓치는 경우가 많다.

그러므로 말년 직장인이 되면, 자신의 업무 시간이 다른 사람으로 인해 빼앗기지 않도록 시간 도둑을 멀리해야 한다. 그래서 영양가 없는 회의, 단순히 머릿수를 채우기 위해 참여하는 회의는 과감하게 불참해야 한다. 또, 하지 않아도 되는 일을 하는 것은 아닌지, 자신의 입장에서 중요하다고 느껴서 그 일에 몰두하는 것은 아닌지 돌아봐야 한다. 그래서 상사가 중요하게 보지 않은 일에는 치중하지 말아야 한다.

시간의 가지치기

대충해야 하는 일은 대충하고, 정확하고 세밀하게 해야 하는 일은 세밀하고 정확하게 하는 유연성이 있어야 한다. 이렇게 유연하고 탄력적으로 일을 하다 보면, 자신의 시간을 최대한 자신의 시간으로 활용할 수 있다. 불필요한 전화, 쓸데없는 스팸 메일, 그리고 카톡이나 카톡스토리, 페이스북 등 자신에게 그다지 좋은 이익을 주지 않는 것에 대해서는 과감하게 근절해야 한다. 그것이 자신의 시간을 자신에게 유리하게 이끄는 것이라고 볼 수 있다.

특히, 자기 일터에서 자기 시간을 도둑질 하는 사람들과는 가능한 거리를 두어야 한다. 자못 자신이 일을 하는 사람이 있는가 하면, 주둥아리로만 일하는 사람도 적잖다. 능히 자신이 할 수 있는 일임에도 습관적으로 남을 시켜서 모든 일을 하려는 사람이 있다. 그런 사람이 주변에 있다면, 과감하게 거리를 두고 어울리지 않는 것이 좋다.

또, 필수 교육 혹은 필수 행사 등 조직생활을 하다 보면, 마치 그것을 하지 않으면 커다란 불이익을 줄 것 같은 분위기로 몰아가는 사람들이 있기 마련이다. 그런 분위기에 휩싸이지 않아야 한다. 기본적으로 해야 하는 것, 필수적으로 해야 하는 것에 치중하되, 필수적으로 하는 것이라도 크게 중요한 것이 아니라면 살짝 빠지는 것이 좋다. 그것이 자신의 시간을 지키는 것이다.

또한 한 달 후나 보름 후 혹은 일주일 후에 해야 할 일을 가지고 미리 준비하며 야단법석을 떠는 사람이 있는데, 그런 사람도 거리를 두어야 한다. 그럴 때는 적당히 기회를 보다가 시점이 무르익었을 때 하면 된다. 미리 준비하고 걱정하느라 현재 시간을 놓치지 말라는 것이다.

변화무쌍한 직장

직장일이라는 것이 정해진 대로 가는 것은 아니다. 하루 이틀이 멀다 하고 분위기가 달라지고, 계속해서 많은 사건들이 발생되거나 소멸되고 있다. 생성 · 소멸되기 2~3일 정도만 남겨 놓고 바짝 몰입하면, 모든 것을 할 수 있는 곳이 직장 일이다. 다 정해 놓은 템플릿이 있고, 기존에 했던 것들이 있기 때문에 그리 걱정하지 않아도 된다. 그냥 여유를 가지고 충분히 자신의 현재 시간을 즐기는 것이 좋다.

일을 할 때도 창의력을 발휘하여 남과 다른 차별화된 보고서를 만드는 것도 좋지만, 말년 직장인이라면 그러한 것도 여유 있게 기존에 있던 자료를 활용하거나 혹은 다른 부서의 유사한 자료를 활용해서 적정하게 대응하면 된다. 형식적으로 해야 하는 보고라면, 그렇게 해도 된다는 것이다. 문서나 보고서 작성에 시간을 빼앗기는 것은 직장에서 자기 개발의 여유를 잃어버리는 것과 같다. 가능한 회사 업무적으로 보내는 시간을 최소화하는 방법을 찾아야 한다.

그러기 위해서는 일을 스마트하고 지혜롭게 해야 한다. 그래서 그로 인해서 빚어진 잉여 시간을 자신의 시간으로 충분히 활용해야 한다.

43

가장 이상적인 직장 생활

가장 이상적인 직장 생활은 짧고 굵게 하는 것일까? 아니면 가늘고 길게 하는 것일까? 요즘같이 취업을 하기 힘든 상황에서는 가능한 직장에서 오래 살아남는 것이 좋다. 그러기 위해서는 가능한 승진이나 권력을 잡으려는 마음을 비워야 한다.

조직에서 승진을 한다는 것은 더 많은 책임감을 떠안는 것이라고 볼 수 있다. 직급 승진을 했거나 요직에 앉게 되면 새로운 업무가 늘어나고, 조직원을 다스리는 리더가 되어야 하는 등 책임량이 늘게 된다. 그러다 보면, 개인적인 일보다 조직의 일에 치중하게 된다.

조직의 일에 치중한다는 것은 자신의 시간과 에너지가 조직에 쏠린다는 것을 의미한다. 그렇게 되면 결국 자신이 하고자 하는 일을 하는 데 지장을 초래하게 된다. 물론 이왕지사 직장 생활을 짧게 하더라도 임원이 되고 싶은 꿈을 가지고 생활 것도 좋다. 그런 꿈이 있다면 당연히 그렇게 해야 한다.

44
전문가의 대열에서

직장 생활을 하면서 자신의 개인적인 시간을 확보하기 위해서는 자신이 맡은 일을 자기 주도적으로 할 수 있는 능력이 필요하다. 자신의 일을 자기 주도적으로 자신이 하고 싶은 대로 할 수 있는 정도가 되면, 자신이 필요로 하는 시간에 자기 시간을 확보할 수 있다. 그렇지 않고 자신의 일임에도 불구하고 타인의 영향을 받는다면, 자기 시간을 확보하기 어렵다.

그러므로 일을 함에 있어서 자신이 일하는 시간을 순수 자신이 원하는 시간으로 활용할 수 있을 정도의 업무적인 능력을 갖는 것이 중요하다. 그러기 위해서는 우선적으로 자신이 하는 일의 본질을 알아야 하고, 주변 여건과 각종 제도 등에 대해 확실하게 알고 있어야 한다. 그래서 원칙에 벗어나거나 표준에서 어긋난 것에 대해서는 과감하게 단절해야 한다.

또 그간에 관행적으로 했던 것도 불합리하다고 생각한다면, 자신에게 유리한 방향으로 판을 바꿔야 한다. 그런 정도가 되어야, 자기 주도적으로 업무를 하게 되는 단계에 이른 것이라고 볼 수 있다. 자신이 자기 일의 속도를 조정하고, 자신이 필요한 시간대에 자신이 하고 싶은 일을 하고 자신이 원하는 방향으로 일을 하는 정도가 되어야 진정으로 전문가의 대열에 오른 것이라고 할 수 있다. 그래야 자신의 시간을 최대한 자기에게 유리하게 활용 가능하다.

이왕 하는 일이라면 주도적으로

대개의 경우, 많은 사람들이 조직의 일을 수행하면서 화합이나 소통이라는 미명 아래 조직이 추구하고자 하는 방향으로 일을 하다 자기 흐름을 잊어버리는 경우가 많다. 그렇게 되면 자신의 시간을 충분히 자신의 시간으로 할애할 수 없다. 그러기에 자신이 마음먹은 바를 자기 주도적으로 이끌기 위해 자기 주도적인 파워를 지녀야 한다는 것이다.

그래서 조직이 원하는 시간대에는 조직을 위해서 헌신하고, 틈틈이 자신에게 주어진 자유 시간은 자기 개발을 위한 여유로 활용해야 한다. 극단적으로 감옥에서 탈옥하기 위해서 죄수들이 아무 일도 없다는 듯이 교도관의 말에 순응하고 주어진 제반 규칙을 준수하면서 밤에는 탈옥을 위해 땅굴을 파는 것처럼, 직장에서는 아무 일도 없다는 것처럼 행동을 하면서 실제로는 자신만의 시간을 확보하여 자신의 원하는 일을 해야 한다는 것이다.

그것이 모이고 모여 자신이 원하는 바를 이루는 단초가 된다. 어느 한순간에 모든 것이 이뤄지는 경우는 없다. 그러므로 자신이 하는 일에 대해서는 그 누구도 할 수 없을 정도로 실력을 키우고, 그 전문성을 토대로 자신만의 완전한 자유 시간을 확보해야 한다.

45
일을 쉽게 처리하는 법

직장 생활의 경험이 많아지면 일의 흐름을 보는 눈이 생기기 때문에 많은 힘을 들이지 않고 생각보다 쉽게 처리한다. 경험이 적은 사람들은 맥을 잡지 못하고서 이곳저곳 여러 곳을 두드리는 반면, 경험 많은 사람들은 어려운 일도 대수롭지 않게 쉽게 한다.

대부분 회사의 일이라는 것이 그동안 해왔던 일을 반복하는 경우가 많다. 특별히 새로운 공정이 생기고 특별한 프로젝트가 주어지지 않는 한, 대부분 계속적으로 해오던 업무다. 그러므로 일을 함에 있어서 주변 사람들이나 다른 부서 자료를 잘 활용하면, 좀 더 쉽게 일을 할 수 있다.

일례로 체육대회 기안을 올린다면, 전년도 기안을 토대로 쉽게 할 수 있다. 올해 전략을 새롭게 짜야 하는 경우에도 전년도 전략이나 상위 부서 혹은 다른 부서 전략을 샘플로 하면 좀 더 쉽게 편성할 수 있다. 특별한 창의력과 기획을 요구하는 것이 아니고 루틴하게 하는 업무라면, 다른 사람들에게 자료를 구해서 약간의 편집만으로도 문서를 작성할 수 있다는 것이다.

더도 말고 덜도 말고

그것도 노하우다. 그러면 자신의 시간을 최대한 다른 일을 하는데 활용할 수 있다. 다른 사람은 혁신에 대한 기안을 하고 있다고 생각하지만, 본인은 이미 다른 부서의 것을 이용해서 자기 부서 버전으로 해 놨기 때문에 시간적인 여유를 확보할 수 있는 것이다. 그렇게 모방을 하다 보면 좀 더 새로운 것이 가미되어, 어떤 경우에는 가짜가 진짜보다 더 좋은 기안이 나오는 경우도 있다.

굳이 자신의 머릿속에 있는 많은 노하우 보따리를 다 펼쳐 놓을 필요는 없다. 이때 너무 잘하거나 상사의 눈에 띄게 되면 일이 많아질 수 있으므로 평균을 웃도는 수준으로 하면 된다. 유별나게 너무 잘하지는 말라는 것이다. 그러면 그로 인해서 자신의 일이 많아진다는 점을 알아야 한다.

직장 말년에는 어떠한 경우든 자신의 시간을 확보하여 자기 개발을 피하는 것이 목적이라는 점을 알아야 한다. 따라서 회사 업무는 기본적으로 처리하면서 자신도 이익을 취하는 방향으로 업무를 해야 한다. 그렇다고 회사의 업무를 등한시하라는 것은 아니다. 회사의 업무에 충실하되, 회사 업무로 인해 너무 스트레스를 받지 말라는 것이다.

기존에 있는 자료가 많고 기존에 해오던 일들이 다반사이므로 기존 자료를 최대한 이용하여 기획을 함으로써 정신적인 스트레스를 줄여야 한다. 그래야 마음의 여유를 가지고 직장 생활 속에서 자기만의 시간을 확보할 수 있다는 점을 알아야 한다.

46
레임덕을 이용하라

직장인에게 자신의 시간을 확보하기 가장 좋은 시점은 상사가 바뀌는 시점이다. 그 시점의 레임덕을 잘 활용하면 좋다. 직장 생활을 하다 보면, 주변 사람들 눈도 있고 보는 사람들이 있어서 자신이 하고 싶은 것이 있어도 어쩔 수 없이 눈치를 보면서 해야 한다. 자신이 하고 싶다고 해서 드러내 놓고 하기가 껄끄러운 곳이 바로 직장이다.

그렇다고 회사에서 온전히 8시간 동안 회사 일만 죽어라고 할 수도 없는 노릇이다. 경우에 따라서 기회를 봐서 회사에서 일하는 동안에도 눈치껏 쉼 없이 자기 개발을 해야 한다. 직장에서 주어진 하루 8시간 중에서 20퍼센트는 공식적으로 자기 개발과 자신의 특기를 개발하기 위한 창의적인 일을 하도록 권장하는 회사가 늘고 있다. 또 어떤 회사는 자율적으로 출퇴근을 하도록 운영하고 있다. 회사 일만 하기보다는 자유스럽게 자신이 하고 싶은 것을 하면서 일을 하는 것이 더욱더 능률적이기 때문이다.

자기개발은 회사개발

정년시점에 이르러 준비하는 것은 이미 늦다. 특히 50대는 회사에서 쌓은 경험을 통해 자신의 독립을 추구하고, 회사생활을 하면서 이미 자신이 사회에 나아가 하고 싶어 하는 것을 하고 있어야 할 나이다. 대개의 경우, 자기 개발을 하는 사람들은 회사 일에서도 다른 사람보다 성과를 많이 낸다. 회사에서 주어진 일을 무리 없이 다하면서 여유 있게 자기 개발을 한다는 것이다. 일을 열심히 꾸준히 하기보다는 일을 스마트하게 하기 때문이다.

회사를 다니면서 자기 개발을 하는 것은 직장을 위하고 나아가 자신의 미래 인생을 위해 꼭 필요한 것이다. 결국은 회사의 업무능력도 자기 개발을 통해 쌓은 실력이 반영되어, 더욱더 좋은 성과를 낸다는 점을 알아야 한다. 회사 입장에서 볼 때, 직원들의 인재양성에 힘써야 하는 이유가 바로 여기에 있다. 좋은 직장을 다닌다면 아마도 배움의 기회가 많을 것이다.

그렇지 않으면 회사에서 시켜 주기 전에 자신이 알아서 해야 한다. 남이 챙겨 주지 않는다. 아마도 생산 현장은 정년에 접어든 직원에게마저 좋은 미끼를 줘 가면서 퇴임하는 순간까지 힘의 전부를 직장에 퍼붓기를 바랄 것이다. 그런 상황 속에서도 자신의 미래를 준비해야 한다. 죽기 아니면 살기로 말이다.

47

실수, 성공의 퍼즐을 맞추는 조각

자기 브랜드 가치를 올리기 위한 준비를 하기 위해서는 자기 마음 안에 쓸데없는 근심 걱정이 없어야 한다. 그런데 유심히 주변을 살펴보면, 쓸데없이 근심 걱정을 사서 하는 사람이 있다. 그냥 하면 될 텐데, 하기도 전에 미리 너무 조심한 나머지 상상으로도 근심 걱정하는 경우가 있다. 상식적으로 생각해서는 결코 일어나지 않는 상황까지 상상해서 근심 걱정을 한다. 그것은 실수하지 않으려는 마음에서 생기는 불안한 마음이다.

하지만 자신의 인생은 결코 남이 대신 살아 주지 않는다는 점을 알아야 한다. 자기 인생이지, 남의 인생이 아니다. 결과적으로 자기 인생에 대한 계획과 설계에 준해서 일정 부문 노력하면 된다.

실수할 것 같은 생각에서 자신이 하고 싶은 일을 머뭇거리지 말라는 것이다. 물론 실수할 수 있고 실패할 수도 있다. 그런데 실수나 실패를 했다고 멈추면 진짜 실수와 실패가 되지만, 성공할 때까지 계속한다면 그것은 성공을 위한 포석이 된다.

실수와 실패가 결국은 성공의 퍼즐을 맞추는 조각과 다름없다고 봐야 한다. 다른 사람들은 각기 자기 일에만 신경 쓸 뿐, 남의 실수와 실패에 대해 신경 쓰지 않는다는 점을 알아야 한다. 남에게 돈을 빌려 준 사람은 모든 것을 기억하지만, 돈을 꿔 간 사람은 약속 기한마저 쉽게 잊어버린다는 점을 알아야 한다.

실수가 묘수를 부른다

그렇다. 사람들은 남의 일이라고 생각하는 것에 대해서는 무감각하다. 그러므로 자신이 행한 실수를 교훈삼아 더욱 잘할 수 있다는 자신감을 가져야 한다. 어차피 실수도 성공도 없다. 자신의 목적을 달성하는 순간까지 계속해서 도전하면 된다.

해서 안 되면 안 되는 방법을 하나 배운 것이고, 실수하면 실수하지 않기 위한 대처 방안을 하나 배운 것이라고 생각해야 한다. 실수가 실수로 끝나지 않고, 성공으로 이어지도록 해야 한다는 것이다. 실수할 수 있다는 것을 당연하게 생각하고, 신이 아닌 이상 인간이기에 더욱 그럴 수밖에 없다고 생각하는 것이 바람직하다.

자기 브랜드 가치를 올려야 하는데, 그동안 많은 실수를 저질러서 더 이상 실행하지 않는 사람이 있다면, '실패는 성공의 어머니'라고 생각해야 한다. 결국 인생 성공의 척도는 얼마나 많은 실수를 해 봤는지에 달려 있다. 즉, 실수를 많이 해 본 사람이 진짜 경험을 지닌 전문가라는 것이다.

중요한 사실은 자신이 행한 실수를 통해 더 이상 같은 실수를 반복하지 않을 대처 방안에 대해 생각하고 그에 대한 해답을 찾아서 행한다면, 그것이 바로 자신의 진짜 실력이 되고 노하우가 된다는 것이다.

48
장사는 사람을 남긴다

사람이 돈이고 재산이다. 사람을 무한 자원으로 생각해야 한다. 자기 브랜드 가치를 올리기 위해서 주의해야 하는 것은 바로 사람을 바탕에 두어야 한다는 것이다. 사람과 사람이 더불어 함께하는 세상이기에 반드시 모든 변수는 사람에 있다. 사람이 모든 일의 흥망성쇠의 잣대가 되고 표준이 되는 것이다. 결국은 사람이 시작이자 끝이다.

물고기가 물속에 있을 때 물의 존재를 모르고 사람이 대기 중에서 호흡할 때 공기의 소중함을 모르듯, 일단 돈과 물질적인 것에 욕심을 두게 되면 사람이라는 존재가 안중에 잘 들어오지 않는다. 특히 자신과 가까운 사람일수록 영원히 자기 곁에 있을 것 같은 느낌이 들기도 한다. 그런 사람이 곁에 있기에 자신은 별로 사람에 대해 중요성을 많이 느끼지 못하는 경우가 많다.

그러다 보니 실제로 사람의 중요성에 대한 필요성을 많이 못 느끼고 그것을 자기 개발에 반영하지 않은 경우가 많다. 하지만 창대한 미래를 열고 더 나은 세상을 열어 가기 위해서는 무엇보다 사람이 중요하다. 지금껏 돈을 버는 것에 초점을 두고 생활했다면, 이제는 사람이 돈이라고 생각해야 한다. 또 일정한 지위에 오르고 권력을 탐하는 것을 목표로 삼았다면, 바로 사람이 권력에 미치는 큰 변수라고 생각해야 한다.

사람이 돈이다

그렇다. 모든 변수는 사람에 있다. 돈을 벌려고 해도 사람이 있어야 하고, 권력을 잡으려고 해도 패거리를 만들어야 하기에 사람이 필요하다. 그런데도 불구하고 대부분의 사람들이 사람에 초점을 두기보다는 자신이 정한 목표에 초점을 둔다. 그렇게 목표에 치중하다 보면, 주변 사람들에게 신경을 쓰지 못하는 경우가 발생한다. 목표에 몰입하다 보니, 진정으로 보살펴야 하는 자기 근처의 가장 가까운 가족들을 등한시 하는 것이다.

이제는 자신이 추구하는 분야의 사람들을 챙기고, 자신이 가고자 하는 분야의 사람들과 친해져야 한다. 그 분야에 입성하는 건 그다음의 문제다. 그 분야 사람들과 친해져야 하는 것은 바로 새롭게 해야 하는 일을 그 사람들과 연대해서 해야 하고, 그 사람들로부터 새로운 일에 대한 지식과 경험을 주고받아야 하기 때문이다. 그래서 서로 통교하고 정보를 나누어야 한다.

그러한 가운데 서로 좋은 연대감이 형성되고, 그로 인해 새로운 환경에 좀 더 쉽게 적응할 수 있다는 점을 알아야 한다. 사람이 재산이고 사람이 힘이고 사람이 돈이다. 돈을 벌어다 주는 것도 사람이고, 돈을 쓰게 만드는 것도 사람이다. 결국은 사람이 이문을 남기는 것이다. "장사는 이문을 남기는 것이 아니라, 사람을 남긴다."는 말의 의미를 깊이 새겨야 한다.

49

겉으론 같고 속으론 다르다?

직장 생활을 하다 보면, 간혹 딜레마에 빠지는 경우가 있다. 그냥 남들과 같이 회사 생활만 열심히 할 것인가? 아니면, 회사 일을 하면서 자신이 하고자 하는 바를 향해 몰입할 것인가? 두 가지 선택지를 놓고 많은 생각을 하게 된다.

얼핏 봐도 남들과 똑같이 마음 편하게 출퇴근을 하면 좋으련만,

그렇지 않고 그 와중에도 자기 개발을 하면서 좀 더 나은 미래를 개척하기 위해서 애쓰는 사람들은 주변의 따가운 눈총을 받아야 한다. 그럼에도 불구하고 그 속에서 다른 사람으로부터 갖은 시기와 질투를 받으면서 생활해야 하기에, 더욱 힘들고 고통스럽다. 그래서 많은 사람들이 '좋은 것이 좋은 것'이라는 생각에, 그냥 그렇게 주어진 현실에 안주한다.

하지만 좀 더 창대한 미래를 개척하기 위해서는 무엇보다도 남과 조화를 이루되, 남과 다르게 생각하고 행동해야 한다.

따로 또 같이

'동상이몽(同床異夢)이라는 말이 있다. 겉으로는 같은 행동을 하면서 속으로는 서로 다른 꿈을 꾸고 있는 경우를 일컫는다. 그와 마찬가지로, 외부적으로는 직장에서 다른 사람과 전혀 다를 바 없는 생활을 하되 내부적으로는 자신의 새로운 인생을 열기 위한 노력을 해야 한다.

겉으로는 같아도 속은 달라야 한다는 것이다. 그것이 바로 남과 다름이고, 남과 다른 자기만의 경쟁력을 추구하고자 하는 사람들의 행동이다. 아울러, 경우에 따라서는 미운 오리 새끼가 되는 것도 마다하지 않아야 한다. 지금은 미운 오리 새끼지만, 멋 훗날 백조가 되어 하늘을 나는 꿈을 꾸어야 한다. 그 꿈을 향해 준비하는 과정이 바로 자기 개발의 과정이다.

직장인의 자기 개발은 비교적 다른 동료들이 눈치 채지 못하도록 하는 것이 중요하다. 먼 훗날 열매를 맺어 온 세상에 드러워지는 순간까지는 모든 것을 비밀로 해야 한다. 그러면서 남모르게 칼을 가는 마음으로 준비에 준비를 거듭해야 한다. 그것이 조화를 이루되, 다르게 생각하고 행동하는 것이다.

성공한 사람들은 하나같이 공통점을 가지고 있다. 바로 남과 다르게 살기를 선택했고, 남과 다른 고통을 느끼기를 기꺼이 선택했으며, 남과 다른 세상을 꿈꾸면서 남과 같은 곳에서 다른 이상과 꿈을 가지고 생활했다는 점이다.

50

주변에서 가치를 찾자

돈을 잘 버는 사람에게는 보이는 모든 것이 돈이라고 한다. "돼지 눈에는 돼지만 보이고 부처의 눈에는 부처만 보인다."는 말이 있듯이, 자신이 관심을 가지고 주변을 보면 자신이 원하고 바라는 것이 지천에 널려 있음을 발견하게 된다. 배움에 미치면 주변에 있는 모든 것이 배울 것으로 보인다는 것이다.

우리는 모든 것을 보는 것 같아도 자신이 보고 싶은 것만을 본다. 그러면서 모든 것을 보고 있다고 착각을 한다. 결국 모든 것은 보고자 하는 마음에서 비롯된다. 보고 있되 마음을 더하지 않으면, 보지 못한 것과 진배없다.

마음을 먹어야 마음이 자란다

모든 것은 마음에 있다. 『팔만대장경』을 한 글자로 압축하면 '마음 심(心)'자 하나로 표현 가능하다고 한다. '일체유심조(一切唯心造)'라는 말이 있듯, 모든 것은 마음에 있다고 볼 수 있다. 그야말로, 마음먹기 나름이다. 그 먹은 마음속에 담고 있는 것이 무엇인가에 따라서 자신의 눈에 보이는 모든 것이 달리 보인다.

자기 목표를 가지고 그 목표의 눈으로 그에 해당하는 정보를 구하려고 한다면, 언제 어디서든 쉽게 구할 수 있는 세상이다. 모든 것이 지천에 널려 있다. 특히 인터넷과 주변 사람들과의 관계를 통해 해당하는 정보를 구할 수 있는 채널이 다채롭게 열려 있다. 앞서 조화를 이루되 다르게 생각하라는 것은 함께 어울려서 생활하되, 다른 관점으로 바라보라는 것을 의미한다.

이제는 익숙한 것과 결별해야 한다. 관점을 달리하면 다르게 보인다. 주변에 있는 것, 그간에 아무런 생각 없이 무의식적으로 봐왔던 것을 다시금 세밀하게 다른 관점으로 바라본다면, 그곳에서 생각지 않는 많은 진귀한 것을 발견하게 될 것이다.

자기 브랜드 가치를 올리기 위한 마음으로 세상을 바라보면, 이미 자신에게 그러한 것이 자기가 생각하는 것 이상으로 많은 부분 준비되어 있고 기반이 다져져 있는 것을 발견하게 될 것이다. 주변에 널려 있는 것을 타산지석과 반면교사의 교훈으로 삼아, 데이터를 수집하고 자신을 단련하고 수련하는 기회로 삼아야 한다. 배우고 알려고 해야 한다는 것이다.

단순히 목표를 정했다고 이뤄지는 것은 아무것도 없다. 목표를 달성하기 위해서는 그에 상응하는 정도의 지식이 수반되어야 한다. 그 지식이라는 것은 수많은 정보가 결합되고 분석되어 나온다는 것을 알아야 한다. 그러므로 주변에서 일어나는 사소한 것도 그냥 흘려보내지 말고 유심히 살펴봐야 한다.

목표로 하는 것, 자신이 추구하고자 하는 바를 달성하기 위해서는 수많은 지식과 경험이 있어야 한다. 이를 통해 주변에 널려 있는 유무형의 자원을 자신의 미래 성장을 향해 나아가는 밑알이 되게 해야 한다.

51

상황마다 방법을 달리하라

세상을 살다 보면 잘나갈 때도 있고, 경우에 따라서는 바닥을 칠 때도 있다. 인생사 새옹지마(塞翁之馬)요, 권불십년(權不十年)이라는 말이 있듯 1등이 평생 1등일 수 없다. 경우에 따라서는 자기 의사와는 전혀 상관없이 바닥을 쳐야 하는 경우가 생길 수 있다는 것이다.

마찬가지로 사람의 기분도 어떤 경우에는 다운(down)되고 또 어떤 경우에는 업(up)되는 경우가 있다. 잘나갈 때는 기분이 업(up)되고, 잘나가지 못할 경우에는 기분이 다운(down)된다. 이때 중요한 것은 기분이 좋지 않을 경우다. 잘나가던 사람이 바닥을 칠 때, 자칫 생각을 잘못 먹으면 자포자기에 이르러 더욱 깊은 나락으로 추락하는 경우가 생기게 된다. 그러므로 이때를 항상 조심해야 한다.

잘나갈 경우에는 그래도 극단적인 상황에 처하지 않지만, 잘나가던 사람이 바닥을 칠 때에는 예기치 않는 감정 상태에 이끌려 자신도 모르게 극단적인 선택을 하게 된다는 점을 알아야 한다. 그러므로 기분이 좋을 때에는 자기보다 더 잘하는 사람, 자기보다 더욱 수준 높은 사람을 보면서 자만하지 않도록 자신을 경계해야 하고, 기분이 침체되어 힘든 경우에는 자기보다 더 못한 사람, 자기보다 더욱 어렵고 힘든 상황에 처한 사람을 보면서 새롭게 도약할 수 있는 힘을 길러야 한다.

먼저 상황을 스캔하라

이처럼 잘나갈 때와 못나갈 때, 수세와 강세, 강할 때와 약할 때

등 상황을 잘 진단해서 방법을 달리해야 한다. 자기가 처한 상황에 따라 처세를 달리해야 한다는 것이다. 수세에 처하면 방어해야 하고, 강세에서는 과감하게 진군해야 한다. 주변 상황이 좋지 않아 자신이 수세에 몰려 있음에도 불구하고 객기를 부려 진군하는 것은 재기의 기반까지 송두리째 잃어버리는 우를 범할 수 있다는 점을 알아야 한다.

열세인지 우세인지를 판가름하는 잣대는 주어진 상황과 환경이다. 자신이 아무리 열세여도 주변 상황이 자신에게 유리한 상황으로 전개될 수 있고, 자신이 우세인데도 주변 상황이 불리한 상황으로 전개될 수 있다. 그래서 많은 전략가들이 행동에 앞서 항상 미래 동향을 살펴보고, 대내외 환경적인 상황을 진단하는 것을 최우선으로 삼는 것이다. 주어진 환경에 따라 자신의 패를 달리해야 하기 때문이다.

52

동료의 스케줄을 알아야 한다

직장에서 눈치껏 자기 시간을 내서 자기 개발을 하기 위해서는 함께 일하는 동료들의 일과를 꿰뚫고 있어야 한다. 특히 상사의 하루 일과를 아는 것이 무엇보다 중요하다. 그래서 어느 시간에 일에 집중하고, 또 어느 시간에 자신이 하고 싶은 일을 자유롭게 할 것인지에 대한 시점을 잘 파악해서 움직여야 한다. 즉, 남이 보는 경우에는 열심히 회사 일에 열중하는 모습을 보이고, 남들이 보지 않은 곳에서는 자신의 일을 몰래 해야 하는 것이다. 그야말로 쫓고 쫓기는 경주를 해야 한다.

직장에서는 오로지 회사 일만을 한다는 이미지를 남겨야 한다. 그것이 바로 자신이 직장에서 살아남는 방법이다. 특히 기회가 주어지면 언제든 다른 곳으로 빠져나갈 생각을 갖고 있는 경우라면 더욱 그러해야 한다. 대개의 경우, 현재하고 있는 곳에서 개판(?)을 치고 일을 소홀히 하면 밉보여서 그곳에서 방출될 거라고 생각하는데, 돌려 생각해 보면 미운 사람이 잘되는 꼴을 보겠느냐는 것이다. 결코 당신이 좋은 곳으로 가도록 순순히 올가미를 놓지 않을 것이라는 것은 지극히 당연하다.

그러므로 함께 일을 하는 동안에는 나름대로 남이 보는 시간에는 최선을 다해 소속된 조직을 위해 무엇이든지 괄목할 만한 성과를 이뤄 내야 한다. 그래야 그 공에 대한 보상의 차원으로 당신이 가고자 하는 다른 곳으로 보내 줄 것이다.

경우에 따라서는 회사에서 주어진 일을 하고 자신이 없는 일도 만들어서 하는 특출 난 사람도 있는데, 그런 사람들과 친해야 한다. 한량처럼 눈치를 보면서 회사에서 노는 것과 같은 이미지를 가진 사람과는 가급적이면 어울리지 말아야 한다. 일을 열심히 하는 사람과 어울리면, 자신도 그 후광효과에 힘입어서 일을 열심히 하는 사람처럼 비춰질 수 있다.

사무실에서 근무하는 사람들은 파킨슨의 법칙에 입각하여 자신이 일의 경중에 따라서 자신이 스스로 일의 완급을 조절한다. 생산라인에 있는 사람은 어쩔 수 없이 프로세스와 시스템에 의하여 자신의 자유 시간을 잘 확보할 수 없지만, 사무실 사람은 그렇지 않다. 그래서 요령 있게 일을 하는 사람은 자신에게 주어진 일을 한꺼번에 처리하지 않고 미뤄 두었다가, 동료들과 함께 있을 때 일을 벌려 놓고 하는 경우가 많다.

그러면 그런 모습이 동료들에게 정말로 일을 열심히 하는 사람으로 비춰지기 때문이다. 그런 모습이 반복해서 다른 사람에게 각인되면, 타인에게 자신은 정말로 열심히 회사 일을 하는 사람으로 각인되게 된다.

53

조직이 움직이는 패턴에 따라

자신의 일을 확보하고 자신이 하고 싶은 일을 하기 위해서는 직장 분위기를 잘 파악해야 한다. 어떤 시점에는 눈 코 뜰 새 없이 바쁘다가, 또 어느 시점에는 이상하리만큼 한가한 것이 직장이다. 바빠서 열심히 해야 하는 시점이 있는가 하면, 어떤 경우에는 쉬어 가는 시점이 있기 마련이다. 하염없이 계속해서 달릴 수는 없다. 아무리 일이 많고 바빠도 적정 시점에 휴식하는 시간대가 있기 마련이다.

앞서 동료들의 일과를 알아야 하는 것과 마찬가지로 회사 분위기가 흘러가는 흐름을 알고 있으면, 적정하게 치고 빠지는 전략을 구사할 수 있다. 아무리 자기 자유 시간을 확보하여 자신의 일을 한다고 해도, 회사의 분위기가 가만히 책상에 앉아 있을 만한 분위기가 아닐 수 있다. 회사에 불이 났는데 불을 끄는 일에 몰두해야지, 강 건너 불구경 하듯 수수방관하면서 자기 일만을 할 수 없지 않는가? 함께 불을 꺼야 할 때는 불을 꺼야 한다.

흐름을 타라

마찬가지로 회사의 분위기를 읽어서 열심히 해야 하는 시점에는 그 누구보다도 헌신적으로 일에 임해야 한다. 특히 남들이 하기 싫어하고 자신이 손해를 봐야 하는 시점에서는 더욱더 적극성을 발휘하여 나서야 한다. 그래야 다른 사람들로부터 당신은 정말로 회사 일에 열심히 하는 사람으로 남는다는 점을 알아야 한다.

주변 사람들이 모두 바쁘다면, 자신도 겉으로는 정말로 눈 코 뜰 새 없이 바쁜 사람처럼 행동해야 한다. 또, 남들이 한가한 경우에는 자신도 한가하고 여유로운 모습을 보여야 한다. 다른 사람과 코드를 함께해야 한다는 것이다. 동료들은 바쁜데 한가하게 자기 일만 하면서 여유를 부리거나, 동료들은 한가롭게 떠들고 노는데 자신만 자기 개발을 하고 있다면, 별난 사람으로 비춰질 수 있으며 조직의 이단자로 취급될 수 있다.

참고로, 조직이 움직이는 패턴을 보면 일정한 시점에 같은 일이 발생되는 것을 발견할 수 있다. 승진이 있는 기간, 일이 몰리는 주간, 일이 한가롭고 여유가 있는 요일 등 일정한 패턴에 의해 일을 하고 있다는 것을 알게 된다. 그러므로 그러한 패턴에 따라 자신이 하고자 하는 일을 해야 한다. 즉, 일이 없는 시점에서 자신이 하고자 하는 일을 하고, 일이 몰리지 않는 주간에 자신의 목표량을 많이 설정해서 도전의욕을 불태워야 한다.

54
명품은 혼자 만든다

직장 생활을 하면서 자기 브랜드 가치를 올리기 위해서는 남과 차별화된 자기만의 특기를 가지고 있어야 한다. 타인이 못하는 자기만의 기술이 있어야 자기만의 시간을 자유롭게 가질 수 있다. 애써 남의 눈치를 보지 않고 자신이 원하는 일을 할 수 있을 정도의 시간을 확보하기는 단독 업무가 최상이다. 함께 어우러져 공동으로 일을 하는 것은 개인적인 시간을 빼기 힘들고, 또 함께 어울려서 생활을 하는 사람이 매너리즘에 빠져 있는 사람이라면 오히려 함께 일을 하는 것이 자신에게 불리하게 작용하기 때문이다.

물론 함께 일을 한다는 측면에서는 유리할지 몰라도, 자기 브랜드 가치를 올리기 위한 일을 하는 데는 도움이 되지 않는다. 특히 직장이라는 곳에서는 옆의 동료마저 언제 배신을 할지 모르는 적이라는 점에서 주의해야 한다. 직장 생활은 적과의 동침인 셈이다.

그러므로 이왕 본격적으로 직장에서 자기 미래를 준비하려면, 자기만의 차별화된 전문성과 재능을 발휘하여 탁월한 위치에 올라야 한다. 이 말인즉 우선적으로 자기가 하는 업무 분야에서 최고가 되려는 노력이 선행되어야 한다는 것이다. 그래서 '그 분야 하나만큼은 당신이 최고이고, 그것에 대해서는 당신이 최상'이라는 생각을 갖도록 해야 한다. 그러면 그 분야의 업을 함에 있어 최고에 달하는 예우를 받을 수 있다.

예술가는 대개 혼자서 고민하고 혼자서 작품 활동을 한다. 혼자서 몰두하고 혼자서 집중하고 혼자서 고민하는 가운데 걸작이 나오는 경우가 많다. 예술품 중 거대하고 웅장한 것은 많은 사람들이 함께 이룬 것도 있지만, 명품은 혼자서 이룬 경우가 많다는 점을 알아야 한다.

55

그럼에도 불구하고 최우선은 직장이다

직장에서 미래를 위해서 꾸준히 자기 개발을 하는 것은 매우 바람직하다. 그런데 전후를 따져 가면서 해야 한다. 직장에 몸을 담고 있는 동안에는 최우선순위가 직장 일이라는 점을 잊어서는 안 된다.

그러므로 자신이 몸담고 있는 조직에서 자신에게 주어진 업무와 역할에 우선적으로 치중하는 것이 바람직하다. 우선순위를 직장의 일과 자신이 맡은 역할과 책임에 두어야 한다는 것이다. 즉, 자기 개발을 한답시고 자신이 맡은 업무를 소홀히 해서는 안 된다는 의미다.

회사에서 주어진 시간에 자기 개발을 하기 위해서는 최우선적으로 자신이 하고 있는 일을 우선적으로 완벽하게 처리해야 한다. 기본적으로 회사 업무에 빈틈을 보이지 않아야 한다. 자신이 회사에서 맡은 업무를 펑크 내면서까지 자기 개발을 하는 것은 참으로 어리석을 일이고, 있어서도 안 되는 일이다. 결과적으로 할 것은 해 놓고 딴짓을 해야 한다는 것이다.

경우에 따라서는 기본적으로 해야 하는 일이 펑크가 나게 되면, 그로 인해서 그것을 처리하는 데 따른 에너지 손실로 자기 마음의 불안감이 엄습하게 되고, 이로 인해서 자기 생활이 불안하게 된다는 점을 알아야 한다. 그러므로 직장인으로서 지녀야 하는 기본적인 책무에 대해서는 그릇됨이 없어야 한다.

인재는 적재적소에

대개 회사에서 자기 개발을 꾀하는 사람들은 회사 업무에 수준급에 이른 사람들이다. 그런 사람들은 이제는 회사에서 더 이상 경지에 오를 수 있는 정상에 이르렀다고 생각한다. 그래서 더 이상 올라갈 곳이 없기에 그곳을 벗어나기 위해 자기 개발을 하는 것이다.

표면적으로는 직장이고 회사라는 곳이 직원들의 인재 양성과 직원들의 능력 향상을 위해서 적극적으로 지원을 한다고는 하지만, 아직도 우리나라의 대부분의 기업은 직무역량에 초점을 두는 기술교육에 치중하고, 교양이나 인성 리더십 교육에 소홀히 하는 측면이 많다.

이제는 기업도 직원 개인의 능력과 역량 증진에 힘쓰기보다는 집단지성과 조직 활성화에 집중함으로써 창의나 혁신보다는 오로지 주어진 곳에서 시키는 대로 피동적으로 움직여 조직에 헌신하는 로봇형 직원만을 양성하는 것은 아닌지, 심각하게 고민해 보아야 한다.

56

코끼리를 냉장고에 넣는 방법

설득의 기법 중에서 일단은 첫 발을 들여 놓은 기법이 있다. 일단 한번 물꼬를 트면 되는 것이다. 한 번 보고 두 번 보고 자주 보면, 그 사람과 친해진다. 자기 브랜드 가치를 올리기 위한 준비를 하기 위해서도 이처럼 자기 목표를 자주 들여다봐야 한다. 그리고 그것을 어떻게 할 것인가에 대한 방법을 계속 생각하면서 전략을 구사해야 한다. 어떻게 하면 좋을지, 어떻게 하는 것이 바람직한지, 어떻게 하는 것이 제일 효과적인지에 대해서 생각에 생각을 거듭해야 한다.

아울러 자신의 생활방식을 새롭게 터닝하기 위해서는 현재 하는 있는 일에서 새롭게 하고자 하는 일로 시나브로 전개해 나가야 한다. 그것은 현재 하고 있는 일의 점유율을 티가 나지 않도록 서서히 줄이고, 새롭게 하고자 하는 일의 점유율을 점점 늘려 가야 한다. 그렇게 하다 보면 시나브로 새로운 환경에 쉽게 적응하게 된다. 서서히 야금야금 먹어가는 것이다.

수영할 때 물에 갑자기 들어가면 심장마비에 이를 수 있으므로 심장에서 먼 신체 부위부터 물을 적시고 심장에 적신다. 또, 더운 물에 들어갈 때 서서히 한 발을 넣고서 점점 몸을 깊숙이 담그는 것과 같은 방법으로 가랑비에 옷을 적시듯 서서히 자신이 가고자 하는 새로운 방향으로 돌려야 한다. 그러다가 "됐다!" 하는 순간에 자리를 박차고 나가야 한다. 무모하게 아무런 계획이나 전략도 없이 현재를 박차고 나가지 말라는 것이다.

회사를 그만두고 창업을 하기보다 직장 생활을 하면서 미래를 위해 준비를 해야 한다. 욱하는 성질을 참지 못하고 현재 다니는 직장이 자기 체질에 맞지 않아 자신에게 전혀 어울리지 않는다는 이유로 직장을 때려치우는 우를 범하지 말아야 한다.

무조건 사표를 제출하고 새로운 회사에 들어가는 것을 알아보기보다 회사에 다니면서 자신이 옮기고자 하는 회사에 대한 정보를 알고, 시나브로 그쪽 사람과 서로 통교하며 안전하게 연착륙 하는 것이 바람직하다는 것이다. 코끼리를 냉장고에 넣는 방법은 조금씩 잘라서 넣는 것이다.

57

자기에게 보내는 편지

자신에게 자기가 좋고, 자신이 열심히 하고 있고, 자신이 새로운 것을 해낼 수 있으며, 이런 내가 좋다는 메시지의 편지를 수시로 자기 자신에게 보내야 한다. 그래서 자신의 마음을 더욱 강화해야 한다. 자기 스스로 자신을 독려하고 칭찬해야 한다.

우리가 살아 있는 동안 자기 일생을 좀 더 소중하고 귀하게 살아가기 위해서 임종체험을 하기도 한다. 자신이 가상으로 죽어 가는 모습을 체험하면서 자신의 내면을 성찰하는 것이다. 마찬가지로 자신에게 점점 자신이 잘되어 가고 있고, 자신이 원하는 방향으로 열심히 잘하고 있다고 자기가 자신에게 응원의 편지를 보내는 것이 좋다.

이를 통해 자존감을 키우고, 하면 할 수 있다는 신념과 강인한 도전정신을 갖출 수 있다. 자기 긍정의 힘, 자기는 할 수 있다는 신념의 힘, 그 누구의 응원보다 자신이 자신에게 보내는 응원의 힘은 매우 강력하다. 자기를 이길 수 있는 힘을 주고 자신이 스스로 지치기 전에 자기를 더욱 강화하는 역할을 한다. 자기 스스로 진화하고 자연 발화하는 사람이 되어야 한다. 타인의 자극에 의해서 움직이기보다 스스로 할 수 있다는 강한 자신감과 긍정의 힘을 가진 사람이 되어야만 강한 추진력을 낼 수 있다.

주변 환경이 힘들고 고통스러울수록 자신이 자신에게 계속 응원을 보내야 한다. “잘하고 있어.”, “고지가 바로 저기야. 정상이 보여.” 등 여기서 포기할 수는 없다는 내용의 편지를 보내야 한다. 그것이 자신을 이끄는 힘이 되고, 그로 인해 자신의 힘이 더 강화된다. 단, 중요한 것은 자기 응원을 믿고 계속해서 정진하다 보면 자기도 모르는 사이에 번 아웃에 이르는 불행함을 당할 수도 있다는 점이다. 그러므로 적정하게 휴식을 취하면서 자신을 달래야 한다.

무한대 에너지를 가진 사람은 없다. 체력이 고갈되었는데, 정신력만으로 언제까지 그 체력을 유지할 수 없다.

자신이 자신에게 보내는 편지를 타임캡슐에 넣고 그것을 일정한 시간이 흐른 뒤에 다시금 읽으면서 그에 대한 의미를 되새겨 보는 것은 참으로 보람되고 영광된 일이 아닐 수 없다.

"너는 참으로 대단해. 나는 너의 능력이 진정 어디까지인지 궁금해. 네가 하는 일은 정말로 남들이 하기에는 너무도 어렵고 힘든 일인데, 그것을 능히 해내는 것을 보면 진정 참으로 대단하다는 말밖에 할 수가 없네. 정말로 너라는 사람은 대단한 능력을 가지고 있어. 네가 하는 것을 가만히 지켜보고 있으면, 참으로 너란 사람은 정말로 대단하다는 생각이 들어. 너는 내가 만난 사람 중에서 최고의 열정을 가진 사람이라고 생각해."

"너는 대단해. 너는 머지않아 우리나라의 최고의 명강사요, 베스트셀러 작가가 될 것이라는 것을 확신해. 네가 꿈꾸는 세상이 분명히 3년 내에 열릴 것이라고 확신해. 언제까지고 나는 너를 응원할 거야. 나는 늘 곁에서 너를 응원하고, 나는 항상 너의 든든한 후원자가 될 거야. 건투를 빈다. 그래, 힘내자. 어렵고 힘들다고 말하지 말고, 된다고 생각하자. 힘들지 않으면 힘을 쓴 것이 아니라고 한다. 힘들더라도 참고 견디자. 견뎌 내자. 이겨 내자. 분명히 좋은 일이 생길 것이라고 본다. 머지않았다! 정상이 머지않았어. 다시금 일어서자, 분연히 일어서자."

이렇게 자신에게 힘이 되는 편지를 써 보자.

58
주머니 속 현금의 필요성

돈이 제일인 자본주의 사회에서는 돈이 없으면 자신감도 사라진다. 따라서 돈이 없어도 지갑에 현금 30만 원 이상을 가지고 다니는 것이 좋다. 또 적금이나 저축을 하면서 나날이 돈의 액수가 늘어나야 힘이 난다. 밥을 한 끼를 먹어도 돈이 없으면 마음이 불안하기 마련이다. 돈이 좋다는 것을 알아야 한다.

그래서 가능한 좋은 것을 사 보고 비싼 것을 구입해서 활용해봐야 한다. 그러면 돈이 얼마나 좋은 것인지를 알게 된다. 지갑에 돈이 있는 사람과 돈이 없는 사람은 일이 벌어지면 무엇인가 자신감에서 많은 차이를 보인다. 따라서 어느 정도 사람 노릇을 할 수 있을 정도의 돈이 있어야 한다. 흔히 품위 유지비라고 하는 돈이다.

주머니에는 자신의 그릇을 알리는 정도의 현금이 들어 있어야 한다. 돈을 벌기 위해서라도 지갑에 현금을 가지고 다녀야 한다. 돈이 있어야 그 돈 냄새를 맡고 또 다른 돈이 들어오게 되어 있기 때문이다. 아울러 돈을 지갑에 가지고 다니면서 돈의 소중함을 생각하고 현금을 보면서 돈을 벌겠다는 생각의 힘을 길러야 한다.

59
건강한 스트레스

직장에서 일을 하게 되면 스트레스를 받는 상황에 접하게 된다. 그야말로 스트레스가 쌓이는 일들 태반이다. 정상적으로 생활하는 모든 사람들은 일정한 스트레스를 받으면서 생활하고 있다고 생각해야 한다. 자신만이 그러한 고통스러운 상황을 접하고 있는 것이 아니라는 것이다.

누구나 삶의 나이와 역할과 책임에 상응하는 정도의 고통과 스트레스가 있기 마련이다. 젊으면 젊어서 어려움이 있고, 나이를 먹으면 나이를 먹어서 걱정거리가 있기 마련이다. 그러므로 자신에게 스트레스 상황이 오면 어느 정도 자신의 보호막이 생겼고, 자신의 내면에 숨어 있는 잠재력을 깨울 수 있는 기회라고 생각해야 한다. 단, 스트레스를 받되 건강한 스트레스를 받아야 한다.

60

디테일 하게 쪼개라

실력 있는 전문가가 되었다는 것은 그 분야에 대해 디테일하고 깊이 있게 알고 있음을 의미한다. 비전문가가 추상적으로 이야기하는 반면, 전문가는 그에 대한 절차와 역학 관계를 디테일하고 구체적으로 설명한다. 이처럼 전문가가 되었다는 것은 디테일이 있다는 것을 의미한다.

디테일은 조각조각 세세하게 쪼개는 것을 의미한다. 우스갯소리로 "소금을 비싸게 팔기 위해서는 소와 금을 분리해서 팔면된다."는 말이 있다. 추상적으로 말을 하는 것보다는 뭔가 의미를 부여해서 디테일 하게 쪼개서 생각하는 사고방식을 지녀야 한다. 뭔가를 디테일 하고 세세하게 나누다 보면, 사긴의 실마리인 본질을 보게 된다.

금광석을 조각조각 쪼개서 불필요한 것을 제거하고 선별해서 금을 채취하는 원리를 생활에 접목해야 한다. 즉, 자신이 정년 이후에 하고 싶은 분야에 대한 것을 한꺼번에 이루려고 하기보다는, 세세하게 목표를 잘게 쪼개서 하나하나 이뤄 가는 노력을 해야 한다.

61

성공한 사람처럼 행동하는 힘

작가는 작가다워야 하고 선생님은 선생님다워야 한다. 군에서 정상적인 계급을 달기 전에 '말갈이 병장'이라고 예비 병장이 될 사람을 병장처럼 미리 부르게 된다.

그렇다. 자신이 미리 미래에 되고자 하는 사람이 되었다고 생각해야 한다. 자신이 이미 그런 사람이 되었다고 생각하는 것이다. 이미 자신의 미래상을 자신의 기억 속에 불러와서 이미 그런 사람이 되었다고 상상해야 한다. 사람은 주변 사람들이 그 사람의 가치를 인정하는 만큼의 사람이 된다고 한다.

"말이 씨가 된다."는 말이 있듯 자신이 이미 그런 사람이 되었다고 자신을 세뇌를 하면, 그에 준하는 사람처럼 행동하게 된다. 마치 그런 사람이 된 것처럼 생각하면, 실제로 그런 사람이 되어 가는 것이다.

62

의미를 담는다는 것

무슨 일을 하든, 그 순간에 의미를 담아야 한다. 일에 대해서 의미를 부여한다면, 일을 대한 자세나 태도가 달라진다. 결국 의미를 담는다는 것은 그것을 취할 수 있는 대상에 대해서 가치를 부여하는 것이라고 볼 수 있다.

순간순간에 의미를 부여하면서 일에 대한 태도를 달리해야 한다. 의미를 부여한다는 것은 그 일을 함부로 하지 않겠다는 자신과의 각오이기도 하다. 무엇을 하든 기도를 하는 것은 내면의 힘을 깨우는 것이고, 자신의 힘과 역량을 하나로 모으는 의식이기도 하다. 자기가 자신의 내면으로 들어가서 자신의 에너지를 모으고 그 힘을 발휘하게 하는 일련의 과정이 바로 기도다.

어차피 한정된 공간에서 살고, 동일한 환경 속에서 생활하고 있다. 이들 가운데에서 자신의 삶을 살아가기 위해서는 깨달은 것이 많은 사람이 이기는 것이다.

63

반전 끝에 기적

무엇이든 끝까지 해야 한다. 끝까지 하면 모든 것이 끝났다고 생각하는 순간, 또 다른 반전이 일어나게 마련이다. 세상에는 '기적'이라는 것이 있다. 그런데 그 기적은 희망의 끈을 결코 놓지 않는 사람에게 생긴다. 아무에게나 그냥 일어나는 것이 기적이 아니라는 것이다.

끝까지 노력하는 자에게는 성공이라는 기적이 생기게 된다. 명작이나 걸작은 계속해서 하는 동안에 나오는 것이다. 어떻게 보면 명품을 만들고 걸작을 만들기 위한 시도 끝에 인위적으로 만들어진 것이 아니라, 포기하지 않고 끝까지 하다 보니 그러한 과정에서 자신도 모르는 실력이 부가 되어 기적의 작품이 만들어지는 것이다.

우리가 달리기를 하다 보면 지치고 힘든 러너스 하이 (runners high)의 상황에 처하게 된다. 그 상황을 이겨 내면, 그 이후에 몸이 솜털처럼 가볍게 된다. 우리는 그러한 상황을 잘 넘겨야 한다. 바로 그 점을 넘은 사람을 우리는 '프로'라고 부른다.

조금만 더

우리네 삶도 그러하다. 항상 힘든 상황을 넘어서야 좋은 일이 생긴다는 것이다. 힘든 상황이 오면 바로 그 너머에 좋은 일이 기다리고 있다는 것을 알아야 한다. 물이 99도에서 끓지 않고 100도에서 끓는다는 점, 힘들고 어려운 상황에서도 끝까지 하는 자가 결국은 승자라는 것을 알아야 한다. 신은 선물을 줄 때 고통이라는 포장지로 포장해서 준다고 한다. 실패해서 인생이 끝나는 것이 아니고, 포기하는 순간 인생이 끝나는 것이다. 위대한 작곡가가 위대한 곡을 쓰는 것이 아니라, 곡을 계속해서 작곡을 하면서 영감을 얻게 된 것이다.

이처럼 모든 것을 처음부터 잘하는 사람은 없다. 모든 전문가는 처음에는 초보였다. 처음부터 잘하는 사람은 없다. 그것을 계속하는 사람과 중간에 포기하는 사람만 있을 뿐이다. 계속하느냐, 혹은 중간에 포기를 하느냐의 문제다. 계속하는 과정에서 자신감이 생긴다. 계속하는 과정에서 실력이 쌓이고, 그 과정에서 극에 달해 다른 새로운 것에 눈을 돌리는 기회를 갖게 되는 것이다.

그냥 가만히 있어서 생기는 일은 없다. 일단 부딪쳐서 계속해서 시도해야 한다.

64

배울 때는 창피함을 무릅써라

배울 때는 창피를 당할 준비를 해야 한다. 가르치는 사람이 달래면서 좋게 가르치는 경우는 드물다. 대개 많은 스승들이 제자를 수련할 때 강하게 단련을 시킨다. 일부러라도 강하게 하는 것이다. 그래야 정신을 차려서 배우게 되고, 힘들게 배워야 쉽게 잊어버리지 않기 때문이다. 가능한 배울 때에는 그러한 것을 염두에 두어야 한다.

가능한 자신이 원하는 것을 이룰 때까지는 이를 악물고서 배워야 한다. 일정한 경지에 오르면, 그때부터 그 역경을 극복하고 배웠던 것이 자랑스런 훈장이 되는 것이다. 일순간의 창피함과 굴욕을 참지 못하고 어렵다고 배우지 않는다는 것은 성장을 포기한 것이라고 할 수 있다. 그러므로 가능한 자신이 원하는 것을 얻을 때까지 인내하고 인내해야 한다.

이를 위해서는 창피함을 극복할 수 있는 힘을 길러야 한다. 그것이 진정으로 자신을 승리로 이끄는 것이라고 볼 수 있다. 가능한 참고 견뎌야 한다. 특히 나이가 들어서 무엇인가를 새롭게 배우는 것은 어려운 것 중 하나다. 더욱이 배우는 것이 습관이 되지 않는 사람에게는 배우는 것 자체가 훈련이고 지독한 어려움이 될 수 있다. 그럼에도 불구하고 배우는 것을 즐겁게 생각해야 한다. 배움에는 왕도가 없다. 모든 사람이 스승이라고 생각해야 한다.

65

목적이 있는 배움

이제는 그냥 해서는 안 된다. 하다가 잘되면 그만이고 못되어도 크게 잘못되지는 않는다는 생각을 버려야 한다. 가장 중요한 것은 배우는 것도 이제는 목적을 가지고 배워야 한다는 점이다. 단순히 필요해서 배우는 것이 아니라, 간절히 뭔가를 해내겠다는 결연한 생각을 가지고 배워야 한다. 배워서 나중에 써먹을 것을 생각하면, 더욱 재미를 느낄 수 있다.

가장 중요한 것은 어떠한 목적을 갖느냐에 달려 있다. 타인을 위하여, 세상을 구하기 위하여, 장대한 미래를 열기 위한 광대한 목적을 가져야 한다. 단순히 자기만 잘 살기 위해서 자신의 인생을 엮어 가겠다는 협소한 목적이 아닌, 널리 세상을 복되게 한다는 목적을 가지고 배워야 한다.

66
목표를 시각화하라

가능한 자신이 이루고자 하는 목표를 이미지화하는 것이 좋다. 아울러 그것을 이뤄 가는 과정을 수치화해서 실제로 진척도를 계속해서 체크해야 한다. 목표치 대비 어느 정도 달성했는지를 실시간 확인 가능한 전광판을 만들어 상시 보이는 자리에 비치하고 그것을 보면서 실행해야 한다.

계속해서 동기부여를 받기 위해서는 실적을 관리하는 판이 있어야 한다. 그래야 계속해서 근성 있고 끈기 있게 노력하게 된다는 점을 알아야 한다. 문제는 그러한 수치를 보면서 너무 서두르지 말라는 것이다. 조급하게 생각하고 성급하게 접근하면 자기 실력을 충분히 발휘할 수 없고, 자신도 모르게 실수를 하는 문제를 야기할 수 있기 때문이다.

출발은 받아들임에 있다

성취에 이르는 다섯 단계의 절차 중에서 가장 첫 번째는 수용의 단계다. 무슨 목표든 그것은 자신의 목표이고 자신이 반드시 달성해야 하는 목표라는 것을 수용해야 한다. 그다음에 마치 목표를 이룬 것과 같은 상상을 해야 한다. 그야말로 목표에 중독되는 것이다. 이렇게 목표를 이루는 과정에서 제일 중요한 것은 바로 받아들이고, 그것을 이미지화하고 상상하는 것이다.

이미지화해서 상상하는 가장 근본적인 목적은 바로 실행력을 높이기 위해서다. 아울러 행동을 하면서 계속해서 진도 체크를 해야 한다. 그렇지 않는 경우에는 최종적인 목적지에 이르는 과정에서 결과 값이 서로 달라질 수 있다는 점을 명심해야 한다.

* 성취의 5단계 프로세스

수용의 단계, 이미지화 단계, 행동의 단계, 진전의 단계, 성취의 단계.

67
후래삼배(後來三杯)의 진정한 의미

어느 조직이든 새로운 조직에 몸을 담고 그 조직 안에 들어가기 위해서는 가장 우선적으로 그 조직에 기여하고 헌신해야 한다. 흔히 술자리에 늦게 가서 끼어들기 위해서는 '후래삼배(後來三杯)'라고 해서 연거푸 석 잔의 술을 마셔야 한다. 그러한 일련의 의식은 앞으로 새로운 환경에 접촉하고 그 조직에 몸을 담기 위한 것으로, 그 분위기에 적응하도록 함으로써 헌신을 유도하는 것이다.

직장 생활을 하면서도 마찬가지다. 어떤 조직에서 새로운 조직으로 보직이동이 되었다면, 아니 새로운 업무를 맡았다면, 그 조직과 일에 대한 관심을 표명하고 애정을 표출하기 위해서 가장 기본적으로 자신을 희생해야 한다. 일단은 내가 차차 잘할 것이므로 그것을 바탕으로 자기를 받아 달라는 묵시적인 의사표현을 해야 한다. 그것이 바로 새로운 환경에 적응하기 위한 가장 기본적인 의식을 치루는 것이기도 하다.

지역 사회에 봉사해야

특히 직장인의 경우에는 정년을 하면 어떠한 형태로든 자신이 뿌리를 내리고자 하는 지역사회의 새로운 단체나 모임에 가입해야 한다. 하다못해 조기축구회나 라이온스 클럽 등 그 지역사회에 뭔가를 이바지하기 위해 조직과 단체에 가입하게 된다. 장사를 하는 경우에는 상공인회에 가입하고, 또 사업을 하기 위해서는 창업 협회에 가입하는 등의 노력을 기울여야 한다. 어떤 사람은 교회나 성당 등의 종교 단체의 일원으로 활동을 하면서 자신의 영향력을 늘리는 경우도 있다.

길게 호흡을 하기 위해서는 진심어린 마음이 아주 중요하다. 진심을 보여야 한다는 것이다. 단순히 생색을 내거나 뭔가 겉으로 과시적인 이미지를 알리기 위해 행동하지 않는 것이 좋다. 물질적으로 기부를 하는 것도 좋지만, 일단 참여해서 적극적으로 그 조직이나 단체에서 활동을 하는 것이 좋다.

'백의종군' 하는 마음으로 직위가 없어도 일반 회원으로서 열성을 보이면, 그로 인해 그 조직이나 단체에서 인정을 받게 되고, 지역 정책을 결정할 때 당신의 의견을 필요로 하게 될 것이다. 제2의 인생을 엮어 가야 하는 직장에서 정년퇴임한 사람들은 특히 그 점을 주의해야 한다. 사업에서 가장 중요한 것은 돈이 아니라 사람이다. 사람이 있어야 한다는 것이다.

주변에 사람이 있다면, 그러한 인맥을 동원해서 자신이 하고자 하는 바를 쉽게 이룰 수 있다. 그렇지 않으면, 결국 이뤄 놓은 사업도 번창하기보다는 주변 사람들의 냉소와 괄시로 인해서 사업을 접어야 하는 난국에 처할 수도 있다는 점을 알아야 한다.

68

건강, 가장 큰 자산

'마른하늘에 날벼락'이란, 갑자기 심근경색으로 돌연사를 하는 경우, 불의의 사고를 당하는 경우 등을 말한다. 정년에 돌입하고 오십대를 넘어서면, 그야말로 자신의 건강관리에 신경을 써야 할 때이다. 그간 직장 생활을 하면서 젊을 때 밤낮 없이 일을 했던 몸이라서 언제 어느 때 불의의 사고를 당할 수도 있다는 점을 의식해야 한다.

특히 나이 들어서는 유산소 운동을 많이 해야 한다. 근력을 키우고 지구력을 기르기 위한 운동보다는 마음의 평화를 느끼고 심신의 안정을 도모하는 자기 성찰이나 정적인 명상 혹은 요가를 하면서 자신의 심신을 수련하는 것에 힘써야 한다. 간혹 출근을 해서 쓰러지는 사람도 있고, 오십대에 건강 진단을 했을 때 불치병에 걸린 사실은 발견하는 경우도 있다.

'설마 내게는 그런 일이 없을 것'이라고 속단하는 것은 금물이다. 자신이 진정으로 하고자 하는 일을 하기 위해서는 건강이 뒷받침되어야 한다. 건강하지 않으면 아무리 많은 것을 이뤄도 결국 도루묵이다. 건강을 돌보지 않고 일에 열중하는 것은 언제든 피도가 밀려오면 허물어질 수밖에 없는 모래성을 쌓고 있는 것과 같다. 그러므로 항상 자신의 안위를 생각해서 자신의 건강을 관리해야 한다.

내 건강은 내가 챙긴다

먼저, 회사에서 하는 건강진단 혹은 국가 정부에서 하는 종합 진단은 가장 기본적으로 해야 한다. 그래야 불시에 생길지도 모르는 급사를 방지할 수 있다. 사실 요절하지 않고 사고를 당하지 않으면 그래도 평균 수명은 살 수 있다. 그러한 장수하는 비결은 가장 기본적으로 건강한 생활을 하는 것이다.

그런 점에 비춰 볼 때, 일을 할 때 일에 집중하기보다는 그 일로 인하여 스트레스를 받지 않는 선에서 그냥 자연스럽게 자신의 페이스를 유지하면 된다. 감정적으로 격한 반응을 보일 필요가 없다.

자신의 건강은 자신이 챙겨야 한다. 회사에서 원하는 건강 상태를 최소한 유지하고, 회사의 일을 하면서 자신의 건강이 상하지 않도록 적정한 휴식을 취해 가면서 직장 생활을 하는 것이 바람직하다.

69
돈보다 재미다

이제는 열심히 일만 해서는 남을 앞서 갈 수 없는 세상이다. 열심히 하기보다는 창의적이고 혁신적으로 일을 해야 한다. 무턱대고 해서는 이제는 남을 앞설 수가 없기 때문이다. 이제는 일등을 하기 위해서는 뭔가 혁신적인 대안이 필요한 세상이다. 자전거를 연습해서 아무리 최고의 스피드를 낸다고 해도 자동차를 따라잡을 수 없다. 그렇다. 이제는 현실에서 하던 방식에서 벗어나, 뭔가 새로운 방법을 찾아서 해야만 다른 사람을 앞서 갈 수 있다.

이제는 글로벌 무한 경쟁의 시대다. 이런 시대에서 의연하게 살아남기 위해서 이제는 새로운 방식을 창안해야 한다. 남이 하는 방식으로 하는 것은 남 좋은 일을 하는 처사다. 단순히 경쟁률만을 올려 주는 것이다.

자신 만의 방법과 자기만의 남과 차별화된 방법으로 접근하지 않으면, 더 이상 앞서 갈 수가 없는 시대다. 그러기에 자기 브랜드 가치를 올리기 위한 준비를 할 때는 깊이 있게 생각해서 남이 하지 않는 분야 혹은 남이 도전하지 않는 새로운 분야를 개척해야 한다. 모두가 하는 일을 하기보다는 자신이 좋아하는 자신만의 색깔을 낼 수 있는 그러한 일을 찾아서 해야 한다.

중요한 것은 자신이 가진 재능과 끼를 마음껏 발휘할 수 있는 일을 찾아서 해야 한다는 것이다. 즉, 육체적으로 피로하고 정신적으로 심신의 피로를 가져오는 일이 아니라, 자신이 하고 싶은 일을 해야 한다는 것이다. 아울러 일에 초점을 두기보다 시간을 즐겁고 유쾌하고 행복한 생활을 할 수 있는 것에 초점을 두어야 한다. 그것이 자신의 삶을 행복으로 이끄는 가장 이상적인 길이다.

70

속전속결, 주도권 선점

무슨 일이든 결정을 하고 준비가 됐다고 판단되면, 속전속결로 처리해야 한다. 어설프게 망설이다 보면 선두를 놓칠 수 있다는 점을 알아야 한다. 미적거릴 시간적인 여유 없이, 가능한 스피드 있게 행동해야 한다. 그것이 바로 주도권을 선점하는 것이다.

경우에 따라서는 주변 상황이나 눈치를 보면서 하는 것도 좋지만, 십 중의 팔 할은 즉시 실천하는 것이 유리한 경우가 많다. 베르누이 원리에 의해서 유속이 빠르면 주변 압력이 낮아지게 마련이다. 무엇이든 당신이 새로운 것을 시도할 때는 주변에서 많은 불협화음이 나오기 마련이다. 특히 남과 다른 생각으로 접근하는 분야나 남들이 불가능하다고 생각하는 것들은 더욱더 비전이 있다고 생각해야 한다. 그런 일들이 성공할 확률이 높다는 것이다.

그러므로 자신이 어떤 새로운 목표를 세우고 새로운 사업을 구상했다면, 신속하고 발 빠르게 행동해야 한다. 미적 거릴 여유가 없다. 자칫 다른 사람에게 선두를 놓칠 우려가 있기 때문이다. 중요한 것은 빠르게 선점해서 하되, 끝까지 근성 있게 하는 노력이 수반되어야 한다는 점이다. 일정한 궤도에 오를 때까지 속도를 계속해서 올려야 한다.

순발력과 지구력으로

일정한 속도 혹은 정상적인 속도에 오르면, 크게 힘이 들지 않는다. 서서히 움직이면 무리가 가지는 않겠지만, 경쟁자를 따라잡을 수 없다. 경쟁자를 따라잡기 위해서는 스프린터처럼 출발선에서 순발력을 발휘하여, 폭풍 같은 힘으로 행동해야 한다.

또 진행하는 과정에서는 마라토너처럼 끈기 있게 해야 한다. 중간에 포기만 하지 않으면 승산이 있다. 아니, 끝까지 하면 승산이 있다. 주변에서 잡음이 생기고 주변 사람들이 질투하고 있다면, 속도가 느려서 그런 것이다. 주변 사람들이 시기하고 질투할 겨를이 없을 정도의 속도로 달려야 한다.

주변 사람들이 잠시 멈춰서 생각하면, 이미 그 지점을 통과해서 더 이상은 왈가불가 할 수가 없는 정도의 속도로 달려야 한다. 그래서 정상에 올라 주변 사람들을 내려다보면서 자신만의 성취감을 십분 맛보아야 한다. 그 쾌감이란 이루 말할 수 없이 큰 기쁨일 것이다. 그 기쁨을 그 무엇으로도 형언을 할 수 없는 것임을 알아야 한다.

단, 주의해야 하는 것은 해서는 안 되는 것을 가장 효율적으로 하는 것이 가장 비효율적이라는 점을 명심해서, 비효율적인 것들은 과감하게 가지치기를 해야 한다는 점이다. 속도를 내기 위해서는 가능한 몸집을 줄여야 하고, 보유한 짐을 가볍게 해야 한다. 아울러 가끔은 제대로 가고 있는 지 점검하면서 속도를 내야 한다.

71
인스턴트식 사업

독이 될 수도 있고 약이 될 수도 있는 타인의 돈, 차입금을 잘 활용해서 자신의 성장을 향한 지렛대로 쓰는 것이 좋다. 이는 단순히 돈을 의미하는 것이 아니다. 다른 사람의 아이디어와 재능을 자신의 것으로 잘 패러디해서 자기 성장의 지렛대로 삼는 것이 좋다는 것이다.

잘하면 독이 되고 잘못하면 약이 된다는 돈을 차입해서 투자를 하는 것은 신중에 신중을 거듭한 검토 끝에 실행해야 한다. 무작정 융자를 받아서 무리하게 사업을 여는 사람이 있는데, 자칫 잘못하다가는 원금도 회수 못하고 모든 것을 날릴 우려가 있으므로 항상 이를 조심해야 한다.

사업을 할 때는 가능하면 돈은 나중에 투자하고, 무형의 실력과 재능이 사업의 근간이자 핵심이 되어야 한다. 돈으로 돈을 버는 것이 아니라 자신이 쌓은 경험과 지식과 기술이 돈이 되는 사업을 해야 한다. 아울러 사업을 할 때는 인스턴트식으로 해야 한다. 영구하게 하나의 물줄기만을 파기보다는 다양한 분야에서 신속하게 여러 곳을 오가면서 여러 가지 사업을 하는 것이 더 유리하다는 것이다.

72

놀아야 롱런한다?

직장 생활을 하는 사람들은 세 가지로 분류할 수 있다. 먼저 열정을 다해서 주인다운 마음으로 스스로 하는 사람이 있다. 상사가 있든 없든 회사의 제반 규정을 잘 지키면서 자신에게 주어진 일을 스스로 하는 직장인이다.

또, 누가 시켜야 하는 사람들이 있다. 혼자서는 아무 일도 하지 않고 자신이 무엇을 해야 하는지에 대해서 무감각하며 회사의 각종 일에 대해서 무성의한 직장인이다.

마지막으로 자신이 하는 일도 제대로 하지 않으면서 눈치껏 시간을 보내는 사람이 있다. 자신이 하는 일에 대해서 사명의식도 없고, 일을 함에 있어서 아무 생각 없이 수행한다. 회사를 자기 생계를 유지하기 위한 식량을 구하는 장소로 생각하는 것이다.

자율적이고 자발적으로 일을 하는 사람들이 일을 통해 자아를 실현하고 사회에 공헌하는 것을 사명으로 한다면 남이 시켜서 하는 사람이나 남이 보는 데서만 열정을 다하는 척하는 사람들은 단순히 생계를 유지하는 용도로만 직장 생활을 하는 사람들이라고 볼 수 있다. 그러나 말년의 직장 생활은 적정하게 눈치껏 미꾸라지처럼 요리조리 잘 피해 가는 사람들의 모습을 보여야 한다. 어찌 보면, 그런 사람들이 롱런한다는 점을 알아야 한다. 적당하게 일하고 표가 나지 않도록 눈치껏 일하는 사람들이 어쩌면 직장 생활을 잘하는 사람이라고 볼 수 있다.

중년의 직장인이여, 이제 그들처럼 일을 하라! 이제는 젊고 혈기 왕성한 사람들이 열정을 다할 수 있도록 자리를 비켜 주어야 할 때이다. 일을 하는 능력보다 일을 시키는 능력을 보여야 한다. 적당히 직장 생활을 하는 사람들은 어쩌면 일과 가정, 성과와 관계의 경계에서 중용을 유지하는 사람이라고 볼 수 있다.

73
초심, 열심, 뒷심

무엇인가를 하기 위해서는 끈기가 있어야 한다. 그 끈기라는 것은 초심과 열심 그리고 뒷심을 의미한다. 먼저 '초심'을 돌아봐야 한다. 처음에 품은 뜻을 잊지 않아야 한다. 초심을 잊는 순간, 다른 사람이 될 것이다. 항상 개구리 올챙이 시절을 잊어버리는 경우와 같은 건방진 생활을 하지 않아야 한다.

가장 중요한 것은 초심에 이어서 '열심'이 뒤따라야 한다는 것이다. 주어진 일에 열정을 다하는 것이 열심이다. 아울러 끝까지 하는 힘이 배가되어야 한다. 그것이 바로 '뒷심'이다.

모든 것은 마지막 직후에 결정이 나기 마련이다. 결국 결승선에 다다르기 직전에 넘어지지 않도록 마음을 견고하게 해야 한다. 자칫 다된 밥에 재를 뿌리는 형국이 될 수도 있다는 점을 알아야 한다.

74
내부를 먼저 단속하라

전쟁에 나가기 전에는 항상 국내 정치를 안정을 시켜야 한다. 전쟁에 나가 있는 동안에 내란이 일어나면, 걷잡을 수 없기 때문이다. 내란을 먼저 잠재우고 전쟁에 나서야 한다. 선거에 나갈 때도 마찬가지다. 흑색 비방 선거를 하는 극한 상황에 놓이면, 내부 사람의 한마디가 치명적인 요소로 작용한다. 외부에서 아무리 단단하고 견고한 아성을 쌓았다고 해도 내부가 썩으면 급속도로 무너지게 마련이다.

외상은 치료를 하면 상처가 아물기 마련이다. 하지만 속이 상하고 속에 암 덩어리가 생긴다면, 결국은 목숨까지도 위험 받는 지경에 이르는 것이다. 마찬가지다. 직장인의 경우에는 자기 브랜드 가치를 올리기 위한 여정에 나서기 이전에 항상 내부를 먼저 치밀하게 단속해야 한다. 회사에서 자신의 일을 하기 위해서는, 자신에게 주어진 일을 남다르게 하는 것이 바로 내부 단속에 해당하는 처사다. 자신에게 주어진 업무도 제대로 하지 못하면서 자기 개발을 하는 것은 내부 단속을 못하는 경우에 해당한다.

또 가정이 불안정하거나 건강관리가 잘되어 있지 않는 경우도 그러하다. 중요한 것은 한 번의 단속으로 모든 것이 끝나는 것이 아니라는 것이다. 눈에서 멀어지면 마음에서 멀어지게 마련이다. 그러므로 항상 관리 일지를 작성하면서, 중간 중간에 체크를 해야 한다.

75
사람을 제대로 볼 줄 아는 안목

나이가 들면 사람을 보는 눈이 자연스럽게 생긴다. 하도 많은 사람을 상대 해왔던 탓에 눈빛과 표정만 봐도 그 사람이 무슨 생각을 가지고 일을 하는지를 알게 되고, 미처 다른 사람들에게 드러내지 않는 성질도 어느 정도 직감으로 알게 된다.

직장 생활을 30년 넘게 생활하다 보면, 신입사원이 들어오면 언제까지 근무를 할지 혹은 어느 정도까지 승진을 할 것인지를 어느 정도 예감하게 된다. 그러다 보니, 마치 자신이 사람을 보는 눈이 가장 정확하다고 착각하는 경우가 있다. 하지만 직장에서 사람을 판단하고 보는 눈은 단순히 참작을 해야 하는 직장 버전일 뿐이라는 것을 잊어서는 안 된다.

사회인의 시각으로

사회에 나와서 그것을 잣대로 사람을 보는 것은 매우 위험하다. 회사에서의 사람들은 회사라는 특수성으로 인해서 획일화된 사람들이 많다. 또 조직 문화와 분위기로 인해 공통된 속성을 보인다는 점을 알아야 한다. 먹고살기 위해 혹은 직장인으로서 직장 윤리를 지키기 위해 혹은 직장에서 생활을 하기에 어느 정도 선한 마음을 가진 사람들이 많은 곳이 직장이다. 그런 곳에서 사람을 보는 눈으로 사회에서 사람을 본다면, 봉사 코끼리 만지는 격이 될 수도 있다는 점을 알아야 한다.

사회에 있는 사람은 어떡하든 당신이 가진 부를 빼앗아 가려고 혈안이 되어 있다. 어떤 경우에도 자신의 속내를 드러내지 않는다. 자신이 양심적인 사람이고 자신이 사기를 치는 순간에도 사기를 치는 것이 아니라고 뻔뻔하게 말을 하는 사람들이 바로 사회인이다.

더군다나 이익을 위해서는 발이라도 혀로 핥을 정도로 비굴한 사람이 되기도 하고 자신이 티끌만 한 손해도 보지 않으려고 하는 사람들이 사회 사람들이다. 여기에 더하여 자신에게 위법함이 없음에도 상대방의 불법으로 인해 자신이 손해를 보는 경우에는 그것을 이용해서 단단히 한몫 잡으려고 혈안이 되어 있는 사람들이 바로 사회인이다.

운전을 하다가 자그마한 접촉사고가 나게 되면, 인간이 얼마나 치졸하고 뻔뻔한 사람들이 많은지를 알게 될 것이다. 그 상황이 바로 사회다. 그 자그마한 사례가 바로 사회라는 풍속도다. 그래서 세상은 요지경이라고 말한다. 그 요지경 속에서 살아남아야 하는 사람이 바로 당신이다. 그러기에 사람을 제대로 볼 줄 아는 안목을 키우기 위해 공부를 해야 한다.

사람도 공부해야

그러기 위해서는 인문학적인 소양을 갖춰야 하고, 『손자병법』과 『삼국지』를 통해 사람들이 쓰는 전략을 알아야 한다. 또, 엠비티아이(MBTI)나 디스크(DISC)와 에니어그램 등 인간의 성격심리유형에 대해 학습해야 한다. 필요하다면, 태공망이 지은 『육도삼략』도 읽어 봐야 한다. 요즘 들어 관상과 인상학이 많이 회자되고 있다. 관상으로 인해서 사람을 보는 관점에 선입견이 생겨 다소 착오가 있을 수도 있지만, 내심 사람을 보는 것에 대해서 다방면으로 공부를 해 두어야 한다. 그것이 바로 사회에 나가서 다시금 사람을 판가름하는 기준과 관점을 지니게 한다.

특히 대중을 상대로 사업을 하는 경우에는 대중의 심리에 대해서도 학습해야 한다. 개인으로서의 힘과 대중으로서의 힘은 서로가 다르게 움직이기 때문이다. 대중을 움직이게 하는 힘이 무엇인지에 대해 알아야 한다. 결국은 사람이다. 사람이 자신의 뜻대로 움직이고, 자신이 원하는 방향으로 움직인다면 사업에서 성공하는 것이다.

직장 생활의 경우에는 조직이라는 든든한 뒷배가 있어서 사람에 대해서 그다지 크게 생각하지 않고 직장 생활을 한다. 단순히 일만 하면 된다. 사람을 굳이 신경 쓸 필요 없이 자신에게 주어진 일을 하기만 하면 된다. 하지만 사회에 나와서는 사람이 중요하다. 자신이 무엇인가를 하려고 해도 사람이 없으면 하지 못하는 상황에 내몰리게 된다. 결국은 사람이 문제라는 점을 알아야 한다.

사회 버전으로

사람을 모을 수 있는 사람이 사업에 성공하고, 사람의 심리를 아는 사람이 결국은 사회에서 성공하는 것임을 알아야 한다. 회사에서 잘하던 사람들이 사회에 나가서 실패하는 경우는, 바로 회사 버전으로 사회를 이끌려고 했기 때문이다. 회사 버전은 잊어야 한다. 또, 회사에서 맺어진 인맥이 사회에서도 통하는 인맥이 될 것이라는 착각을 버려야 한다.

회사의 인맥은 단순히 회사에 있을 때의 인맥이다. 직장 생활을 하다 보면 소속만 달라져도 인맥의 구조가 바뀌게 된다. 그런데 만약 당신이 회사에서 퇴직한다면 어떠하겠는가? 물론 단기간에는 예의상 어느 정도 예우를 해 줄 것이다. 그러나 그러한 예우에 취해서 마음을 놓아서는 안 된다. 즉, 회사에서 맺어진 인맥은 아무 소용없는 인맥이라는 점을 명심해야 한다.

그런 점에 비춰 볼 때, 직장에서 일을 할 때 인맥을 형성함에도 사회에서 나가도 함께할 수 있는 인맥과 그렇지 않는 인맥으로 분류해서 인맥의 장을 열어 가야 한다.

76
안팎으로 태도를 달리하라

직장에서 자기 이름으로 자기 성장을 도모하기 위해서는 어느 정도 차별화 전략이 필요하다. 아울러 실제 보이는 행동이 다른 사람과 달라야 한다. 직장 안에서 직장인으로 지내면서도 직장 밖에서는 완전히 다른 모습을 보여야 한다. 직장에서 거지같은 생활을 하고 있는 모습을 보였다면, 직장에 나와서는 왕자처럼 변화된 모습을 보여야 한다는 것이다. 직장에서 생산직 사원의 모습을 보였다면, 밖에서는 경영자다운 모습으로 가면을 바꿔 쓴 모습을 보여야 한다. 그것이 바로 안팎으로 다른 이미지를 보여 주는 것에 해당한다.

일을 함에 있어서 가장 이상적인 경우는 직장에서는 직장인답게, 사회에서는 사회인답게 생각하고 행동하는 것이다. 그런데 실제 직장 생활을 하다 보면, 직장에서의 생활습관이 사회생활로 연동되어 그 흐름으로 흘러가는 경우가 많다. 그런 생활로는 크게 성장을 기대할 수 없다.

만년 직장 생활로 평생을 보내고 싶어도 그럴 수 없는 현실이다. 정년 이후에는 사회에서 뿌리를 내리고 의식주를 해결해야 하고, 정년 이후 10년 이상을 현업에서 일을 해야 한다는 것을 생각하면 직장인 티를 가능한 빨리 벗어 버려야 한다. 직원의 생각에서 경영자의 생각을 가져야 하고, 남의 일을 한다는 생각에서 자신이 주인이라는 생각으로 접근해야 한다. 그것이 진정으로 자기화 되는 과정인 것이다.

중요한 것은 자신이 자기 인생의 경영자라는 생각을 갖는 것이다. 그러기 위해서는 야누스와 같은 생활을 해야 한다. 낮에는 일하고 밤에는 공부하는 주경야독의 생활을 하는 것도 일련의 야누스적인 생활이고, 출근할 때는 직장인이고 퇴근할 때는 사회인의 모습으로 변신해서 이중생활을 하는 것도 야누스적인 생활이라고 할 수 있다.

77
차별화된 자신만의 브랜드를 위해

직장에서 남과 다른 차별화된 생활을 하기 위해서는 일차적으로 그런 생활을 하겠다는 마음의 분위기가 조성되어야 한다. 그래야 그 마음에 비롯되어 그 마음에 상응하는 품격 있는 행동이 표출되는 것이다. 귀족의식을 가지면 귀족처럼 행동하게 되고, 노예근성을 가지면 노예처럼 행동하게 된다.

귀족의식으로

그러므로 항상 자신은 귀족이고 상류층이라는 생각을 가지고 생활해야 한다. 다른 직장인들과 자신은 엄연하게 다른 수준과 품격을 가지고 있다는 제왕의식을 가져야 한다. 다른 직장인과는 다르다는 선민사상을 가지고 있어야 한다. 그래야 그런 생각에 기인하여 좀 더 품격 있고 스마트한 생활을 하게 된다.

만일 그렇지 않고 자기나 다른 사람들이나 하등 다를 것이 없다는 생각을 가지면, 자기도 모르게 주변 사람들과 같은 사람으로 변모된다는 점을 알아야 한다. 자신도 모르게 시나브로 함께 생활하는 사람과 같은 종의 사람이 되는 것이다. 서울 사람도 농촌에서 살다 보면 농부가 된다. 농촌 사람도 서울에서 오래 살면 도시 사람이 된다. 이처럼 사람은 환경의 동물이다. 그러므로 직장 생활을 하면서 그 점을 망각하지 말아야 한다.

Different Think

사실 현장에는 뭔가를 해 보고 새로운 시도를 하려고 하는 사람들이 많지 않다. 오히려 새로운 도전을 꺼리는 사람이 많다. 정년이아 어떻든 현재 생활에 만족하고 평생 직장 생활을 하려고 생각하는 사람이 많다. 그런 환경에 있으면서 혼자서 남과 다른 차별화된 전략으로 자신의 길을 개척하는 것은 참으로 어려운 일이다. 자칫 그런 사람들과 어울리다 보면, 자신도 모르게 그런 사람들과 똑같은 사람이 되기 때문이다.

그런 매너리즘에 빠지지 않기 위해서는 자기 스스로 자신을 관리할 수밖에 없다. 자신은 그런 사람과 다르다는 생각을 가져야 한다. 그러므로 함께 어울리기는 하되, 의식과 마인드는 달리해야 한다. '따로 또 같이'라는 말처럼 함께 일을 할 때는 함께 일을 하고, 따로 개인적인 특성과 개성을 발휘해야 하는 시점에서는 그런 차별화된 생각을 가지고 임해야 한다. 그것이 남과 다른 차별화된 자신의 브랜드를 열어 가는 단초가 된다는 점을 알아야 한다.

78
다양한 경험을 통해 느끼는 소중함

돈이 없어 봐야 돈이 소중하다는 것을 알고, 좋은 것을 입어 봐야 어떤 것이 좋은지를 안다. 또 신상품을 입어 봐야 좋은지 알고, 비싼 것을 써 봐야 비싼 것이 좋은지를 안다. 부자들이 사는 모습을 봐야 부자가 되고 싶고, 비싼 메이커를 써 봐야 그것이 주는 무형의 이익을 알게 된다.

반대로 소중한 것을 잃어 봐야 그것이 정말로 소중하다는 것을 알게 되고, 가난에 처해 봐야 가난하게 사는 것이 얼마나 고통스럽고 부자로 사는 것이 얼마나 큰 행복인지를 알게 된다. 또 외국에 나가 봐야 한국이 좋은지 알고, 아내가 없어 봐야 조강지처가 얼마나 좋은지 알게 된다.

당해봐야 안다

그렇다. 무엇이든 다른 것을 접해 보고 다른 상황에 처해 봐야 그것이 얼마나 소중한 것인지를 알게 된다. 물에 사는 물고기가 물의 소중함을 모르고 사람들이 공기의 소중함을 알지 못하는 것과 같이 당연히 있는 것과 무료로 풍족하게 쓰는 것에 대해서는 소중함을 느끼지 못하고 산다. 그러다가 물고기가 물 밖에 나와 봐야 물의 소중함을 알고 질식 상태에 놓여 봐야 공기의 소중함을 알게 되듯, 무엇이든 현재 상황과는 또 다른 상황에 처해 봐야 그에 따른 귀중함과 소중함을 알게 된다.

직장 생활도 마찬가지다. 직장에서 퇴직해서 일이 없이 놀아 봐야 일의 소중함과 직장의 소중함을 알게 된다. 또 을의 위치에 있어 봐야, 을로서 사는 것이 얼마나 힘들고 어려운 것인가를 알게 된다. 무엇을 하든지 역지사지(易地思之)다. 무엇을 하든지 경험을 해 봐야 한다. 그래서 체험하는 것이다. 다른 것을 체험해 봐야 현재 상황이 얼마나 행복하고 좋은 여건인지를 알게 된다.

그런 점에 비춰 볼 때, 직장 생활을 하면서 자기 이름으로 자기 성장을 도모하지 않고 있다면, 자신이 너무 현재의 소중함을 모르고 사는 것은 아닌지를 돌아봐야 한다. 그래서 때로는 1주일 혹은 1달 동안 휴가를 떠나야 한다. 그래서 사회생활도 체험하고, 잠시 직장을 떠나 자기를 돌아보는 시간을 가져야 한다. 그래야 직장의 소중함도 알고, 사회에서 살아남기 위해서는 직장에서 어떤 준비를 해야 할 것인가를 절실하게 느끼게 된다.

79
당근과 채찍을 이용하라

잘하는 경우에는 당근을 주고, 잘 못하는 경우에는 채찍을 가해야 한다. 사람을 리딩하고 다스리는 사람들이 가장 많이 쓰는 전략이 바로 당근과 채찍을 적절하게 활용하는 방법이다. 조직 관리 버전으로 말하면, '신상필벌(信賞必罰)'이다.

직장 생활을 하면서 자기 이름으로 자신의 브랜드 가치를 올리기 위해서는 때로는 이 원리를 적정하게 활용해야 한다. 특히 자신을 시기하고 질투하면서 자신을 비방할 수 있는 잠재적인 적을 다스리기 위해서는 이에 대한 것이 꼭 필요하다. 그러기 위해서는 함께 일하는 사람들의 강점과 약점 그리고 좋은 점과 나쁜 점 등에 대해서 최대한 많은 것을 알고 있으면 좋다. '지피지기면 백전불태(知彼知己 白戰不殆)'라는 말이 있듯이 상대를 공략하기 위해서는 상대에 맞는 맞춤형 전략이 필요하다. 그래서 자신을 비방할 조짐이 보이거나 자신을 험담할 조심이 보이면 그것을 미끼나 무기로 해서 넌지시 잡음이 일어나지 않도록 알력을 행사해야 한다. 자신을 나쁘게 말하면, 당신도 큰 피해를 볼 수 있다는 것을 알리며 은근히 경고하는 것이다. 그것이 자신이 자신의 위치를 확고하게 지키는 것이다.

맞춤형으로

자기 브랜드 가치를 창출하기 위해서는 이러한 연습도 직장에서 미리 해두는 것이 좋다. 결국은 정치적 심리적인 싸움이다. 세상은 온통 정치투성이라는 것이다. 그래서 사내 정치도 어느 정도는 할 줄 알아야 한다. 최소한 자기를 방어할 수 있는 전략을 가지고 있어야 한다는 것이다.

별것이 아닌 것처럼 느껴지지만, 이것은 어떻게 보면 자기 브랜드를 창출하는 것보다 더욱 중요한 사안이 될 수도 있다는 점을 알아야 한다. 아무리 브랜드 가치를 키워도 정치를 하지 못하면 일정한 정도 이상으로는 결코 성장을 할 수가 없기 때문이다.

직장인에게 있어서 가장 좋은 당근은 그 직장인이 원하는 것이고, 가장 싫어하는 채찍은 그 직장인이 바라지 않는 것이다. 그러므로 각각의 개인이 무엇을 좋아하고 무엇을 싫어하는지를 사전에 알고서 그에 맞게 맞춤형 전략으로 접근해야 한다. 그래야 실효성을 거둘 수 있다.

아울러 당근과 채찍을 어느 시점에 얼마만큼 주는 것이 가장 적절한가를 아는 것이 바로 노하우다. 많아서도 적어서도 안 되는 적정량이어야 하고 빨라서도 늦어서도 아닌 적정 시기여야 한다. 그래야 실효성이 있음을 알아야 한다.

Huimangseo for middle-aged workers

Chapter 05

자기 이름을 고수하는 중년 직장인

모두가 힘들다. 아무리 즐겁고 웃는 사람도 매일 웃는 것 같지만, 속내를 들여다보면 고통스럽고 괴로움이 많다는 것을 알 수 있다.

01

부끄러움 없는 삶을 살아라

자신이 일하는 모습을 자기를 낳아 준 부모가 보고 있어도 그러한 일을 할 것인가? 자신의 모든 것을 자녀들이 보고 있어도 그렇게 말하고 행동할 것인가? 직장에서 나와 사회에서 무엇을 할까를 고민할 때 많은 사람들이 가장 우선적으로 '무엇을 해야 많은 돈을 벌 수 있을까?'에 관심을 둔다. 무슨 일을 해야 보람을 느끼고, 어떤 일을 해야 사회에 공헌하며, 무슨 일을 해야 부모형제와 자식들에게 자랑스러운 사람으로 기억이 될까에 대한 것은 두 번째다.

가장 우선적으로 돈이다. 일단 돈이 되는 일을 하고 싶어 한다. 또 돈이 다소 벌리지 않아도 부모형제 혹은 주변 사람들에게 어느 정도 자신을 과시할 수 있는 일을 하려는 사람이 많다. 자신이 회사에서 지내 온 그간의 경력과 품위를 생각해서 최소한 자신의 브랜드 가치를 손상시키지 않는 범위 내에서 사업의 종목을 선택하는 사람도 많다. 결국에는 자신의 유익과 가정의 행복 그리고 자기 후손들의 이미지에 신경을 쓰기보다, 오로지 돈과 남들이 자기를 어떻게 볼까에 대한 기준을 사업 종목 선택의 기준으로 삼는다.

하지만 그러한 선택은 바람직하지 않다. 돈보다는 명예, 돈보다는 가족과 친척들이 찾아와도 전혀 부끄러움이 없을 정도의 사업을 해야 한다. 자신이 하는 일에서 행복을 느끼고, 그 일을 통해서 다른 사람도 행복감을 느끼는 일을 하는 것이 가장 좋다.

결과적으로 회사에서 사회에 나아가 무슨 일을 할 것인가에 대한 기준을 잡을 때 가장 우선적으로 중점을 두어야 할 요건은 자신이 보람을 느끼고 자긍심을 느끼는가의 여부이다. 그리고 두 번째는 자기 주변 사람들과 부모형제 그리고 자녀들이 자신이 하는 사업에 대해 자랑스럽게 생각하는가를 생각해야 하고, 그 사업이 다른 사람들에게 행복을 주는가를 기준으로 삼아야 한다.

일반적으로 사업에서 성공하기 위한 장사꾼으로서의 요건보다는 그러한 것을 우선으로 삼는 것이 장기적으로 볼 때 크게 흥하지는 않지만, 그렇다고 크게 망하지 않는 사업이다. 그렇지 않고 일반적으로 알려진 사업 선택의 요건 등 수익성을 올리는 것을 고려하여 사업을 선택하는 것은 결국은 날고 기는 수완 좋은 다른 사업가에 의해 잡혀 먹힐 수도 있다는 점을 알아야 한다.

02

마땅히 감사하는 마음으로

모두가 힘들다. 아무리 즐겁고 웃는 사람도 매일 웃는 것 같지만, 속내를 들여다보면 고통스럽고 괴로움이 많다는 것을 알 수 있다. '어떻게 그런 상황에서 웃고 아무 일 없다는 듯이 지낼까?'싶을 정도로 참으로 대단하다는 생각이 드는 경우도 있다. 모두가 힘들고 어려운 가운데 자신은 힘이 들지 않는다고 생각하면서 생활하고 있는 것이다. 어떤 경우에도 좌절하지 않고 일부러 웃으면서 생활하는 것이다. 바로 긍정적이고 낙천적인 생각으로 희망의 끈을 놓지 않고 생활을 하고 있는 것이다.

그래야 한다. 마치 자신에게만 그런 불행이 찾아왔고, 자신만이 정년의 아픔을 겪는다고 생각하지 말자. 정년 이후가 전혀 걱정되지 않고 오히려 지긋지긋한 작업복을 빨리 벗어 버리고 싶다고 말하는 사람도, 결국 속내를 들여다보면 자기보다 더 큰 상처투성이라는 점을 알아야 한다.

대개의 경우, 사람들은 일반적으로 모든 사람들이 겪게 되는 일들을 마치 자신만이 겪고 있다고 생각하는 경향이 있다. 바넘 효과(Barnum Effect)가 말해 주듯, 자신의 굴레에 자신이 빠져드는 것이다. 자신에게만 불행이 닥친 것이라고 생각하지 말라. 누구나 한두 가지의 고통은 가지고 있다고 생각해야 한다.

명약에는 극소량의 독약이 들어간다고 한다. 좋은 일이 있기 위해 잠시 힘들고 어려운 상황이 도래한 것일 뿐이라는 생각을 해야 한다. 복잡하게 많은 생각을 하지 말라는 것이다. 오로지 자신이 나아갈 길만을 생각해야 한다. 누구나 힘들다. 인생은 번뇌이고 고통이라고 하지 않는가? 그래도 정년을 못해서 힘들어하는 사람을 생각하면, 정년에 임하는 것을 기쁘게 생각하고, 정년 이후에 정년 연장의 계약을 하게 된 것을 기쁘게 생각하자.

그 옛날 평균 수명이 40세도 안되던 시대에 태어나지 않고 100세 시대를 살면서 발전된 문명의 혜택을 맘껏 누릴 수 있다는 것에 감사하자. 그저 마땅히 감사하는 마음이면 된다. 힘들다고 생각하지 말아야 한다.

03

놓을 줄 아는 중년

직장 생활을 하는 동안 동료들이 자신을 열외하고 자기들끼리 한다고 시샘하지 말아야 한다. 말년의 직장 생활을 물밑에 숨어서 앞서 가는 사람을 지원하는 형태로 하기로 했다면, 그런 패턴을 유지해야 한다. 종전의 조직에서 엄청나게 많은 일을 해서 주변에 평판이 자자한 사람이라면, 더욱 주의해야 한다. 그런 사람들은 정년의 시점에 이르러도 일을 보면 무섭게 일을 하려는 속성을 보이기 때문이다.

이런 사람들의 특징은 주변에서 일을 하는 것을 보면 갑갑해하는 것이다. 또 어리석게 일하는 모습을 보면 가만히 있지 못하고, 자신이 직접 손발을 걷어붙이고 적극적으로 나서려고 한다. 그러나 정년을 앞둔 시점에서는 그러지 말아야 한다. 눈앞에서 일을 하는 사람들이 자기가 보기에 한없이 멍청하게 하고 있어도, 그냥 자기 범주가 아니라면 놓을 줄도 알아야 한다.

후배의 공으로

또, 주변에서 자신보다 못한 실력으로 표창을 받고, 자신이 조금만 하면 표창을 받을 일이라도, 직접 나서서는 안 된다. 그것은 나이 들어 노욕을 부리는 것과 같다. 이제 모든 포상은 후배들의 공으로 돌려야 한다. 또 모든 유익한 것은 후배들에게 주어야 한다. 그러면서 자신의 시간을 확보해야 한다. 자신의 안위를 돌볼 수 있는 시간적인 여유를 확보하는 것이 좋다.

일하고 싶어도 나서지 말아야 하고, 주변에서 자신을 왕따 시킨 채 일을 해도 외로워하지 말아야 한다. 직장 말년에는 그런 것을 참아낼 줄 알아야 한다. 왕년에 자신이 하던 일이고 그 일에 대해 자신이 많은 경험을 가지고 있으며, 그 분야에서는 자신이 최고이고 정상이라고 생각하더라도 묵묵히 침묵을 지켜야 한다. 자기 같은 고수를 알아보지 못한다는 서운한 감정을 가지지 말아야 한다는 것이다.

사실 직장 일을 누구나 할 수 있는 일이다. 또 요즘 젊은 후배들은 워낙 똑똑해서 실수를 통해 자기만의 독특한 방법으로 일을 풀어 가는 능력이 아주 탁월하다. 그런 스마트한 후배들이 있으므로 전혀 걱정하지 않아도 된다. 어쩌면 나서면 나설수록 다른 사람들로부터 소외를 당할 수 있으므로, 가만히 자리를 지키면서 자기 일만 하면 된다.

그러다 물어오면 대답을 해 주고, 도움 요청이 있으면 그때 가서 도와주면 된다. 그러므로 일부러 나서지 말아야 한다. 주변에서 경쟁심을 유발시켜도 초연한 태도를 유지해야 한다. 그냥 자신에게 주어진 시간을 어떻게든 정년 이후의 걸작을 만드는 데에 주력하는 시간으로 확보해야 한다.

04

공과 사를 분명히 하라

직장에서 업무할 때는 공과 사를 좀 더 분명히 하는 모습을 보일 필요가 있다. 회사의 공적인 시간에는 회사 업무를 하고, 자유 시간 등 업무 외적인 시간에는 개인의 업무를 한다는 것을 알려야 한다. 회사의 공적인 업무 시간에는 개인적으로 컴퓨터 인터넷 서핑을 하거나 사적인 전화를 하는 모습을 보이지 않아야 한다.

아울러 가능한 빨리 출근해서 업무가 시작되기 전까지는 자신의 일을 하고, 정규 시간이 도래하면 회사의 공적인 업무를 처리하는 모습으로 전향해야 한다. 공적인 업무 모드와 사적인 업무 모드를 달리해야 한다는 것이다. 그렇게 공사의 경계가 확실한 모습을 보이는 것이 직장 생활을 잘하는 직장인이다.

물론, 남이 보지 않는 곳에서는 자신이 공적인 시간에 자신이 하고 싶은 일을 할 수도 있지만, 그 역시도 양심에 입각해서 해야 한다. 자신의 회사 업무를 등한시하면서까지 개인의 업무를 하는 것은 엄연히 잘못된 행동이다. 가능한 공적인 업무 시간에는 공적인 회사 업무를 하고, 남은 자유로운 시간에 자신의 사적인 업무를 하는 것이 바람직하다.

그렇게 직장 동료들 사이에서 '저 사람은 공과 사를 명확하게 구분할 줄 아는 사람'이라는 평판이 생기면, 어지간한 실수를 하더라도 동료들이 그러한 당신의 실수를 인정해 줄 것이다. 한 번은 눈을 감아 줄 것이라는 것이다. 그런데 만일 매일 공적인 시간에 사적인 일을 하고 공과 사를 정확히 구분하지 못하는 모습을 보인다면, 무슨 일을 하든지 간에 그다지 좋게 평하지 않는다는 점을 알아야 한다.

그러므로 평판을 잘 유지하기 위해서라도 항상 좋은 이미지를 남겨야 한다. 또, 투명하고 객관적이며 위풍당당하고 윤리적이어야 한다. 아울러 신의성실에 입각하여 회사 업무를 정성스럽게 처리해야 한다. 그런 과정에서 자투리 시간을 이용해서 자기 개발을 하되, 그것 역시도 자기 개발을 통해 조직의 성장과 브랜드 가치 증진에 애쓰고 있다는 이미지를 확고하게 풍기는 것이 좋다.

05

홀로 서기, 아름다운 발넌 직장인의 모습

나이를 먹어 가고 늙어 간다는 것은 이제는 혼자가 되어 가는 연습을 하는 일련의 여정이라고 한다. 어차피 혼자 가야 하는 길이다. 누가 대신해서 죽어 주지는 않지 않는가? 바로 정년에 이르면 혼자서 하는 일, 혼자서 즐길 수 있는 일을 찾아야 한다. 또 혼자 밥을 먹고, 혼자 등산하고, 혼자 책을 읽고, 혼자 자전거를 타고, 혼자 낚시를 하는 등 혼자 하는 것을 두려워하지 말아야 한다. 오히려 혼자 하는 것을 찾고 혼자 있는 시간을 즐길 수 있는 방법을 찾아야 한다.

대개의 경우, 젊은 날에는 자신이 다른 사람과 함께 있는 것을 좋아한다. 혼자 있기보다는 함께 어울려 있어야 두려움도 덜하고, 무슨 일을 해도 불안한 마음이 생기지 않기 때문이다. 단체 생활을 해 오던 사람들도 혼자 있으면 불안하기는 마찬가지다. 그래서 기숙사 생활을 하듯이 단체 생활을 해오던 사람들은 혼자 잠을 자려고 해도 잠이 오지 않는다고 한다.

나를 위한 독(獨)테크

그렇다. 직장인들에게는 직장에 출근하고 퇴근하는 것을 30년 넘게 해오던 습관이 있어, 어느 시점에 직장을 그만두는 순간, 혼자가 된다는 사실에 정신적인 충격을 받게 될 것이다. 자신이 평생 직장생활을 할 것이라는 생각과 자신에게는 정년이라는 것이 찾아오지 않을 것이라는 생각으로 직장 생활을 해왔는데, 막상 그 시점에 이르게 되면 모든 것이 충격으로 다가오기 마련이다.

이를 미연에 방지하기 위해서라도 이제는 혼자 밥 먹는 연습, 혼자 시장을 보고 쇼핑하는 연습을 해야 한다. 특히 혼자 학습하고 배우는 것을 게을리 하지 않아야 한다. 나이가 들수록 혼자 있는 시간을 자신의 생활을 성찰하고 좀 더 심도 있고 내공이 있는 생활을 하기 위한 준비의 시간으로 보내야 한다. 바로 회사에서 그런 연습을 해야 한다.

하루아침에 이루어지는 것은 아무것도 없다. 꾸준히 그리고 끈기 있게 자신의 길을 혼자서 개척한다는 생각을 해야 한다. 후배들이 자신을 빼놓고 회식을 해도 아쉽게 생각하지 말고, 오히려 잘됐다고 생각해야 한다. 그래야 그 시기가 즐겁다.

남을 위한 독(獨)테크

혼자가 된다는 것은 혼자서 의식주를 해결하고 혼자서 즐거운 생활을 하고 혼자서 안분지족하는 것이 아니다. 진정으로 혼자 사는 연습을 해야 한다는 것은 이제는 자신의 안위와 자신만을 위한 생활에서 벗어나, 남을 위해 봉사하고 사회를 위해 후배를 위해 직장을 위해 그리고 자신이 소속된 단체를 위해 헌신하고 누가 알아주지 않아도 홀로 헌신하고 희생해야 한다는 의미가 내포되어 있다.

아울러 혼자 등불을 밝히고 혼자 희생의 재물이 되는 것도 마다하지 않아야 한다. 그간에 너무도 많은 조직의 혜택과 주변의 많은 사람들의 도움에 힘입어 현재 삶에 이른 것이다. 세상사 모든 것은 홀로 이뤄 놓은 것이 아니다. 누군가의 희생과 도움으로 인해 만들어지고 이뤄진 것이다. 그러한 혜택을 이제까지 풍요롭게 누려 왔다면, 이제는 자신으로 인하여 다른 사람들이 혜택을 받을 수 있도록 역할을 다해야 한다. 그것이 진정으로 나 홀로 성장을 하는 것이다.

직장 생활은 혼자 하는 것이 아니다. 직장은 홀로 서기보다 함께 하는 일들이 대부분이다. 그러므로 직장 말년의 시점에는 자신이 직장에서 쌓아 온 것들은 하나의 책으로 만들어서 그것을 다른 후배들에게 알려야 한다. 그런 홀로서기야말로 아름다운 말년 직장인의 모습이다.

06
자기 자랑을 하지 말라

나는 입사 10년 차에 포상을 받기 위해 무진장 애를 썼던 적이 있다. 상을 받고 나면 자기 성취감이 생기고, 또 그러한 업적과 노력했던 것들이 뉴스로 보도되어 주변 사람들로부터 많은 축하를 받은 적이 있다. 그때는 직장 스타가 된 느낌이었고, 어디를 가든 모르는 사람이 없을 정도로 화려한 스포트라이트를 받았다.

그런데 이제 와 생각해 보니, 그로 인해 크게 좋았던 것은 별로 없었다는 생각이 든다. 오히려 주변의 동료들과 거리가 멀어졌고, 많은 사람들로부터 집단 왕따를 당하는 듯이 독주를 했다는 생각도 든다. 오로지 일벌레처럼 일과 사투를 벌이고, 달리는 경주마처럼 한없이 앞만 보고 달려왔기 때문이다.

만약에 당신이 회사에서 자기 브랜드 가치를 올리기 위한 일을 하기 위해서는 회사 업무적인 것을 포함해서 업무 외적인 것에 대해서도 결코 자랑하지 말아야 한다. 상을 받고 싶다면 조용히 받고, 알려서는 안 된다.

직장은 엄연히 경쟁이 난무한 곳이다. 자기보다 잘나가면 언제라도 끌어내리려고 하는 사람이 많은 곳이 바로 직장이다. 그러므로 자신이 잘한 것이 있다면 그냥 조용히 있어야 한다. 꼭 알려야 하는 사람에게만 알리되, 다른 사람들은 모르게 하는 것이 좋다. 사실 당신의 행복은 다른 사람들의 불행일 수 있다. 특히 당신을 미워하는 사람이 그 사실을 안다면, 그것을 빌미로 당신에게 술수를 부릴 것이다.

그러므로 자랑할 만한 것이 있더라도 직장에서는 알리지 않고, 아무 일 없는 것처럼 행동하면 된다. 정히 자랑하고 싶다면, 페이스북

이나 카톡 등 SNS를 통해 사외에 알리는 것이 좋다. 괜히 사내 홍보물에 자신의 소식을 알려서 다른 사람의 표적이 될 필요는 없다.

언제나 숨어 지낸다는 생각을 가져야 한다. 은자 중 고수는 다른 사람들이 없는 깊은 산속으로 들어가는 사람이고, 그보다 수준 높은 고수는 경쟁자들이 우글대는 소굴에서 숨어 지내는 사람이라고 말한다.

자신의 속내를 숨긴 간사한 늑대와 이간질과 질투가 우글대는 직장에서 자신이 표적이 되지 않도록, 잘한 것이 있어도 슬그머니 숨기고 자랑하고 싶은 것이 있더라도 아무 일도 아닌 것과 같이 시치미를 뚝 떼야 한다. 하나의 성공이 있으면 그 반대편에 그에 상응하는 적이 생긴다는 점을 명심하고, 자랑하고 싶은 마음을 절제해야 한다.

잘나간다고 자랑한다고 해서 자신에게 유리하게 작용하는 것은 하나도 없다. 특히 단체가 아닌 순수 개인성과에 대해 결코 알고 싶지 않는 사람들이 많은 곳이 직장이라는 점을 알아야 한다.

07
감언이설에 속지 말라

직장 생활을 하다 보면, 상사들이 부하직원들에게 자주 하는 말이 있다. "내가 키워 주겠다.", "내가 당신의 직장 생활을 보장해 주겠다.", "나만 믿고 따라오라."는 말을 자주 한다. 또 어떤 경우에는 직장 상사를 신적인 존재로 믿고, 상사의 말에 복종하고 상사가 하라는 것은 무엇이든지 적극적으로 하는 사람들도 있다. 하지만 그것은 아무것도 아니다. 그런 것에 전혀 신경 쓸 필요가 없다. 상사 역시 부하직원을 다스리기 위한 미끼로 그러한 말을 한다는 점을 알아야 한다. 그래야 자신에게 이익이 생기기에 그렇게 말을 하는 것이지, 결코 당신을 위해서 하는 것은 아니라는 점을 알아야 한다.

대개 과거의 영광에 있을 때 당신을 알던 사람들은 "당신이 없는 자리가 참으로 큽니다.", "당신이 있을 때와 없을 때를 생각하면 격차가 큽니다.", "성과도 현저하게 적게 나오고, 당신 없는 빈자리가 크게 느껴집니다."와 같이 말할 것이다. 이런 감언이설에 흔들려서는 안 된다. 진짜 그럴 것이라고 생각한다면 참으로 큰 착각이 아닐 수 없다. 그저 당신을 위로하는 말씀으로 생각해야 한다.

그런 사람들의 감언이설에 휘둘려 당신의 본래 감정을 표출한다면, 그로 인해 당신의 현재 위치마저 불안하게 될 것이라는 생각을 가져야 한다. 과거의 영광은 이제는 잊어야 한다. 오로지 새로운 환경에서 자신을 우뚝 세우는 데 주력해야 한다. 그것이 오히려 과거의 영광을 되찾는 길이다.

특히 직장 말년에는 과거의 영광보다 새로운 영광을 위해 분투해야 한다. 과거의 영광 속에서 알았던 인맥은 그냥 그대로 놓아두어야 한다. 너무 가깝지도 않고 멀지도 않는 잠재 인맥으로 활용하는 정도로 유지하는 것이 좋다. 결코 과거 영광 속에서 함께했던 사람들이 새로운 영광을 꽃피우는 데 도움이 되지 않는다. 오히려 그 사람들은 당신을 이용하여 과거의 당신이 지닌 영광마저 자신의 후광 효과로 활용한다는 점을 알아야 한다.

08

항상 내일이 정년인 것처럼

직장인 중에서도 현장에 근무하는 사람들은 자기 인생의 미래를 준비할 겨를이 없는 경우가 많다. 현장 설비를 가동하면서 직접 생산 공정에 참여하는 터라, 스마트 폰이나 인터넷에 접속할 시간적 여유가 없이 바쁘다. 그러다 보니 일과 중에는 심신이 녹초가 되고, 이로 인해 일과 이후에는 휴식을 취하는 생활이 반복된다.

더군다나 회식이라도 있는 날에는 숙취도 제대로 하지 못하고 수면도 제대로 취하지 못한 상태에서 회사에 출근해서 또다시 일을 한다. 자기 개발은커녕 심신에 쌓인 피로를 풀 시간적인 여유도 없이 지낸다.

대부분의 현장 직원들이 그렇다. 감히 자기 개발이나 인생 이모작을 할 겨를이 없는 것이다. 그러다 보니, 정년 이후에 무엇을 할지에 대해 막막하고 앞이 캄캄할 수밖에 없다. 평상시에 준비해야 한다는 것을 알면서도 눈뜨고 도둑질을 당한 경우와 마찬가지로 자신도 모르게 눈코 뜰 새 없이 바쁘게 지내다 보니, 어느덧 정년에 이른 것이다.

결코 그런 자신의 모습으로 정년을 맞이하고 싶지 않았던 것이 사실이다. 그런데 이제 와 생각하니, 자신에게 남는 것이 아무것도 없다는 생각이 든다. 남은 것이라고는 퇴직금과 학비를 지원받아 시킨 자녀교육, 그리고 집 한 채뿐이다. 그래도 마음에는 항상 대기업에서 안전사고 없이 무사히 지낸 것을 위안으로 삼는다.

하지만 뭔가 허전하고 아쉽다. 그간에 회사에서 일하는 동안 조금만 준비했더라면, 이런 결과는 아닐 것이라는 생각에 후회가 막심하다. 대부분의 정년에 임하는 현장 직장인들의 뒤늦은 후회의 목소리다.

그러므로 항상 깨어 있어야 한다. 현장 일에 너무 빠지지 않아야 한다. 하루살이처럼 인생을 사는 현장 직원들의 매너리즘에서 벗어나야 한다. 또 현장에서 일을 해도 그 무리에 빠지지 않도록 주의해야 한다. 하지만 조직이 그렇게 만든다. 딴생각을 하지 못하고, 오로지 생산성 증대와 품질향상에 몰입하도록 조직이 그렇게 만든다.

그러다가 어느 날 갑자기 그 굴레에서 빠져나와 그간의 자기 모습을 생각하면, 너무도 어처구니없고 바보 같은 생활을 해왔다는 사실에 통한의 후회를 머금게 된다. 그런 시점이 머지않았다. 그러므로 이제는 항상 내일이 정년인 것처럼 가능한 회사에서 벗어나 자신의 생각에 기인하여 회사에 있는 동안 자기 미래를 개척하는 데 힘써야 한다.

09

가까운 사람을 조심해야 하는 이유

자기 브랜드 가치를 올리는 과정에서 주의해야 하는 것이 있다면, 바로 친한 사람이다. 자기와 가장 친한 사람이나 친한 척 살갑게 구는 사람을 조심해야 한다. 특히 지척에서 간헐적으로 꼬리치는 사람을 조심해야 한다. 그런 사람은 속이 음흉한 사람이다. 지척에 있는 사람 중에서 급격하게 친해진 사람이 있거나 자신에게 기대 이상의 호의와 친절을 베푸는 사람이 있다면, 특히 조심해야 한다. 왜냐하면 당신이 궁지에 몰리면 그 사람이 제일 먼저 배신할 확률이 높기 때문이다.

조심조심 사람조심

그렇다. 항상 사람이 문제다. 다 이뤄 놓은 공든 탑을 한순간에 무너뜨리는 것도 사람이고, 모든 것을 이뤘다고 방심하는 그 순간에 다 된 밥에 재를 뿌리는 것도 사람이다. 항상 사람을 조심해야 한다. 의(義)를 중시하고 덕(德)을 가진 사람도 결국에는 자기 이익을 위해서는 이해관계를 달리한다. 이권이 놓여 있는 상태에서는 이익을 얻으려고 한다는 것이다.

우리 사회에는 자기 성장을 위해 타인을 이용하는 사람이 많다. 자신에게 필요하고 자신의 성장에 도움이 된다고 생각하면 인정사정 가리지 않고 접근했다가, 자신에게 손해가 되고 위협이 된다고 생각하면 언제든지 손바닥 뒤집듯이 태도를 돌변하는 사람도 있다. 바로 앞서 말한 '속이 음흉한 사람'이 그럴 확률이 높다. 그러기에 그런 사람을 조심해야 한다.

많은 사람들이 사업을 해도 동업은 하지 말라고 한다. 친한 사람과 동업을 했다가, 돈도 잃고 사람도 잃는다고 말한다. 화장실에 들어갈 때와 나올 때가 다르다. 권력이 없을 때는 손발을 빌면서 바닥을 기던 사람도, 막상 권력을 잡고 나면 무소불위의 막강한 권력을 쥐고 흔들고 싶은 마음에 갖은 횡포를 부리는 것이 사람의 본능이라는 점을 알아야 한다.

당하고 나서 후회를 하기 전에 항상 주변 사람들을 적절하게 관리해야 한다. 사람은 다루기 나름이고 자기 하기 나름이라고 하는데, 본바탕이 아주 나쁜 사람도 있다는 사실을 알아야 한다.

역사를 보면 무소불위의 권력을 휘두르는 사람도 결국은 측근에 의해서 피살되고 권좌를 잃는 경우가 많았다는 점을 깊이 상기해야 한다.

직장 생활이라고 예외가 있다고 생각하면 오산이다. 직장 생활에서도 늘 주의해야 할 요주의 인물은 바로 지척에서 일하는 동료다. 좋을 때는 가장 좋은 사람이 곁에 있는 사람이지만, 그 사람이 적으로 돌변하는 순간에는 가장 큰 치명적인 상처를 입힐 수 있음을 명심해야 한다.

친한 사람이 천적?

사실 자신과 이해관계가 없는 사람들이나 자신에 대해서 잘 모르는 사람들은 알려진 이미지로 평가하기 마련이다. 하지만 지척에서 함께하는 동료는 좋은 짐과 나쁜 짐을 함께 공유하면서 생활한다. 그런데 중요한 것은 항상 좋을 수만은 없다는 점이다. 때로는 서로가 미워하고 질투하며 갈등을 겪게 된다.

특히 사람 마음 안에는 남에게 지기 싫어하고 남의 밑에 있기보다 위에 서고 싶은 명예욕이 있기 마련이다. 평소에는 그런 욕구를 억누르고 친하게 지내다가도, 막상 이해가 얽혀서 자기주장을 해야 하는 상황에 몰리면 심한 갈등을 겪게 마련이라는 점을 알아야 한다.

그러한 마음을 버려야 좋은 사람인데, 사람은 본능적으로 자기가 손해를 보는 것을 그리 좋아하지 않는다. 자신이 다소 이익은 보지 않아도, 조금도 손해를 보지 않으려는 것이 사람의 본능이다. 그러다 보니 친하게 지내다가 자신이 손해를 봤다고 생각하면, 상대에게 적개심을 느껴 상대를 공격하게 된다. 이때 자신에 대해서 잘 모르는 사람은 자신의 급소를 모르기 때문에 크게 내상을 입지 않는다.

그런데 내부의 적이 가장 무섭다는 말이 있듯, 자신과 함께 친하게 지내는 사람은 지척에서 자신의 일거수일투족을 보면서 생활했기 때문에 자신의 급소와 맹점을 알고, 그 부분을 공략한다는 점을 알아야 한다. 또 자신도 모르는 약점을 찾아 그것을 잡고 늘어지기 때문에 속수무책으로 당할 수밖에 없다. 그러므로 곁에 절친하게 지내는 사람을 조심해야 한다. 자칫하면 그간에 이뤄 놓은 모든 것을 단 한방에 잃을 수 있기 때문이다.

적과의 동침

많은 직장 동료들이 평상시에는 그렇게 친하게 지내다가도 자신이 어려움에 봉착하면 안면을 몰수하는 경우가 많다. 그러므로 직장 생활을 하는 동안에는 곁에 있는 사람들을 너무 믿지 말아야 한다. 실상 직장동료는 함께 화합을 해서 조직이 추구하는 공동의 목표를 향해서 나아가야 하는 동반자이자, 정상을 향해 달려가는 여정에서 선의의 경쟁자인 셈이다. 그래서 직장동료와의 동침을 '적과의 동침'에 비유한다.

그런 점에 입각하여 동료들에게도 자기 속내를 드러내지 않도록 적정한 거리를 유지해야 한다. 그래야 위기 상황에 처할 때 혹은 서로의 이해가 충돌하는 상황에 놓일 때, 상대가 모르는 전략으로 상대의 공격에 응수할 수 있다. 아울러, 동료들과 척을 지지 않도록 적당히 자선을 베풀어야 한다. 그래서 "친구는 그냥 안아 주고 적은 꼭 껴안아야 한다."고 말한다. 적이 꼼짝하지 못하도록 해야 한다는 것이다. 미운 녀석에게 떡 하나 더 주는 이유는 그가 예뻐서가 아니라, 더 이상 미운 짓을 하지 말라는 이유에서 주는 것임을 알아야 한다.

직장에서 자기 브랜드 가치를 올리기 위해서 노력을 하다 보면, 가장 먼저 뒷다리를 잡고 늘어지거나 자신에 대해서 험담을 하는 사람은 다름 아닌 자기 곁에서 함께 직장 생활을 하는 동료라는 점을 알아야 한다. 마치 아무 관심이 없는 것처럼 행동하고 평생 자신의 편이 되어 줄 것처럼 말하는 사람이 오히려 당신이 보이지 않는 곳에서는 없는 사실까지 덧붙여 부풀려서 당신을 험담하고 욕을 한다는 사실을 알아야 한다. 그러기에 그런 사람들을 특히 더 조심해야 한다.

10
롱런하는 직장인의 특징

직장 생활에서 자신이 하는 일에 대해서 다른 일과 비교해 봤을 때 가치가 없거나 다른 사람들의 표적을 받는 일이 아니라고 의기소침해 하지 말아야 한다. 또 자신이 하는 일이 수준이 낮은 일이라고 해서, 또는 자신이 일을 잘 못해서 후배로부터 배우면서 일을 한다고 해서 결코 기죽을 필요도 없다. 반대로 자신이 직장에서 좋은 직책을 맞고 있다고 해서 결코 잘난 체해서는 안 된다. 직장은 그냥 직장일 뿐이다.

직장 말년에 이르면, 자기 성장과 번영에 집착하기보다는 '타인을 위해 더 많은 시간을 보냈으면 좋았을 걸…….' 하는 후회를 가장 많이 한다고 한다. 그렇다. 직장 생활을 하는 동안 회사에서 성공하고 승진하여 명예를 쌓으려는 것은 다 부질없는 것이다. 다른 사람의 뭇 시선을 한 몸에 받고 자신이 높은 곳에서 낮은 곳을 바라보는 위치에 있다면, 그것은 그다지 좋은 직장 생활을 하는 것은 아니다.

그저 하루를 무사히 보내면서 안정된 상황에서 정서적으로 조화와 균형을 이루는 생활을 하면 된다. 크게 성공하지 않아도 직장 생활을 평화롭게 하는 것이 최상이다. 가장 이상적인 경우는 자신과 뜻이 맞는 사람들과 함께 자신이 좋아하는 일을 하는 것이다. 하지만 직장에서는 자신이 원한다고 해서 그런 일을 할 수 있는 것은 아니다.

못생겨도 좋아!

대부분의 직장에서 잘나가는 사람은 끝이 좋지 않는 경우가 많다. 『장자』에 이르기를 "못생긴 나무가 오래도록 고향을 지킨다."는 말이 있다. 잘나고 톡톡 튀는 사람들은 언젠가 자신도 모르는 사이에 상처를 입는다. 실제로도 다른 사람들의 시기와 질투에 의해서 무너지는 경우를 여러 번 봤다.

그 와중에도 롱런하는 직장인은 그냥 묵묵히 주어진 일을 하는 사람이다. 그런 사람들은 자신의 일을 하면서 일의 경중과 다른 사람의 시선을 크게 의식하지 않고 잘난 체하지 않으면서 어떤 경우에도 기죽지 않고 당당하게 생활한다. 그도 그럴 만한 까닭은 자신이 가진 브랜드만 있어도 사회에 나가 생활하기에 충분한 경쟁력을 갖추었기 때문이다.

11

장기 같은 우리네 인생

인생은 장기를 두듯이 살아야 한다. 우리 몸에는 수많은 장기들이 있다. 그 장기들이 제대로 제 역할을 해야 우리가 건강하다. 마찬가지로 인생이라는 장기판에서 장기를 두어야 하는 우리네 인생은 장기의 각자의 역할에 맞게 살아야 한다. 간장은 간장 역할을 하고, 쓸개는 쓸개 역할을 하며, 눈과 귀 그리고 입은 각자의 역할을 해야 한다. 코로 먹을 수 없고 입으로 들을 수는 없다. 각각의 장기에 따라 그에 맞는 역할을 해야 한다.

장기에는 궁(宮)과 선비(士)와 졸(卒)과 상(象)과 마(馬)와 차(車)와 포(包)가 있다. 궁처럼 생각하고 졸처럼 행동하는 사람이 되어야 한다. 선비와 같이 윗사람을 보필하는 데 있어서는 자신에게 주어진 영역을 벗어나지 않고 항상 조직 안에서 상사를 보필하는 충성심이 있어야 한다. 또한 말과 코끼리의 지혜로 나아가야 하는 때는 멀리 뛰기도 하고 필요한 경우에는 가까이 움직여야 한다. 아울러 전진해야 하는 경우에는 신속하게 파죽지세로 차와 같이 질주를 해야 하고, 장애물이 있다면 포처럼 넘어서야 한다.

수를 읽어야 수가 생긴다

장기를 둠에 있어서 가장 중요한 것은 상대방의 수를 읽는 것이다. 혼자서 하는 장기가 아니라 항상 상대가 있기 마련이라는 점을 알아야 한다. 그러므로 상대의 공격과 수비에 상응하는 자신만의 수비와 공격술이 있어야 한다. 공격과 수비의 시점을 잡아서 적정한 기회를 노려야 한다는 것이다. 수세에서는 몸을 낮춰서 방어를 해야 하고, 공세에서는 쾌속하게 질풍노도와 같은 속도로 상대를 강하게 공략을 해야 한다. 그야말로 전략과 전술이 뛰어나야 한다.

아울러 적절한 타이밍을 노려서 상대의 허점을 보고 급소를 노려서 비장의 한수를 날려야 한다. 그러기 위해서는 어디가 상대방의 급소인지를 잘 살펴야 한다. 장기 각각에 역할과 책임이 있듯이 우리는 삶을 살아감에 있어서 역할과 책임에 따라서 자신의 삶의 방식을 달리해야 한다.

또, 각각의 가는 길이 있고 길을 향하는 방식이 다르듯이 우리의 삶을 살아감에 있어서도 자신의 생활 태도를 달리해야 한다. 주어진 삶과 주어진 상황과 환경에 따라서 자신의 삶의 방식과 태도를 달리해야 한다는 것이다. 서두르지 말고 기다릴 줄도 알아야 하고, 수세에 몰리면 자신의 낮추고 공세에서는 적극적으로 자신감을 가지고 파죽지세의 기세로 앞서 나아가야 한다.

역지사지(易地思之)다

왕처럼 생각하고 졸처럼 행동하는 자세와 내가 아니면 안 된다는 생각과 내게 주어진 바를 최대한 최선을 다해서 수행하려는 마음을 가져야 한다. 그러기 위해서는 자신에게 힘과 전략이 있어야 한다. 전략은 상황에 따라서 그에 맞는 전략을 구사해야 한다. 힘이 없으면 그에 맞게, 힘이 강하면 그에 맞게 전략을 구사해야 한다.

그러기 위해서는 교토삼굴의 지혜로 준비해야 한다. 수세와 공세 그리고 평시에 어떻게 해야 할 것인지에 대한 준비가 되어 있어야 한다. 그렇다. 각각의 처해진 상황에 따라서 자신이 취할 수 있는 전략을 가지고 있어야 한다. 말년의 직장 생활은 그러한 전략을 준비하기에 좋은 기간이다.

당장은 어렵고 힘들어도 미래를 위해서 준비해야 한다. 왜냐하면 정년 이후의 삶은 이제까지 두어 온 장기가 아니라, 새로운 판에서 새로운 상대와 장기를 두어야 하기 때문이다.

12

최고의 소통을 이루는 단초, 베풂

일반적으로 사람들은 주기보다 받는 것을 좋아한다. 그러므로 다른 사람을 내편으로 만들기 위해서는 다른 사람들에게 자신이 가진 것을 주어야 한다. 아무 대가 없이 진심으로 좋아하는 마음이 있으면, 그 사람에게 이익이 되는 무엇인가를 주어야 한다. 주는 것만으로 다른 사람의 마음을 얻을 수 있고, 주는 것만으로도 소통이 된다.

특히 직장 생활 말년에 접어들면, 후배들에게 뭔가 주는 것을 좋아해야 한다. 후배들이 좋아하는 것, 후배들이 관심 있어 하는 것, 후배들이 갖고 싶어 하는 것을 본인이 현재 가지고 있다면, 이제는 그것을 아낌없이 주어야 한다. 그리하면 그로 인해서 후배를 얻게 될 것이다.

대부분의 절친한 인연은 베풀어 주는 데에서 비롯된다. 반드시 물질적인 것이 아니어도 좋다. 베푼다는 것은 남을 위한다는 것이고, 상대를 향한 관심의 표현이기도 하다. 누군가에게 무엇인가를 베푼다는 것은 그와 최고의 소통을 이루는 단초가 된다. 이에 더하여 상대를 향한 사랑의 진실을 담으면 그 효과는 상상 외로 크다.

13

남의 눈치를 보지 않는 삶

자신의 이름으로 자기 브랜드를 올리기 위해서 일을 할 때에는 남의 눈치를 보지 말아야 한다. 사실 사람들과 함께하는 여정에서는 어느 정도 다른 사람의 이목을 보면서 처신할 수밖에 없다. 하지만 자신에게 뚜렷한 목표가 있고 자신이 가고자 하는 명확한 뜻이 세워졌다면, 주변 사람들의 눈치를 보지 않아야 한다. 주변 사람들의 따가운 시선이 두려워서 자신이 하고 싶은 뜻을 펴지 못하는 것이라면, 당신의 인생은 영원이 남의 인생을 사는 것이라고 봐야 한다.

당신의 삶은 당신의 것이다. 타인의 삶이 아니라는 것이다. 자기를 위하고 자신을 위해서 살아야 한다. 남이 당신의 인생을 대신 살아 주는 것이 아니다. 그러므로 가능한 자신이 세운 목표를 향해서 굳건하게 나아가야 한다. 그것이 진정으로 자신의 길을 가는 것이다.

당신은 위대하다. 당신이 남의 눈치를 볼 필요 없다. 회사에서는 아무리 성공을 해도 사장 이상의 자리에 오를 수 없다. 또 당신이 아무리 노력해도 회사를 자기의 것으로 하기에는 역부족이다. 더욱 비참한 것은 다른 사람들이 당신을 끌어내리기 위해서 호시탐탐 기회를 엿보고 있다는 사실을 명심해야 한다.

당신과 함께 일하는 동료는 당신이 앞서 가고 다른 사람들에게 주목을 받은 것을 좋게 생각하지 않는다는 것을 알아야 한다. 그래서 당신으로 인해 자신의 자리가 위태롭게 느껴진다면 언제든 당신에게 해를 가할 것이다. 그러므로 그런 사람들의 시야에서 빠져나와야 한다. 그런 사람들이 중상모략하고 악의 손을 뻗칠 수 없는 영역으로 벗어나야 한다.

그러기 위해서는 일정 수준에 오르기까지 다른 사람의 눈치를 보지 않고 오로지 자신의 길을 가야 한다. 그것이 진정으로 자신이 원하는 곳으로 가장 빠르게 가는 길이다. 한눈팔지 마라. 이왕 하는 것이라면, 주변 사람들이 생각을 하기에 '독종'이라는 말이 회자되도록 해야 한다.

14
말 많은 사람을 경계하라

직장 생활을 하는 동안에는 구설수에 오르는 것을 항상 주의해야 한다. 당신이 잘나가는 사람이라면 더욱 그러해야 한다. 어디에든 자기보다 잘나가는 사람이 있는 꼴을 못 보는 사람이 있기 마련이다. 또 다른 사람을 안주 삼아 마녀 사냥하는 것을 은근히 좋아하는 사람들이 있기 마련이다. 그런 사람들의 구설수에 오르지 않도록 주의해야 한다.

가장 좋은 것은 그런 일이 생길 수 있는 원인을 제공하지 않는 것이다. 가능한 자신이 하는 자기 브랜드 가치를 증진하는 일은 아무도 모르게 하는 것이 좋다. 다른 사람들이 알려고 접근해도 자신은 전혀 그런 일이 없다며 시치미 떼기 전략을 구사해야 한다. 포커페이스를 잘 유지해야 한다.

또 그런 찌라시 정보를 퍼뜨리는 사람들에게는 주변 곳곳에 많은 정보원이 있기 마련이다. 당신에게 접근해서, 당신으로부터 정보를 빼내려고 하는 사람들이 많이 있다는 점을 알아야 한다. 특히 잘나갈 때를 조심해야 한다. 당신이 다른 사람에 비해 역량이 출중한 사람이라면, 더욱더 주의해야 한다. 당신의 아성을 무너뜨리기 위해 어떻게든 꼬리를 잡으려는 사람이 먹잇감을 그냥 놔둘 리 없다는 점을 알아야 한다.

그러므로 다른 사람의 구설수에 오르지 않도록 제반 규정을 철저하게 지키고 항상 주의해야 한다. 가능한 회사 일을 할 때에는 기본적으로 자신에게 맡겨진 일 정도는 누가 봐도 대단하다고 느낄 정도로 열정을 다해서 해 놓으면 된다. 그래야 만약의 경우 할 말이 있게 된다.

때가 도래하면 보석 같은 당신의 능력을 알아보는 사람이 생기게 될 것이다. 그 시점까지는 조용히 묵묵히 당신 모습을 숨겨야 한다. 그래야 당신이 제대로 된 당신 나름으로 당신만의 삶을 엮어 가게 될 것이다. 참고로, 말이 많은 사람이 당신의 주변에 있다면, 그런 사람을 항상 예의주시해서 그런 사람들과 말을 섞지 말아야 한다. 일명 '말 바이러스 같은 사람'을 사전에 차단해야 한다.

15

익숙한 환경을 고수하기 위한 기다림

직장 정년에 이르면, 갑자기 자기가 원하지 않는 방향으로 일을 해야 하는 경우가 생긴다. 보직이동이 되거나 새로운 업무를 해야 하는 경우가 발생할 수 있다. 그러한 경우에는 최대한 자기에게 유리한 상황이 올 때까지 기다려야 한다. 일은 언제든 상황에 따라 바뀐다.

특히 회사의 일은 순간순간의 상황에 따라 변화무쌍하게 바뀐다는 점을 알아야 한다. 리더가 바뀌거나 회사 정책이 바뀌고, 윗사람의 말 한마디에 의해서도 일이 확연하게 바뀌는 것이 회사 일이다. 그러므로 가능한 자신에게 유리한 상황이 도래할 때까지 끝까지 연기하면서 기다려야 한다.

이때 이해관계가 있는 상대측에서 조급하게 덤빌 수 있으므로, 가능하면 수긍하는 척하면서 시간을 끄는 것이 좋다. 최대한 시간을 벌어야 한다. 그러면서 자신에게 상황이 유리하게 하려면 어떻게 하는 것이 좋은가에 대한 대응방안을 세워 그에 맞춰 대응하면 된다.

정년에 임박하여 일이 늘어났을 경우, 자신의 시간을 빼앗겨서 회사 일에 치중을 해야 하는 경우, 사무실에서 근무를 하다가 현장으로 내려가야 하는 경우 등 자신에게 불리한 상황이 도래할 것이 예측되면, 가능한 시간을 끌어서 막판까지 최대한 연기하는 것이 바람직하다. 자칫 자기 브랜드 가치를 올릴 수 없는 여건으로 작업환경에 조성되면 8시간의 직장 생활 동안 심신이 혹사를 당할 수도 있다는 점을 알아야 한다.

자리를 고수하는 고수

직장 말년에 이르면 가급적 직장에서 근무환경이나 여건이 변화되지 않는 것이 좋다. 익숙한 곳에서 생활을 하는 것이 자기 이름으로 자기 브랜드를 올리는 데 유리하다. 낯선 곳에 가면, 그곳 문화에 익숙해지기 위해 일정 부분의 시간과 수고를 더해야 한다. 그러다 보면 자기 이름으로 살 여유가 점점 사라진다. 하지만 익숙한 곳에 있으면, 주어진 상황을 꿰뚫고 있으므로 상황에 따라 적절하게 대응할 수 있다.

익숙한 환경에서 낯선 세상에 나가기 위한 준비를 해야 한다. 최대한 정신을 집중하고 자기를 위한 시간을 확보해야 한다. 그러기에 자기에게 불리한 환경으로 내몰릴 우려가 있다면 시간을 끌라는 것이다. 낯선 업무, 낯선 공간, 낯선 사람을 만나면 그 업무와 공간과 사람과 친해지는 시간과 노력이 들어가게 마련이다. 그러므로 정년에 임박해서는 가능한 익숙한 환경에 머무르기 위해 자신의 자리를 고수하는 데 힘써야 한다.

16

기본을 지키는 습관의 중요성

직장 생활을 하다 보면 누가 있든 없든 자기 스스로 잘 알아서 일을 처리하는 사람이 있는가 하면, 살살 남의 눈치를 보면서 상사가 없으면 딴짓을 하고 상사가 볼 때는 마치 일만 하는 사람처럼 연기하는 사람도 있다. 중요한 것은 상사에게 잘 보이는 것이 아니라,

자신의 생활 습관이다.

사실 직장 생활은 다른 사람을 위해서 잘해야 하는 것이 아니라, 자신을 위해서 열심히 해야 한다. 회사에서 열정을 다해서 일을 하지 않으면, 그러한 습관이 굳어져 사회에서도 열심히 하지 않는 생활을 하게 되기 때문이다.

남이 보는 곳에서만 열심히 하는 척하는 사람은 남이 보지 않는 곳에서는 갖은 불법을 일삼으면서 딴짓을 하는 사람일 확률이 높다. 그런 사람들은 언젠가는 자신의 속내가 낱낱이 드러나기 마련이다. 꼬리가 길면 잡힌다.

아무리 숨기고 감추려고 해도 몸에 밴 습관은 언젠가는 다른 사람들에게 드러나게 마련이다. 특히 남의 눈치를 보면서 일을 하는 사람은 언젠가는 들통이 나게 마련이라는 점을 알아야 한다. 세상에 변하지 않는 진리가 세 가지가 있다고 한다. 세상이 변한다는 사실, 비밀은 없다는 사실, 세상에 공짜는 없다는 사실. 이 세 가지는 결코 변하지 않는 진리라고 한다.

그렇다. 언젠가는 분명히 드러나게 되는 것이 바로 습관이다. 자기도 모르는 새에 자신의 진면목이 드러나는 것이다. 그러므로 항상 의식을 하면서 생활해야 한다.

고전에서는 그 사람의 진면목을 알아보기 위해서는 그 사람에게 권력을 주라고 말한다. 사람은 권력을 잡으면 자신의 본성을 드러내기 때문이다. 그러므로 실권을 잡고 높은 자리에 오를수록 자기 자신을 잘 돌아보고 성찰해야 한다. 그리고 그것이 진정으로 자신의 좋은 습관을 유지하는 것이라는 점을 알아야 한다. 주인이 없어도 알아서 열심히 일하는 일꾼이 되어야 한다. 상사가 없어도 자신이 알아서 자기 일을 하는 직원이 되어야 한다. 그래야 어디서든 자기이름으로 자기를 브랜드화 할 수 있다.

좋은습관 만사성

자기 브랜드를 창출하는 가장 좋은 방법은 좋은 습관을 갖는 것이다. 자기만의 좋은 습관을 갖는 것이 바로 자신의 브랜드 가치를 창출하는 것임을 알아야 한다. 속된 말로 '남에게 찔리는 것이 없어야' 한다. 즉, 윤리적이고 정의로워야 한다. 뭔가 죄진 것이 있고 마음에 찔리는 것이 있으면 행동반경이 줄어들기 마련이다. 또, 괜히 소심한 마음이 들어서 자기가 마음먹은 바를 하지 못하는 경우가 발생되게 된다.

따라서 가능한 주변 사람들에게 책이 잡히는 일은 하지 말아야 한다. 떳떳하고 당당한 태도로 업무에 임할 수 있도록 처신을 잘해야 한다는 것이다. 특히 직장에서 지켜야 하는 기본을 준수하고 주어진 일을 책임감 있게 완벽하게 처리해야 한다. 기본을 위반하고 주어진 일을 처리하지 못하면서 자기 이름으로 자기 성장을 도모하는 것은 주변 사람들에게 좋지 않는 인상을 풍기게 되고, 결국에는 직장 전반에 저 사람은 자기 일도 하지 않으면서 회사에서 자기 개발을 한다는 구설수에 오를 수 있다는 점을 알아야 한다.

그러므로 회사 업무 시간에는 오로지 회사 업무를 하고, 자기 개발은 가능한 남보다 2시간 일찍 출근하여 하거나 퇴근하고 남아서 하는 모습을 보여야 한다. 그래야 동료들도 부지런하고 열정적으로 자기 개발을 하는 당신의 모습에 감화되어, 열심히 하는 사람으로 호평한다는 점을 알아야 한다. 그러한 좋은 평판을 받기 위한 기반이 되는 것이 바로 정의롭고 윤리적인 행동이다.

회사 일에 정통하고 자기 일을 남보다 차별화되게 잘하는 사람을 나쁘게 폄하하는 사람은 없다. 또 자기를 희생하고 헌신해서 일에 전념하는 사람을 나쁘게 말하는 사람은 없다. 하지만 기본을 지키지 못하고 불법을 일삼으며 근태가 문란하고 사람들에게 불쾌감을 주는 사람에게는 호의를 보이지 않는다. 설령 열정적으로 직장 생활을 한다고 해도, 그러한 정의롭지 못한 몇 가지 행실로 인해 모든 것이 나쁘게 평가된다는 점을 알아야 한다.

그래서 직장인들이 얼마나 기본을 잘 지키는가 하는 것은 직장 생활의 평판을 좌지우지하는 전부가 되기도 한다. 아울러 틈나는 대로 자기 이름으로 미래 자기 성장을 도모하기 위해 늘 깨어 있어야 한다. 늘 직장 윤리를 잘 준수하고 기본을 잘 지키며 생활해야 한다는 것을 인식하면서 생활을 하라는 것이다. 자칫 자만하거나 남을 무시하는 태도는 직장에서 자기 이름으로 자기 브랜드를 창출하는 여정에 혼란을 야기하는 사람이 많아지게 하는 불씨가 된다는 점을 알아야 한다.

당신 인생을 살아라

중년의 직장인은 회사 경영에 애착을 갖기 보다는 자신의 인생 경영에 대해 더 많은 생각을 해야 하는 시기다. 회사에 대해서는 더 이상을 미련을 갖지 말라는 것이다.

회사는 이미 당신을 이익을 주는 인적자원이 아니라, 소모성 인적자원 혹은 틈나면 회사의 좋은 정보를 경쟁 업체로 빼 갈 수 있는 잠재적 스파이라고 의심하고 있을지도 모른다. 아마도 중요한 정보가 오가는 회의에 자신이 참석하지 않는다면, 자신이 조직에서 아웃사이더로 전락되었음을 인지해야 한다.

그러므로 중년에는 회사를 위해서 자신이 무엇인가를 해야 한다는 생각에서 벗어나, '어떻게 하면 회사를 자기 인생의 디딤돌로 활용할 수 있을까?'에 너욱 많은 관심을 기울여야 한다. 또 '자신이 이렇게 현실에 안주하다가는 어떻게 될까?'에 대한 것에 더 많은 고민을 해 봐야 한다. 그것이 자신이 사는 길이요, 그것이 스스로 자신의 미래를 개척하는 방법이다.

이제는 회사가 정년까지 당신에게 기회를 준 것이라고 생각하고, 내년이 정년이라는 생각으로 큰마음을 먹고 자신만의 필살기를 기르는 데 힘써야 한다.

후회가 물밀듯이 밀려올 날이 머지않았다. 중년에는 회사의 권력에 의존하여 자신의 인생을 저당 잡히는 어리석을 행위를 해서는 안 된다. 이제는 모든 기득권을 내려놓고, 당당히 사회인으로 나설 채비를 해야 한다. 직장에서 말이다. 그것이 올바른 중년 직장인의 도(道)이고, 중년 직장인들이 해야 하는 생활의 도리다. 너무 튀지 말고 너무 처지지도 말아야 하는 직장인으로서의 중용의 도를 실천하는 성실한 직장인이 바로 중년 직장인이 표상이다.

회사 일을 잘하는 사람일수록 자기 개발을 잘한다. 그것은 회사 일을 하면서 그 일을 통해 자아를 실현하고, 그것으로 인해 단련된 강한 자신감과 업무 스킬을 자신을 발전시키는 데 활용하기 때문이다. 그래서 그런 사람들은 언제나 정년이 없다. 이미 자신을 아웃 소싱하고 회사에서의 일을 자신의 평생 업으로 삼겠다는 마음으로 일을 한다. 회사 일을 통해 단련된 성공습관으로 평생을 산다는 것을 알기 때문에, 더욱더 회사 일에 열정을 다한다. 그러기에 그런 중년 직장인들은 누가 말을 하지 않아도 근면 성실하고 틈틈이 짬나는 대로 자신의 일을 하면서 자신을 잃어버리지 않기 위해 애쓴다.

우리는 그런 중년 직장인이 되어야 한다. 그런 중년의 직장인이 잃어버린 자신을 다시 찾은 직장인이다. 모두가 그런 직장인이 되기를 진심으로 기원하면서 대단원의 막을 내리고자 한다. 모쪼록 직장을 나서는 순간이 축복이고, 사회인으로 새 출발하는 그날이 당신 평생의 업(業)을 만나는 그날이 되기를 바란다. 물고기가 물을 만난 듯이 좋은 날이 되었으면 한다.

섬진강 굽이도는 광양만에서
열정과 창의를 사랑하는 열창강사 김해원 작가

steelman9998@naver.com